Л.А. Петрова, И.А. Щекина

Итальянский язык для начинающих

Italiano per i principianti

Москва
АСТ · Астрель
2003

УДК 811.131.1 (075.8)
ББК 81.2 Ита-923
П30

Компьютерный дизайн обложки студии «Дикобраз»

Подписано в печать 10.03.2003. Формат 60х90 1/16
Усл. печ. л. 19. Тираж 5000 экз. Заказ № 1523

Общероссийский классификатор продукции
ОК-005-93, том 2; 953005 – литература учебная

Санитарно-эпидемиологическое заключение
№ 77.99.02.953.Д.008286.12.02 от 09.12.2002 г.

Петрова Л. А.

П30 Итальянский язык для начинающих /Л. А. Петрова, И. А. Щекина. — М.: ООО «Издательство Астрель»: ООО «Издательство АСТ», 2003. – 303, [1] с.

ISBN 5-17-019097-2 (ООО «Издательство АСТ»)

ISBN 5-271-06539-1 (ООО «Издательство Астрель»)

Учебник состоит из краткого вводно-фонетического курса, в котором излагаются основные правила чтения и произношения, а также основного курса, содержащего необходимый на первом этапе изучения лексико-грамматический материал, направленный на развитие навыков итальянской разговорной речи.

Благодаря коммуникативной направленности учебник обеспечивает эффективность усвоения языкового материла, включающего наиболее употребительную лексику, связанную с темами бытового, социального и культурно-страноведческого характера.

Авторами учебника являются кандидаты филологических наук, имеющие большой опыт работы в высшей школе.

Для широкого круга лиц, приступающих к изучению или желающих углубить свои знания итальянского языка.

УДК 811.131.1 (075.8)
ББК 81.2 Ита-923

ISBN 5-17-019097-2
(ООО «Издательство АСТ»)
ISBN 5-271-06539-1
(ООО «Издательство Астрель»)

Содержание

Предисловие

Идея этого учебника принадлежит Л.А. Петровой.

Учебник предназначен как для тех, кто приступает к изучению итальянского языка самостоятельно, так и для тех, кто уже немного говорит по-итальянски.

В кратком Вводно-фонетическом курсе изложены основные правила чтения и произношения. Примеры итальянских слов в первых уроках даются в русской транслитерации, что должно значительно облегчить занятия изучающим итальянский язык самостоятельно.

Учебник включает лексический и грамматический материал, способствующий развитию навыков разговорной итальянской речи.

Каждый урок начинается с текста, особенностью которого является то, что он носит не столько повествовательный, сколько диалогический характер. Это объясняется общей коммуникативной направленностью всего учебника.

Для более эмоционального восприятия учебного материала тексты уроков составлены в форме спектакля, мини-комедии с продолжением в следующем уроке, т.е. речь идет о своего рода сериале, основными действующими лицами которого являются традиционные персонажи знаменитой итальянской комедии масок (Комедия дель арте). Это и синьор Панталоне (богатый, но незадачливый и жадноватый венецианский купец), и его любимая служанка Коломбина, и, конечно, хитроумные, но простодушные слуги — Арлекин, Пульчинелла и другие. Как известно, итальянская комедия масок, получившая наибольшее развитие в Венеции, ведет свое начало с конца XVI века. Однако этот жанр не утратил своего значения и сегодня. Да и кто лучше Арлекина, Коломбины, Пульчинеллы, синьора Панталоне может донести до нас весь колорит итальянского характера! Забавные приключения персонажей-масок, разнообразные ситуации, в которых они оказываются, дают возможность в оригинальной, увлекательной форме познакомиться не только с итальянским языком, но и с историей, культурой, традициями, обычаями Италии. Несмотря на свой традиционный облик, маски в наших уроках-спектаклях действуют в сегодняшней Италии, их язык — язык современных итальянцев.

При внимательной работе с учебником с помощью персонажей комедии масок вы научитесь основным формам итальянских приветствий, сможете представиться, познакомиться, рассказать о себе и расспросить собеседника, поговорить о музыке, здоровье, спорте и многом другом.

Раздел грамматики каждого урока содержит грамматические правила, широко иллюстрируемые примерами. Некоторые явления выносятся в раздел «Пояснения к тексту».

Многочисленные грамматические и лексико-грамматические упражнения, носящие в основном коммуникативный характер, направлены на тренировку и закрепление излагаемых грамматических правил, активизацию употребления в речи тех или иных лексических единиц. Каждый урок, помимо поэтапных упражнений, нацеленных на закрепление грамматического материала, включает обзорные упражнения, в которых обучающийся может проверить степень усвоения им материала конкретного урока. С этой же целью в качестве приложения даны ключи к наиболее сложным упражнениям.

Особый раздел представляют собой «Упражнения по содержанию текста». Это в основном речевые упражнения, которые дают возможность активизировать навыки устной итальянской речи.

Небольшой дополнительный материал, завершающий каждый урок, так называемый раздел «Смех сквозь слезы», знакомит с образцами итальянского юмора, с присущей ему лексикой, грамматическим строем фраз.

Несколько слов о том, как надо работать с учебником. Наш совет — начать изучение материала урока с грамматического раздела, затем перейти к словарю урока и первому чтению текста. Далее следует проделать все грамматические и лексико-грамматические упражнения, снова вернуться к тексту урока и только потом приступить к обзорным и речевым упражнениям.

Завершающим этапом работы над тем или иным уроком являются «Упражнения по содержанию текста», а также раздел «Смех сквозь слезы».

Надеемся, что учебник поможет вам в освоении итальянского языка. Желаем успехов!

Список сокращений в словаре

agg	— aggettivo	прилагательное
avv	— avverbio	наречие
cong	— congiunzione	союз
f	— femminile	женский род
m	— maschile	мужской род
num	— numerale	числительное
pl	— plurale	множественное число
prep	— preposizione	предлог
pron	— pronome	местоимение
qd	— qualcheduno	кто-либо
rfl	— riflessivo	возвратный глагол
vi	— verbo intransitivo	непереходный глагол
vt	— verbo transitivo	переходный глагол

ВВОДНО-ФОНЕТИЧЕСКИЙ КУРС

ИТАЛЬЯНСКИЙ АЛФАВИТ *

A	**a**	**H**	**h**	**Q**	**q**
B	**b**	**I**	**i**	**R**	**r**
C	**c**	**L**	**l**	**S**	**s**
D	**d**	**M**	**m**	**T**	**t**
E	**e**	**N**	**n**	**U**	**u**
F	**f**	**O**	**o**	**V**	**v**
G	**g**	**P**	**p**	**Z**	**z**

* См. также комментарий к алфавиту, с. 14

Большинство итальянских букв передают звуки, находящие приблизительное соответствие среди русских гласных или согласных звуков. Буквы **c, g, s, z** в сочетании с другими буквами передают разные звуки.

Общая схема соответствий букв и звуков

Итальянские буквы	Русские буквы, передающие звуки, приблизительно соответствующие итальянским	Звуки (международная транскрипция)	Итальянские буквы	Русские буквы, передающие звуки, приблизительно соответствующие итальянским	Звуки (международная транскрипция)
a	**а**	[a]	**m**	**м**	[m]
b	**б**	[b]	**n**	**н**	[n]
c (+ a, o, u, согласный),			**o**	**о**	[o]
ch (+ i, e)	**к**	[k]			
c (+ i, e)	**ч**	[tʃ]	**p**	**п**	[p]
d	**д**	[d]	**q**	**к**	[k]
e	**э**	[e]	**r**	**р**	[r]

Итальянские буквы	Русские буквы, передающие звуки, приблизительно соответствующие итальянским	Звуки (международная транскрипция)	Итальянские буквы	Русские буквы, передающие звуки, приблизительно соответствующие итальянским	Звуки (международная транскрипция)
f	**ф**	[f]	**s**	**с, з**	[s]
g (+a, o, u, согласный),			**sc (+i, e)**	**ш**	[ʃ]
gh (+i, e)	**г**	[g]			
g (+i, e)	**дж**	[ʤ]	**sc (+a, o, u)**	**ск**	[sk]
gl (+i)	**ль**	[λ]	**t**	**т**	[t]
gn	**нь**	[ɲ]	**u**	**у**	[u]
h	*(немая)*		**v**	**в**	[v]
i	**и**	[i]	**z**	**ц, дз**	[ts], [dz]
l	**л**	[l]			

КОММЕНТАРИЙ

1. Буква **h** — немая, она не читается, а используется только как слово- и звукоразличительный графический знак. Сравните:

hanno [анно][1] — *имеют;* **anno** [анно] — *год;*

chi [ки] — *кто;* **ci** [чи] — *нам, нас.*

2. В словах и именах иностранного происхождения встречаются также буквы: **j, k, w, x, y**. Они обычно сохраняют произношение того языка, из которого заимствовано слово, например: **juniores, western, nylon, balalaika, Kiev, Wagner, xilofono, ex.**

3. Название букв:

Aa — a [а]
Bb — bi [би]
Cc — ci [чи]
Dd — di [ди]
Ee — e [э]
Ff — effe [эффэ]
Gg —gi [джи]
Hh — acca [акка]
Ii — i [и]
Ll — elle [эллэ]
Mm — emme [эммэ]
Nn — enne [эннэ]
Oo — o [о]
Pp — pi [пи]
Rr —erre [эррэ]
Qq — qu [ку]
Ss — esse [эссэ]
Tt — ti [ти]
Uu — u [у]
Vv — vu [ву]
Zz — zeta [дзета]
Jj — i lunga [и лунга]
Kk — cappa [каппа]
Ww — doppio vu [доппио ву]
Xx —ics [икс]
Yy — ipsilon [ипсилон]

[1] В Вводно-фонетическом курсе, а также в первых трех уроках Основного курса в квадратных скобках дается произношение итальянских слов в русской транслитерации.

ГЛАСНЫЕ ЗВУКИ – *SUONI VOCALI*

Итальянские звуки как под ударением, так и в безударном положении произносятся очень четко, независимо от местоположения в слове. Редуцирование безударных гласных (ослабление силы голоса и долготы звука) может привести к искажению смысла слова. Сравните: bambin**o** [бамби́н**о**] — *мальчик* и bambin**a** [бамби́н**а**]— *девочка.*

В особенности это касается итальянского гласного **о**, который, в отличие от русского языка, никогда не произносится как **а**, то есть в безударном положении не редуцируется. Другие примеры для сравнения:

amic**o** [ами́к**о**] — *друг;* amic**a** [ами́к**а**] — *подруга;*
parl**o** [па́рл**о**] — *говорю;* parl**a** [па́рл**а**] — *говорит;*
italian**o** [италья́н**о**] — *итальянский;* italian**a** [италья́н**а**] — *итальянская.*

Правила произношения итальянских гласных

Итал. *Рус.*

a [а] Произносится приблизительно как русское **а** в словах: *дар, пар, лак* и др. (Рот широко раскрыт, язык находится в горизонтальном положении):

ama [а́ма] —*любит;* **va** [ва] — *идет* (*едет*); **ala** [а́ла] — *крыло;* **cara** [ка́ра]— *дорогая;* ma [ма]— *но;* **dà** [да]— *дает.*

e [э] Произносится приблизительно как русское **э**:

bene [бэ́нэ] — *хорошо;* **come** [ко́мэ] — *как;* **cena** [чэ́на] — *ужин;* **Pantalone** [пантало́нэ] — *Панталоне.*

i [и] Губы более растянуты и напряжены, чем при произнесении русского гласного звука [и]:

vi [ви] — *вам, вас;* **mi** [ми] — *мне, меня;* **sì** — [си] — *да;* **Vìva!** [вива] — *Да здравствует!*; **parli** [па́рли] — *говоришь.*

o [о] Губы более округлены и напряжены, чем при произнесении русского [о]:

ora [óра] — *час, сейчас;* **poi** [пой] — *потом, затем;* **caro** [кáро] — *дорогой;* **giorno** [джóрно] — *день;* **no** [но] — *нет;* **come** [кóмэ] — *как.*

u [у] Губы более округлены и вытянуты вперед, чем у русского [у]:

uva [ýва] — *виноград;* **luna** [лýна] — *луна;* **cuculo** [кýкуло] — *кукушка;* **nulla** [нýлла]— *ничто.*

О о

Гласным буквам **о** и **е** могут соответствовать открытые и закрытые гласные звуки. На современном этапе развития фонетического строя итальянского языка открытость/закрытость произнесения гласных звуков всё более стирается и в основном соблюдается для смыслового различения отдельных слов-омонимов:

Открытый звук

о [ɔ] — губы округлены и вытянуты вперед, кончик языка не касается нижних резцов, нижняя часть спинки языка приподнята к мягкому нёбу (приблизительно как в русском слове **вот**):

bòtte — *удары;*
conservatòri—*консерватории;*
còlto — *сорванный;*

Закрытый звук

о [о] — губы больше округлены и вытянуты вперед, кончик языка не касается нижних резцов, язык ближе приподнят к мягкому нёбу (приблизительно как в слове **бок**):

bótte — *бочка;*
conservatóri — *консерваторы;*
cólto — *образованный.*

Слова с открытым ударным о [ɔ]: cosa, donna, opera, otto, nove, nono, vostro, parola, poco, poi, porta, forza, forte, corpo, volta, troppo, gioco, modo, accorgersi, come, allora, dodici, moglie, molto, noi, voi, ora, solo, pronto, rosso, signore, sole.

В подавляющем большинстве слов произнесение открытого/закрытого гласного значения слова не меняет. Ограничимся лишь несколькими примерами слов-омонимов, встречающихся в уроках:

E e

Открытый звук	*Закрытый звук*
e [ɛ] — углы губ слегка оттянуты, рот довольно широко открыт, кончик языка касается нижних резцов (приблизительно как в русском слове *это*): **è** — *есть* (глагол-связка, 3-е л. ед.ч.); **tè** — *чай;* **pèsca** — *персик;* **vènti** — *ветры;*	**e** [e] — губы больше растянуты и напряжены, кончик языка упирается в нижние резцы (приблизительно как в слове *эти*): **é** — *и* (союз); **té** — *тебя, тебе;* **pésca** — *рыбная ловля;* **vénti** — *двадцать.*

Графическое изображение ударного **открытого è** и ударного **закрытого** гласного **é** обязательно только для односложных омонимов: **è, tè, sé, né,** а также для слов с ударным конечным гласным.

Слова с ударным открытым e [ɛ]: b**e**llo, l**e**i, s**e**i (numerale), s**e**tte, d**e**nte, tel**e**fono, a**e**reo, pr**e**mio.

Слова с ударным закрытым e [e]: bell**e**zza, franc**e**se, ingl**e**se, tr**e**, fr**e**ddo, m**e**se, ch**e**, n**e**ro, av**e**re.

В целом в большинстве случаев итальянский ударный гласный звучит дольше, чем в русском языке. Долгота ударного гласного в сочетании с четкой артикуляцией всех звуков придает итальянскому языку особую мелодичность.

СОГЛАСНЫЕ ЗВУКИ — *SUONI CONSONANTI*

Итальянские согласные **f, v, p, b, t, d, n, m, r, l** произносятся подобно соответствующим русским звукам, но гораздо напряженнее и четче.

Итал.	*Рус.*	
f	[ф]	при произнесении этих звуков нижняя губа внутрен-
v	[в]	ней стороной касается верхних резцов:
		fa [фа] — *делает;* **va** [ва] — *идет, едет;* **fava** [фáва] — *боб;*
p	[п]	губы смыкаются сильнее:
b	[б]	**papà** [папá] — *папа;* **papa** [пáпа] —*римский папа;* **basta** [бáста] — *хватит;*
t	[т]	произносятся более энергично, чем в русском языке:
d	[д]	**data** [дáта] — *дата;* **torta** [тóрта] — *торт;* **vita** [вúта] —
n	[н]	*жизнь;* **nota** [нóта] — *нота.*
		Перед гласными **i, e** указанные звуки никогда не палатализуются (не смягчаются). Для получения правильного звука необходимо, чтобы кончик языка напряженно упирался не в верхние зубы, а в альвеолы, то есть в бугорки у корней верхних резцов:
		Tina (среднее между [тина] и [тына]) — *Тина;* **nido** [нúдо] — *гнездо;* **panino** [панúно] — бутерброд; **dire** [дúре] — *сказать;* **teatro** [тэáтро] — *театр;* **video** [вúдэо] — *видео;* **né** [нэ] — *ни;*
m	[м]	произносится с большим напряжением губ:
		ama [áма] —*любит;* **moda** [мóда] — *мода;* **meno** [мэ́но] — *менее, меньше;* **mina** [мúна] —*мина;*
r	[р]	произносится более напряженно и раскатисто, чем в русском языке:
		raro [рáро] — *редкий;* **amore** [амóрэ] —*любовь;* **riva** [рúва] — *берег;*
l	[л]	звук средний между [л] и [ль] (кончик языка слегка касается альвеол, спинка языка опущена):
		male [мáле] — *плохо;* **lira** [лúра] — *лира;* **lana** [лáна] — *шерсть;* **malato** [малáто] — *больной, болен;* **là** [лá] — *там.*

Двойные согласные произносятся как один напряженный и долгий звук:

bello [бэ́лло] — *красивый;* **mamma** [ма́мма] — *мама;* **fanno** [фа́нно] — *делают;* **gatto** [га́тто] — *кот;* **freddo** [фрэ́ддо] — *холод, холодный;* **arrivare** [аррива́рэ] — *приезжать.*

БУКВЫ И БУКВЕННЫЕ СОЧЕТАНИЯ

В итальянском языке больше звуков, чем букв, поэтому некоторые звуки передаются буквенными сочетаниями.

Итальянской букве **c** в русском языке соответствуют два звука: [к] и [ч]. Итальянская буква **c** перед гласными **a**, **o**, **u** произносится как [к]; для передачи графически звука [к] перед **e**, **i** используется немая буква **h**:

Итал.	*Рус.*		
c	[к]	**ca** [ка]:	ami**ca** [ами́ка] — *подруга;* **ca**sa [ка́за] — *дом;*
		co [ко]:	ami**co** [ами́ко] — *друг;* **co**sa [ко́за] — *вещь;*
		cu [ку]:	**cu**ra [ку́ра] — *лечение;* **cu**lto [ку́льто] — *культ;*
		che [кэ]:	ami**che** [ами́кэ] — *подруги;* **che** [кэ́] — *что;*
		chi [ки]:	**chi**tarra [кита́рра] — *гитара;* **fichi** [фи́ки] — *инжир.*

Непосредственно перед гласными **i**, **e** итальянская буква **c** читается как [ч]; для передачи звука [ч] перед гласными **a, o, u** на письме вставляется буква **i:**

Итал.	*Рус.*		
c	[ч]	**ce** [чэ]:	**ce**na [чэ́на] — *ужин;* pia**ce**re [пьячэ́рэ] — *удовольствие;*
		ci [чи]:	**ci**nema [чи́нема] — *кино,* ami**ci** [ами́чи] — *друзья;*
		cia [ча]:	**cia**o [ча́о] — *привет;* aran**cia** [ара́нча] — *апельсин;*
		cio [чо]:	**cio**ccolata [чоккола́та] — *шоколад;* ba**cio** [ба́чо] — *поцелуй;*
		ciu [чу]:	**ciu**ffo [чу́ффо] — *чуб;* pia**ciu**to [пьячу́то] — *понравившийся.*

Удвоенная **с** подчиняется общему правилу чтения буквы **с:** mu**cc**a [му́кка], cio**cc**olatino [чокколати́на], ma**cc**hina [ма́ккина], ma**cc**heroni [маккэро́ни]; Arle**cc**hino [арлекки́но], ca**cc**ia [ка́чча], pia**cc**io [пья́ччо].

Перед согласными буква **с** читается [к]: **c**liente [клиэ́нте], **c**rema [крэ́ма].

Итальянской букве **g** также соответствуют два звука: [г] и [дж]. Перед гласными **a, o, u** она произносится [г], для передачи графически звука [г] перед гласными **e, i** используется буква **h:**

Итал.	*Рус.*			
g	[г]	**ga**	[га]:	**ga**tta [га́тта] — *кошка;* di**ga** [ди́га] — *плотина;*
		go	[го]:	**go**ndola [го́ндола] — *гондола;* a**go** [а́го] — *иголка;*
		gu	[гу]:	**gu**sto [гу́сто] — *вкус;* an**gu**ria [ангу́риа] — *арбуз;*
		ghe	[гэ]:	**gh**etto [гэ́тто] — *гетто;* spha**ghe**tti [спагэ́тти] — *спагетти;*
		ghi	[ги]:	**ghi**rlanda [гирла́нда] — *гирлянда;* a**ghi** [а́ги] — *иголки.*

Непосредственно перед гласными **e, i** буква **g** читается как [дж], но гораздо мягче (ближе к [дьж]), для передачи этого звука перед гласными **a, o** на письме используется гласный **i:**

Итал.	*Рус.*			
g	[дж]	**gi**	[джи]:	**gi**ta [джи́та] — *поездка;* Pari**gi** [пари́джи] — *Париж;*
		ge	[дже]:	**Ge**nova [дже́нова] — *Генуя;* An**ge**la [а́нджела] — *Анджела;*
		gia	[джа]:	**gia**llo [джа́лло] — *желтый;* man**gia**re [манджа́рэ] — *кушать;*
		gio	[джо]:	**gio**rno [джо́рно] — день; orolo**gio** [ороло́джо] — *часы;*
		giu	[джу]:	**giu**sto [джу́сто] — *правильный, правильно*

Двойные согласные подчиняются общему правилу чтения буквы **g**. Перед согласными буква **g** читается как [г]: **g**loria [гло́риа] — *слава,* **g**rande [гра́ндэ] — *большой,* eni**g**ma [эни́гма] — *загадка.*

gn gli

Буквосочетание **gn** передает звук, приблизительно соответствующий русскому [нь]. При произнесении этого звука спинка языка с силой упирается в твердое нёбо, голосовые связки напряжены: si**gn**ore [синьо́ре] — *синьор, господин,* si**gn**ora [синьо́ра] — *синьора, госпожа,* ba**gn**o[ба́ньо] — *ванная.*

Буквосочетание **gli** читается приблизительно как русское [ль], но более напряженно. Артикуляция этого звука сходна с артикуляцией звука, передаваемого буквосочетанием **gn:**

mo**gli**e [мо́лье] — *жена,* fi**gli**a [фи́лья] — *дочь,* fami**gli**a [фами́лья] — *семья.* Буквосочетание **gli** встречается перед гласными. *Исключения*: **gli**cerina [гличери́на] — *глицерин,* ne**gli**genza [нэглиджэ́нца] — *небрежность,* ne**gli**gente [нэглиджэ́нтэ] — *небрежный.*

S s

Букве **s** соответствуют два звука: [с] и [з]. В отличие от русского языка, эти согласные никогда не палатализуются (не смягчаются) перед гласными **i, e.**

Буква **s** произносится глухо, как русское [с], в следующих случаях:

Итал.	*Рус.*	
s	[с]	— **в начале слова перед гласной:** **s**era [сэ́ра] — *вечер,* **s**ole [со́лэ] — *солнце,* **s**ucco [су́кко] — *сок,* **s**ì [си] — да;
		— **перед согласными p, t, f, c, q (независимо от местоположения в слове):** **sp**ettacolo [спэтта́коло] — *спектакль,* tede**sc**o [тэдэ́ско] — *немецкий,* arti**st**a [арти́ста] — *артист,* **sc**usi! [ску́зи] — *извините!,* **sq**uadra [скуа́дра] — *команда;*
		— **при удвоении:** ru**ss**o [ру́ссо] — *русский,* ro**ss**o [ро́ссо] — *красный,* ca**ss**a [ка́сса] — *касса.*

Буква **s** произносится звонко, как русское [з], в следующих случаях:

Итал.	*Рус.*	
s	[з]	— **перед согласными b, d, v, g, l, m, n, r:** **sb**aglio [зба́льо] — *ошибка,* **sv**edese [звэдэ́зэ] — *шведский,* **sd**egno

[здэ́ньо] — *возмущение,* organi**s**mo [органи́змо] — *организм;* **s**lavo [зла́во] — *славянский,* **s**vegliarsi [звэлья́рси] — *просыпаться,* **s**gomento [згомэ́нто] — *смятение;*

— **между двумя гласными:** ro**s**a [ро́за], mimo**s**a [мимо́за].

Примечание. Полнозначные и служебные слова, частицы, начинающиеся с глухого звука [с] и входящие в состав сложного или производного слова, сохраняют свой начальный звук и в положении *между* гласными: ri**s**alire [ri + **s**alire] — [рисали́рэ] — *вновь подняться,* sta**s**era [sta + **s**era] — [стасэ́ра] — *сегодня вечером.*

sc + гласный

Буквосочетание **sc** перед гласными **e, i** передает звук, приблизительно соответствующий русскому [ш], но произносящийся гораздо мягче. Для передачи графически этого звука перед **a, o, u** используется гласный **i**:

Итал.	*Рус.*		
		sce [шэ]:	**sce**na [шэ́на] — *сцена, кадр;*
		sci [ши]:	u**sci**re [уши́рэ] — *выходить;*
sc	[ш]	**scia** [ша]:	**scia**rpa [ша́рпа] — *шарф;*
		scio [шо]:	**scio**pero [шо́пэро] — *забастовка;*
		sciu [шу]:	pro**sciu**tto [прошу́тто] — *ветчина*

Буквосочетание **sc** читается [ск] по правилам буквы **c**:

Итал.	*Рус.*		
		sc+*согл.:*	**scr**ivere [скри́вэрэ] — *писать;*
		sca [ска]:	**sca**la [ска́ла] — *лестница;*
sc	[ск]	**sco** [ско]:	capi**sco** [капи́ско] — *понимаю;*
		scu [ску]:	**scu**ola [скуо́ла] — *школа;*
		sche [скэ]:	bo**sche**tto [боскэ́тто] — *лесочек;*
		schi [ски]:	bo**schi** [бо́ски] — *леса.*

Q q

Буква **q** встречается только в сочетании с **u + ударный гласный,** образующий восходящий дифтонг. Подобного звукосочетания в русском языке нет. При произнесении этого звука округленные губы принимают положение как для произнесения звукосочетания [ку], а затем резко переходят в позицию последующего ударного дифтонга:

Итал.	*Рус.*		
		qua [куá]:	**qua**dro [куáдро] — *картина;*
		quo [куó]:	**quo**ta [кýота] — *часть, квота;*
qu	[ку]	**que** [куэ́]:	**que**sto [куэ́сто] — *этот, это;*
		qui [куи́]:	**qui**ndici [куи́ндичи] — *пятнадцать.*

Cq

Буквосочетание **cq** передает удвоенный звук: a**cq**ua [áккуа] — *вода,* a**cq**uario [аккуáрио] — *аквариум,* a**cq**uistare [аккуистáрэ] — *приобретать,* a**cq**uisto [аккуи́сто] — *приобретение.* Только в одном слове подобное удвоение графически передается с помощью **qq:** so**qq**uadro [соккуáдро] — *беспорядок.*

Z z

Буква **z** передает два звука: *глухой* (соответствует русскому [ц]) и *звонкий* (приблизительно как [дз] в слове *дзинь).*

Правила чтения буквы **z** не абсолютны, довольно сложны, имеют многочисленные исключения, произношение нередко варьируется в разных областях Италии.

Некоторые правила чтения буквы z

Буква **z** произносится *глухо* в следующих случаях:

Итал.	*Рус.*	
z	[ц]	— **в словах, оканчивающихся на: -zione, -ziano, -zia, -zio, -anza, -enza, -ezza, -azzare** и некоторых других: le**zione** [лэциóнэ] — *урок,* posi**zione** [позициóнэ] — *позиция,* poli**zia** [полицы́я] — *полиция,* vac**anza** [вакáнца] — *отпуск,* comi**zio** [коми́цыо] — *митинг,* ass**enza** [ассэ́нца] — *отсутствие;*
		— **нередко после согласных (особенно после l) в послеударном слоге:** cal**za** [кáльца] — *чулок,* for**za** [фóрца] — *сила,* dan**za** [дáнца] — *танец. Исключения* (произносятся звонко): pran**zo** [прáндзо] — *обед,* ben**zina** [бэндзы́на] — *бензин,* romanzo [ромáндзо] — *роман,* bronzo [брóндзо] — *бронза* и многие другие;
		— **нередко при удвоении (но не всегда):** ma**zz**o [мáццо] — *букет,* pa**zz**o [пáццо] — *безумный,* ra**zz**a [рáцца] — *раса.*

Буква **z** произносится *звонко* в следующих случаях:

Итал. *Рус.*

z [дз] — **нередко в начале слова, если второй слог начинается со звонкого согласного: zero** [дзэ́ро] — *ноль,* **zanzara** [дзандза́ра] — *комар;*

— **в продуктивных суффиксах -izzare**, **-izzazione**: industrial**izzare** [индустриалиддза́рэ] — *индустриализировать,* organi**zzare** [органиддза́рэ] — *организовывать,* organ**izzazione** [органиддзацио́не] — *организация;*

— **если за z следуют два гласных звука: zoologo** [дзоо́лого] — *зоолог,* **zuavo** [дзуа́во] — *зуав.* **Исключения: zio** [цы́о] — *дядя,* **zia** [цы́а] — *тётя* (в некоторых областях произносятся как [дзы́о] и [дзы́а]).

Дифтонги, трифтонги

Дифтонгом называется сочетание двух гласных, представляющих один слог. Различаются нисходящие и восходящие дифтонги.

В **нисходящем дифтонге** ударение падает на первый гласный, второй звучит кратко, как полугласный (в случае с **i**):

Итал. *Рус.*

ài [ай] **dai** [дай] — *даешь, дай,* **andai** [анда́й] — *(я) пошёл;*

èi [эй] **lei** [лэй] — *она,* **vorrei** [воррэ́й] — *(я) хотел бы;*

òi [ой] **poi** [пой] — *потом,* **noi** [но́й] —*мы,* **voi** [во́й] — *вы* (мн.ч.);

àu [а́у] **aurora** [ауро́ра] — *аврора,* **aumento** [аумэ́нто] — *увеличение;*

èu [э́у] **Europa** [эуро́па] — *Европа,* **eureca** [э́урека] — *эврика.*

В **нисходящем дифтонге** ударение падает на второй гласный:

Итал. Рус.

ià [я] **piano** [пья́но] — *тихо,* **andiamo** [андья́мо] — *идём, пошли!*

iò	[ё]	**fiore** [фьёрэ]—*цветок,* **piove** [пьёвэ]— *идёт дождь.*
iè	[е]	**pieno** [пье́но] — *полный,* **piede** [пье́дэ] — *ступня;*
iù	[ю]	**più** [пью] — *больше,* **fiume** [фью́мэ] — *река.*

В начале слова восходящий дифтонг **ie** произносится [йе]: **ieri** [йе́ри] — *вчера,* **iettatura** [йеттату́ра] — *сглаз,* **iena** [йе́на] — *гиена.*

Дифтонгами являются также звуки, передаваемые буквенными сочетаниями **gn** и **gli + гласная:**

Итал.		*Рус.*	
gn	**gna**	[нья]:	vi**gna** [ви́нья] — *виноградная лоза;*
	gno	[ньё]:	compa**gno** [компа́ньё] — *товарищ;*
	gne	[нье]:	vi**gne**to [винье́то] — *виноградник;*
	gni	[ньи]:	compa**gni** [компа́ньи] — *товарищи;*
	gnu	[нью]:	o**gnu**no [онью́но] — *каждый;*
gli	**glia**	[лья]:	fi**glia** [фи́лья] — *дочь;*
	glio	[льё]:	fi**glio** [фи́льё] — *сын;*
	glie	[лье]:	fi**glie** [фи́лье] — *дочери;*
	gli	[льи]:	fi**gli** [фи́льи] — *сыновья, дети.*

Трифтонги графически представляют собой сочетание трех гласных. В итальянском языке к трифтонгам традиционно относят сочетание двух полугласных и одного гласного (ударного):

ope**raio** [опэра́йё] — *рабочий;*
ope**raia** [орэра́йя] — *рабочая;*
t**uoi** [туо́й] — *твои;*
m**iei** [мье́й] — *мои.*

Ассимиляция

Фонетическая ассимиляция (или уподобление соседнему звуку) в итальянском языке — явление нечастое и нередко факультативное. Ассимиляция может иметь место как внутри одного слова, так и внутри синтаксической группы. Наиболее часто встречается графически незафиксированная ассимиляция. Такой ассимиляции подвергается прежде всего звук [n] в следующих случаях:

перед согласными **b**, **p** он ассимилируется в **un po'** [ум по́] — *немного*, **un parco** [ум па́рко] — *парк*, **un biglietto** [ум билье́тто] — *билет;*

перед согласными **f**, **v**, **n** становится [m], носовым, губно-зубным звуком (верхние передние зубы касаются нижней губы): **in via** [им вия] — *на улице*, **invano** [имва́но] — *напрасно*, **infatti** [имфа́тти] — *действительно*, **in fabbrica** [им фа́ббрика] — *на заводе;*

перед **c**, **g** ассимилируется частично, становясь носовым [ɲ] (губы несколько открыты, задняя часть языка касается мягкого нёба, здесь происходит размыкание): **un concerto** (**n** произносится в нос) — *концерт.*

Зияние

Зиянием называется явление, при котором две рядом стоящие гласные произносятся раздельно, но плавно, без паузы: **aereo** [аэ́рэо] — *самолет*, **paùra** [пау́ра] — *страх*, **poèta** [поэ́та] — *поэт*, **tùo** [ту́о] — *твой*, **mio** [ми́о] — *мой.*

Долгота гласных

Ударные гласные в открытом слоге имеют *долгое звучание*, что придает особую певучесть итальянскому языку. Ударные гласные в закрытом слоге произносятся более кратко, например:

bène [бэ́нэ]—*хорошо* (долгий гласный), **tèsta** [тэ́ста] — *голова* (краткий гласный).

Двойные согласные

Удвоенные согласные произносятся как один напряженный долгий звук; перед произнесением этого звука делается напряженная пауза: cio**cc**olatìno — *шоколадная конфета*, fà**bb**rica — *фабрика*, bè**ll**o — *красивый.*

Синтаксическое удвоение

Графически не отображаемое удвоение согласного звука называется синтаксическим удвоением. Это явление наблюдается после односложных и двусложных слов (союзов, предлогов, кроме **di**, наречий):

a casa [акка́за] — *дома* (*домой*), **da Bari** [дабба́ри] — *из Бари,* **e poi** [эппо́й] — *а (и) потом,* **da Mara** [дамма́ра] — *к Маре.*

Ударение в слове

В большинстве итальянских слов тоническое ударение падает на *предпоследний* слог, например: **pia**no [пья́но] — *тихо,* stu**de**nte [студэ́нтэ] — *студент,* a**mi**co [ами́ко] — *друг,* can**zo**ne [канцо́нэ] — *песня.*

Однако ударение может падать и на другие слоги, например, на третий от конца: spe**tta**colo [спэтта́коло] — *спектакль,* ar**ti**colo [арти́коло] — *артикль, статья.* Для каждого отдельного слова ударение следует запоминать (как и в русском языке).

Если ударение падает на *последний* слог (таких слов немного), то оно отображается графически: città [читта́] — *город,* università [университа́] — *университет,* caffè [каффэ́] — кофе, perché [пэркэ́] — *потому что (так как).*

Знак ударения ставится также в омонимах для их различения на письме. Сравните:

è	— *есть* (от глагола *essere*);	**e**	— *и* (союз);
dà	— *дает;*	**da**	— предлог;
dì	— *день;*	**di**	— предлог;
là	— *там;*	**la**	— артикль.

Поскольку служебные слова (колонка справа) не имеют собственного ударения и произносятся слитно со следующим словом, ударение ставится только на значимом слове-омониме.

Если же оба омонима являются полнозначными словами, то ударение может ставиться на обоих: pésca [пѐска] — *рыбная ловля,* pèsca [пэ́ска] — *персик.*

Элизия

Элизией называется выпадение конечного гласного какого-либо слова перед начальным гласным следующего за ним слова. Элизия графически отображается апострофом ('). Элизия происходит:

1) в артиклях и омонимичных безударных местоимениях **lo, la:** l'amico [льами́ко] — l'amica [льами́ка] — L'ho visto. [льо ви́сто] — *Я видел его.* – L'ho vista. [льо ви́ста] — *Я видел ее.*

2) в слитных с артиклем предлогах: dell'amico, all'amica, all'amico;

3) в местоимении **quello (quella)** — *тот (та),* в прилагательном bello (bella) — *красивый* (*красивая*); quell'amico (quell'amica); un bell'amico (una bell'amica);

4) нередко в предлоге **di** перед гласной следующего слова: d'Italia, d'inverno, d'amore;

5) в местоимении (частице) **ci** перед **e, i:** c'entra, c'è, c'era;

6) иногда в безударных местоимениях **mi, ti:** m'ha visto, t'ha detto. Следует заметить, что в современном итальянском языке наблюдается тенденция избегать элизии гласных, поэтому возможны следующие варианты: la amica (l'amica), gli italiani (gl'italiani).

Усечение

Усечение конечного безударного гласного (либо безударного слога) чаще всего происходит после согласных **l, r, n, t** перед следующим словом, начинающимся с согласного (а иногда и гласного). Сравните:

bene — è **ben** vestito; **scrivere** — **scriver** bene; **signore** — **signor** Pantalone; **professore** — **professor** Biagi. Примеры факультативного усечения: **sono (son)** contento — я *доволен;* così **fanno (fan)** tutti — *так делают все.*

Прилагательные **bello** — *красивый;* **buono** — *хороший, добрый;* **grande** — *большой;* **santo** — *святой* теряют конечный гласный или весь конечный слог перед существительными мужского рода: **un bel nome** — *красивое имя;* **un buon padre** — *хороший отец;* **Buon giorno!** — *Добрый день!* **Piazza San Pietro** — *площадь Святого Петра.* Перед гласной для **grande, santo** возможны неусеченные формы.

ОСНОВНОЙ КУРС

Первый урок — Lezione prima

BUON GIORNO – ДОБРЫЙ ДЕНЬ! ЗДРАВСТВУЙТЕ!

Colombina: Buon giorno, signori! Mi chiamo Colombina. Sono di Venezia. Venezia è una bella città... Oh! Chi è?... Ah! È Pantalone. Buon giorno, signor Pantalone!

Pantalone: Ciao! Colombina! Buon giorno, signori! Mi chiamo Pantalone. Anch'io sono di Venezia. Venezia è una bellissima città... Colombina, che cos'è?

Colombina: È una gondola. È una gondola veneziana.

Pantalone: È un souvenir di Venezia?

Colombina: Sì, è un souvenir veneziano.

Pantalone: È una bella gondola.

◊

Pulcinella: Buon giorno, signorina!

Colombina: Buon giorno, signore!

Pulcinella: Lei, signorina, parla italiano?

Colombina: Sì, io parlo italiano.

Pulcinella: Scusi, Lei è di Venezia?

Colombina: Sì, sono di Venezia.

Pulcinella: Oh! Venezia è una bella città! Io sono di Napoli. Anche Napoli è una bella città! Io mi chiamo Pulcinella. E Lei, signorina, come si chiama?

Colombina: Mi chiamo Colombina.

Pulcinella: Piacere, signorina.

Colombina: Oh! Chi è?... Ah! È Arlecchino!

Arlecchino: Ciao, Colombina!

Colombina: Ciao, Arlecchino!

Arlecchino: Colombina, chi è?

Colombina: È Pulcinella. È di Napoli.

Pulcinella: Sì, sì. Mi chiamo Pulcinella. Sono di Napoli.

Arlecchino: Piacere, Pulcinella. Io sono di Bergamo... Oh! Chi è?

Colombina: È il dottor Balanzone. Buon giorno, Dottore!

Dottore: Buon giorno, signori! Mi chiamo Balanzone. Sono di Bologna.
Pulcinella: Piacere, Dottore. Lei parla italiano?
Dottore: Sì. Io parlo italiano, inglese, francese, spagnolo, tedesco e russo.
Pulcinella: Bravo Dottore!

VOCABOLARIO — СЛОВАРЬ

Buon giorno! [буóн джорно] Добрый день! Здравствуйте! Здравствуй!

signori *m pl* [синьóри] синьоры, господа

signorina *f* [синьори́на] синьорина, девушка (*при обращении*)

signora *f* [синьóра] синьора, госпожа

signore *m* [синьóрэ] синьор, господин

Come ti chiami? [кóмэ ти кья́ми] Как тебя зовут?

Come si chiama (Lei)? [кóмэ си кья́ма] [лэй] Как Вас зовут?

Mi chiamo... [ми кья́мо] Меня зовут...

Mi chiamo Colombina. [ми кья́мо коломбина] Меня зовут Коломбина.

Io sono di Venezia. [йё сóно ди венéция] *досл.:* Я есть из Венеции (*т.е.* я родом из Венеции), я венецианец.

sono [сóно] *1-е лицо ед.числа глагола-связки* **essere** *быть*

Sono di Napoli. [сóно ди нáполи] Я из Неаполя (я неаполитанец).

Venezia è una bella città. [э́ у́на бэ́лла читта] *досл.:* Венеция есть красивый город. (Венеция – красивый город.)

città *f* [читтá] город

chi [ки] кто

chi è? [ки э] *досл.:* Кто есть? *т. е.:* Кто это?

è [э] *3-е лицо ед.числа глагола-связки* **essere** *быть*

io [и́ё] я

Lei [лэ́й] вы (*ед. число*)

Che cos'è? [кэ коз'э] *досл.:* Что (это) есть? *т.е.*: Что это?

gondola *f* [гóндола] гондола (*венецианская лодка*)

souvenir *m* [су́венир] сувенир

veneziana *agg* [вэнэциáна] венецианская

parlare *vi* [парлáрэ] говорить, разговаривать

parlare *vi* **italiano** [парлáрэ италья́но] говорить по-итальянски

— — **inglese** [инглэ́зэ] по-английски

— — **francese** [франчэ́зэ] по-французски

— — **spagnolo** [спаньóло] по-испански

— — **tedesco** [тэдэ́ско] по-немецки

— — **russo** [ру́ссо] по-русски

Lei parla italiano? [лэй парла италья́но] Вы говорите по-итальянски?

Piacere! [пьячэ́рэ] Очень приятно!

Molto piacere! [мóльто пьячэ́рэ] Очень приятно!

Scusi! [ску́зи] Извините! (*при обращении к одному лицу*)

Bravo! Молодец! (*при обращении к лицу мужского пола*)

no [но] нет

ПОЯСНЕНИЯ К ТЕКСТУ

1. **Colombina** — Коломби́на, **Pantalone** — Панталóнэ, **Arlecchino** — Арлекин, **Pulcinella** — Пульчинéлла, **il Dottore*** — Доктор — традиционные персонажи (маски) итальянской комедии масок (Commedia dell'arte).

2. В итальянском языке не употребляется приветствие *Доброе утро!* и поэтому с раннего утра говорится **Buon giorno!** — *Добрый день!*

3. Дружеское приветствие *Ciao!* — *Привет! Пока!* может употребляться как при встрече, так и при прощании с близкими знакомыми.

Если перед именем (фамилией) стоят слова **signore** — *синьор,* **dottore** — *доктор,* то конечный гласный в словах **signore** и **dottore** выпадает — **signor Pantalone, dottor Balanzone.**

ГРАММАТИКА

Род имени существительного

В отличие от русского языка, итальянское имя существительное имеет только **два рода:** *мужской (m)* и *женский (f).* Для большинства итальянских существительных характерны следующие окончания:

м.р. *(m)*	— о:	giorn**o** — *день,* amic**o** — *друг,* libr**o** — *книга;*
	— е:	signor**e** — *синьор,* student**e** — *студент;*
ж.р. *(f)*	— е:	art**e** — *искусство,* paret**e** — *стена;*
	— а, à:	amic**a** — *подруга,* citt**à** — *город.*

Род имен существительных в итальянском и русском языках часто не совпадает (особенно у неодушевленных существительных). Сравните: *город* (*м.р.*) — **città** (*f*), *книга* (*ж.р.*) — **libro** (*m*).

Неопределенный артикль единственного числа

Показателем рода, числа, определенности/неопределенности, частичности итальянского существительного является также артикль.

* il — определенный артикль м.р. ед. числа. См. Второй урок, с. 54.

Неопределенный артикль мужского рода:

uno — употребляется перед существительными мужского рода, начинающимися с **s + согласный, z (x, y, j): uno spettacolo** — *спектакль,* **uno studente** — *студент*, **uno scolaro** — *школьник,* **un sciopero** — *забастовка,* **uno zio** — *дядя,* **uno slavo** — *славянин*;

un — перед всеми остальными согласными и гласными: **un giorno** — *день,* **un medico** — *врач,* **un amico** — *друг,* **un ingegnere** — *инженер.*

Неопределенный артикль женского рода:

una — перед любыми согласными: **una città** — *город,* **una studentessa** — *студентка,* **una maestra** — *учительница;*

un' — перед гласными: **un'amica** — *подруга,* **un'idea** — *идея,* **un'università** — *университет,* **un'ora** — *час.*

Употребление неопределенного артикля

Неопределенный артикль употребляется:

а) когда предмет (лицо и т.д.) неизвестен, либо упоминается впервые в данном контексте: **una città** — *город* (какой-то, некий, неизвестный); **uno studente** — *студент* (какой-то, некий, неизвестный);

б) когда существительное употребляется с определением: **Venezia è una bella città.** — *Венеция — красивый город;* **Maria è una brava studentessa.** — *Мария хорошая студентка;*

в) в единственном числе неопределенный артикль совпадает с числительным *один (одна):* **una città** — *один город,* **un libro** — *одна книга,* **una studentessa** — *одна студентка.*

Имя прилагательное

Подавляющее большинство итальянских прилагательных имеют те же характерные окончания женского и мужского рода, что и существительные:

м.р. *(m)*	**— o:**	bell**o** — *красивый*, italian**o** — *итальянский*;
	— e:	verd**e** — *зеленый(-ая)*, ingles**e** — *английский(-ая)*;
ж.р. *(f)*	**— a:**	bell**a** — *красивая*, italian**a** — *итальянская.*

Прилагательные, оканчивающиеся на **-e**, имеют одну и ту же форму в женском и мужском роде.

Итальянское прилагательное согласуется с существительным в роде и числе. В отличие от русского языка, большинство итальянских прилагательных ставится *после* имени существительного (включая прилагательные, обозначающие национальность и цвет):

una città italiana — *итальянский город,* **un libro italiano** — *итальянская книга,* **una gondola veneziana** — *венецианская гондола,* **un vestito verde** — *зеленое платье,* **una città verde** — *зеленый город.*

Однако прилагательные **bello, brutto, bravo** и другие обычно располагаются *перед* существительным:

un bravo maestro — *хороший учитель,* **una bella signora** — *красивая синьора.*

Так как выбор формы артикля зависит от начального звука следующего за ним слова, то прилагательное, непосредственно стоящее перед существительным, влияет на выбор артикля. Сравните:

uno studente	Но!:	**un** bravo studente;
un'amica	—	**una** brava amica.

Глаголы I спряжения (настоящее время)

Итальянские глаголы делятся на три типа спряжения. Глаголы I спряжения в неопределенной форме (инфинитиве) имеют характерное окончание **-are.** В настоящем времени изъявительного наклонения к основе правильных глаголов I спряжения присоединяются следующие окончания:

parlare (parl + are)

Ед. ч.	1-е л. (io) parl**o**	— *я говорю (разговариваю);*
	2-е л. (tu) parl**i**	— *ты говоришь;*
	3-е л. (lui, lei, Lei) parl**a**	— *он, она (Вы) говорит(-ите);*
Мн.ч.	1-е л. (noi) parl**iamo**	— *мы говорим;*
	2-е л. (voi) parl**ate**	— *вы говорите;*
	3-е л. (loro) pàrl**ano**	— *они говорят.*

Личные местоимения в функции подлежащего

В функции подлежащего в современном итальянском языке употребляются следующие местоимения:

io — *я,* **tu** — *ты,* **lui** — *он,* **lei** — *она,* **Lei** — *Вы,* **noi** —*мы,* **voi** — *вы* **loro** — *они.*

В отличие от русского языка, личные местоимения при личной форме глагола могут быть опущены. Это происходит в тех случаях, когда на них не падает логическое ударение, то есть они по смыслу не выделены. Сравните:

Parlo italiano. — *Я говорю по-итальянски.*
Io parlo italiano. — *Я (именно я, а вот я) говорю по-итальянски.*

Местоимения сохраняются и при противопоставлении:

Noi parliamo francese e **voi** parlate inglese. — *Мы говорим по-французски, а вы говорите по-английски.*

При отсутствии местоимения на лицо указывают окончания глагола поэтому их надо произносить очень четко.

Форма вежливости

Итальянские и русские формы вежливости не всегда совпадают по лицам. Русской вежливой форме *Вы* при обращении к одному лицу в современном итальянском языке соответствует форма **Lei,** совпадающая с 3-м л. ед. числа, а не со 2-м л. мн.числа, как в русском языке. Сравните:

Lei parla italiano? — *Вы говорите по-итальянски?* (при обращении к одному лицу)
Voi parlate italiano? — *Вы говорите по-итальянски?* (при обращении ко многим лицам)

Другие примеры:

Signora (signore), Lei parla italiano? — *Синьора (синьор), вы говорите по-итальянски?*
Signori, voi parlate italiano? — *Синьоры, вы говорите по-итальянски?*
Lei, signora, è di Venezia? — *Вы, синьора, венецианка?*
Voi, signori, siete di Venezia? — *Вы, синьоры, венецианцы?*

Повелительное наклонение (1-е, 2-е л. мн.числа)

В итальянском языке формы повелительного наклонения 1-го и 2-го л. мн.числа совпадают с соответствующими формами изъявительного наклонения. Сравните:

Parliamo italiano. — *Мы говорим по-итальянски.*
Parliamo italiano! — *Давайте говорить по-итальянски!*
Parlate francese. — *Вы говорите по-французски.*
Parlate francese! — *Говорите по-французски!*

Конструкции с глаголом *essere*

В отличие от русского языка, итальянский глагол-связка **essere** — *быть* не опускается:

Io sono studente (-essa). — *Я студент(-ка); досл.:* Я есть студент(-ка).
Tu sei studente (-essa). — *Ты студент(-ка).*
Lui (lei, Lei) è studente (-essa). — *Он (она, Вы) студент(-ка).*

При сообщении статуса человека (профессионального, социального, семейного и т.п.) артикль в вышеуказанной конструкции *отсутствует*, в том случае, когда основная информация заключается именно в сообщении этого статуса (обычно при известности субъекта). В случае же идентификации субъекта по принадлежности к той или иной категории людей артикль *употребляется*. Сравните:

Mario è attore. — *Марио актер.* (Марио известен, сообщается лишь его род занятий.) Эта конструкция отвечает на вопрос: **Che cosa fa?**— *Что он делает? Чем занимается?* Приведем противоположный пример: **Mario è un attore** — *Марио это (один, некий) актёр.* Данная конструкция отвечает на вопрос: **Chi è?** — *Кто он? Кто такой?* Глагол-связка **essere** широко используется также в конструкции:

Che cos'è? — È un libro (una casa). — *Что это? —Это книга (дом).*

Причем, в отличие от русского языка, местоимение *это* — **questo** обычно опускается. Сравните:

(Questo) è un libro.
È un libro. } *Это книга.*

При сообщении *откуда человек родом* чаще используется следующая конструкция (особенно с иностранными городами):

(Io) **sono di Roma.** — *Я из Рима. = Я римлянин.*
(Tu) **sei di Napoli.** — *Ты из Неаполя. = Ты неаполитанец.*
(Lui) **è di Bologna.** — *Он из Болоньи.*
(Lei) **è di Kiev.** — *Она из Киева. = Она киевлянка.*
(Lei) **è di Mosca.** — *Вы из Москвы. = Вы москвич(-ка).*

Существует синонимичная конструкция: **essere + прилагательное**, образованное от названия города (местности, страны):

(Io) **sono napoletano.** — *Я неаполитанец.*
(Tu) **sei romano.** — *Ты римлянин.*

Формы *mi chiamo (ti chiami)*

Запомните формы единственного числа настоящего времени глагола **chiamarsi** — *называться, зваться:*

(Io) mi chiamo Mario (Maria). — *Меня зовут Марио (Мария).*
(Tu) ti chiami Pietro (Laura). — *Тебя зовут Пьетро (Лаура).*
(Lui) si chiama Gino. — *Его зовут Джино.*
(Lei) si chiama Angela. — *Её зовут Анджела.*
(Lei) si chiama Alessandro. — *Вас зовут Алессандро.*

Конструкции с этим глаголом отвечают на вопросы: **Come ti chiami?** — *Как тебя зовут?* **Come si chiama?** — *Как зовут (его, ее, Вас)?* Например:

Signorina, (Lei) come si chiama? — Mi chiamo Maria. — *Синьорина, как вас зовут? — Меня зовут Мария.* **Signore, (Lei) come si chiama? — Mi chiamo Piero Bianchi.** — *Синьор, как вас зовут? — Меня зовут Пьеро Бьянки.*

ГРАММАТИЧЕСКИЕ И ЛЕКСИКО-ГРАММАТИЧЕСКИЕ УПРАЖНЕНИЯ

1. Напишите существительные с неопределенным артиклем, переведите незнакомые слова с помощью словаря учебника:

ж.р. *(f):* **а)** città, fabbrica, ditta, lingua, parola, commedia, tragedia, signora, bambina, maestra, studentessa, professoressa, attrice, pittrice, lezione, canzone, pace, madre, zia, carne;

б) amica, arte, opera, classe, università, idea, opera, automobile, operaia;

м.р. *(m)* а) giorno, libro, momento, monumento, porto, passaporto, documento, museo, vaso, medico, maestro, bambino, film, souvenir, signore, padre, paese, mare, attore, pittore, amico, ingegnere, operaio;

б) studente, studio, stadio, scrittore, scultore, sport, sciopero, scopo, zio, zoo, zucchero.

2. Используя слова упр. 1, напишите соответствующие слова женского рода:

un amico, uno studente, un padre, uno zio, un maestro, un professore, un signore, un pittore, un attore

3*. Переведите на итальянский язык существительные, употребив неопределенный артикль:

язык, слово, урок, студент, книга, искусство, страна, город, море, порт, мир, песня, идея, друг, комедия, трагедия, университет, стадион, спорт, день, фабрика (завод), забастовка, автомобиль, пицца, синьор, синьора, инженер, дядя

4. Выпишите из упр. 3 итальянские и русские существительные, не совпадающие по роду.

5. Переведите на русский язык, обратите внимание на несовпадение итальянской и русской формальной структуры:

Che cosa è? (Che cos'è?) — È un (una, uno, un')...

È una citta. È una fabbrica. È un porto. È un'automobile.
È uno stadio. È una gondola. È un libro. È un souvenir.
È un parco. È una scultura. È un mare. È una classe. È un giornale.
È una commedia. È un monumento.

Chi è? — È un (una, uno, un')...

È una signora. È un professore. È un'amica. È un medico.
È una maestra. È un'operaia. È uno scultore. È un'attrice.
È uno scolaro. È un bambino. È un ingegnere. È un amico.

---

* К упражнениям, отмеченным звездочкой, даются ключи в конце учебника (см. Содержание).

6. Закончите предложения, подставив существительные в соответствии с данным артиклем:

а) Che cos'è? — È un ... È una ... È un' ... È uno ... È una ... È un ... È una ...

б) Chi è? — È un ... È uno ... È una ... È uno ... È un ... È uno ... È un' ...

в) Sono operaio. Sono... Sono... Sono...

7. Переведите на итальянский язык:

а) Что это? — Это город. Это завод. Это памятник. Это порт. Это море. Это автомобиль. Это класс. Это книга. Это комедия.

б) Кто это? — Это рабочий. Это врач. Это художница. Это учительница. Это инженер. Это студент. Это ребенок. Это синьора.

8. Выполните задания:

а) переведите на русский язык и объясните отсутствие артикля:

Sono medico. Sono ingegnere. Sono pittore. Sono attore. Sono maestro. Sono pittrice. Sono operaio. Sono professoressa. Sono operaia;

б) замените в предложениях из пункта *a* 1-е л. ед.числа на 2-е и 3-е л. ед.числа;

в) переведите на итальянский язык, используя вышеуказанную конструкцию:

Я врач. Ты художник. Он писатель. Я рабочий. Она скульптор. Ты учитель. Он преподаватель. Я инженер. Ты писатель;

г) переведите на русский язык, объясните разницу:

Sono ingegnere. — Sono un ingegnere. Sono medico. — Sono un medico. Sei attore. — Sei un attore. Sei pittore. — Sei un pittore. È operaio. — È un operaio. È professore — È un professore.

9. От прилагательных мужского рода образуйте прилагательные женского рода, переведите их:

а) на русский язык:

bello, bravo, simpatico, italiano, russo, spagnolo, tedesco, romano, fiorentino, napoletano, bianco, nero, rosso, giallo, azzurro

б) на итальянский язык:

красивый — красивая, приятный — приятная, русский — русская, итальянский — итальянская, испанский — испанская, белый — белая, красный — красная, зеленый — зеленая, французский — французская, английский — английская, римский — римская, неаполитанский — неаполитанская, флорентийский — флорентийская, хороший — хорошая

10. Переведите на русский язык, объясните появление артикля в данных конструкциях:

È un bravo medico. È una brava scultrice. È un bravo ingegnere. Sei un simpatico professore. Sei una brava operaia. Sei un bravo amico. Sei un grande scrittore. È una brava attrice.

È Mario. Mario è studente. È un bravo studente.

È Maria. Maria è studentessa. Maria è una brava studentessa.

È Gino. Gino è operaio. È un operaio qualificato.

È Laura. Laura è una signorina. È una bella signorina.

È Piero. Piero è un amico. È un amico italiano.

È Venezia. Venezia è una città. È una bella città.

È Genova. Genova è un porto. Genova è un grande porto.

È Torino. Torino è una città. È una città industriale.

11. Употребите одно из предложенных прилагательных, согласовав его с существительным:

а) russo, francese, tedesco, cinese, italiano, inglese, portoghese, americano, greco:

È una città ... È una fabbrica ... È un film ... È un museo ... È una statua ... È un porto ... È una commedia ... È una tragedia ... È un attore ... È un documento ... È uno scultore ... È un medico ... È un libro ... È un professore ... È un ingegnere ...

б) bella, simpatica, brava:

È una ... città. È una ... maestra. È una ... scultrice. È una ... persona. È una ... gondola. Sei una ... pittrice.

12*. Переведите на итальянский язык:

Это итальянский город. Это греческая трагедия. Это французская комедия. Это венецианская гондола. Это французский скульптор. Это испанский художник. Это английский писатель. Это немецкий инженер. Это русский писатель. Это португальский порт. Это американский завод. Это римская статуя. Это приятный человек. Это хороший врач. Это красивый город. Это хорошая учительница.

13. Переведите на русский язык:

Sono di Roma. Mario è di Palermo. Piero è di Napoli. Maria è di Firenze. Sono di Ravenna. Gino è di Venezia. Sono di Parma. Sei di Mosca? Sei di Tula? È di Kiev. Sergio è di Mosca. Pietro è di San Pietroburgo. Olga è di Bratsk. Sono di Saratov. Valerio è di Novosibirsk. Antonio è di Minsk. Sei di Kursk? Sono di Khabarovsk.

14. Проспрягайте в настоящем времени изъявительного наклонения глаголы I спряжения:

parlare — *говорить,* lavorare — *работать,* studiare — *учиться,* cantare — *петь,* ascoltare — *слушать,* aspettare — *ждать,* chiamare — *звать*

15. Выполните задания:

а) переведите на русский язык, обратите внимание на личные формы итальянских глаголов:

Angela lavora. Gino studia. Noi cantiamo una canzone. Maria ascolta Verdi. Io lavoro. Noi aspettiamo un ingegnere. Tu, Gino, canti? Voi aspettate Piero? Noi lavoriamo. Alberto e Gigi lavorano. Antonio studia. Anna parla spagnolo. Voi lavorate? Olga parla russo. Luigi chiama un medico. Chiara e Franco ascoltano una canzone. Ascoltano Celentano. Io aspetto un amico. Lei, signora, aspetta un medico? Lei, signore, parla inglese? Lei parla italiano? Le signorina, canta?

Signorina! Lei parla russo? Maria! Lei parla tedesco?

Signor Mario! Lei canta? Dottore! Lei aspetta un amico?

б) замените инфинитив личной формой глагола в настоящем времени изъявительного наклонения:

Mario (lavorare). Maria (studiare). Angela (parlare) italiano. Gino (cantare). Piero e Anna (cantare) una canzone. Elena e Sergio (ascoltare) una canzone. Guiseppe (parlare) inglese. Giorgio e Antonio (parlare) francese. Mario (aspettare). Io (studiare). Noi (lavorare). Noi (aspettare) Paolo. Noi (chiamare) un medico. Io (aspettare) un professore. Tu (cantare)? Lei, signora, (parlare) italiano? Lei signore, (cantare)? Signorina! Lei (parlare) francese? Signora! Lei (lavorare)?

в)* переведите на итальянский язык:

Луиджи работает. Пьеро говорит по-русски. Анна говорит по-итальянски. Мы ждем врача. Вы, синьорина, поете? Марио слушает компакт-диск. Марио слушает итальянский компакт-диск. Я жду Джованни. Я жду подругу. Мы учимся. Антонио и Паоло поют песню. Они поют итальянскую песню. Они поют по-итальянски. Франко слушает Челентано. Синьор! Вы ждете Марию? Синьора! Вы говорите по-испански? Вы, синьорина, говорите по-русски? Антонио! Ты ждешь Пьетро? Мы говорим по-итальянски.

16. Вместо формы 2-го л. ед.числа употребите вежливую форму обращения к одному лицу (Lei):

а) Maria! Tu studi? Mario, tu parli russo? Angela, tu canti? Piero! Aspetti Gina? Claudio! Ascolti Bethoven? Piero, ascolti un disco inglese?

б) Sei di Roma? Maria, tu sei di Venezia? Tu sei di Verona? Sei di Parma?

в) Beppe! Sei napoletano? Claudia, sei veneziana? Antonio, tu sei torinese? Tu sei operaio? Sei maestra? Angela, tu sei una pittrice? Tu sei una brava scultrice! Chiara, sei una brava attrice! Maria! Tu sei una graziosa signorina! Gina, tu sei una bella signora!

17. Образуйте формы повелительного наклонения 1-го и 2-го л. мн.числа от глаголов I спряжения:

parlare, cantare, studiare, lavorare, aspettare, chiamare, ascoltare

18. Переведите на русский язык, обратите внимание на формы повелительного наклонения итальянских глаголов:

а) Cantiamo! Cantiamo una canzone italiana! Ascoltiamo una canzone! Ascoltiamo Celentano! Ascoltiamo una canzone di Celentano! Ascoltiamo un'opera di Verdi! Parliamo italiano! Aspettiamo! Aspettiamo un momento! Aspettiamo Piero! Chiamiamo un medico! Parliamo inglese!

б) Parlate italiano! Cantate una canzone! Cantate una canzone russa! Ascoltate un'opera italiana! Aspettate! Aspettate un momento! Aspettate Mario! Chiamate un medico! Studiate! Lavorate!

19. Переведите на итальянский язык:

Говорите по-итальянски! Давайте будем говорить по-итальянски! Дослушайте песню! Давайте послушаем песню! Подождите минуточку! Давайте подождем минуточку! Позовите Марию! Давайте позовем Марию!

20. Переведите на русский язык, обратите внимание на формы глагола *chiamarsi*, а также на употребление и опущение личных местоимений:

Come ti chiami? — Mi chiamo Sergio. Io mi chiamo Sergio.
Come ti chiami? — Mi chiamo Maria.
Scusi, signorina! Come si chiama? Lei, come si chiama?
E tu? Come ti chiami? — Io? Io mi chiamo Beppino.
Signora! Come si chiama Lei? — Mi chiamo Maria.
Io mi chiamo Maria Bianchi.
Ti chiami Piero? — Sì, io mi chiamo Piero.
E tu? Come ti chiami? — Io mi chiamo Alessandro.
Signore, come si chiama? — Chi? Io? Mi chiamo Fabio Rossi.

21. Переведите на итальянский язык:

Синьорина! Как вас зовут? — Меня зовут Анджела.
А вас? Как вас зовут? — Меня? Меня зовут Джузеппе.
Как тебя зовут? — Меня зовут Роза.
Синьор! Простите! Как вас зовут? — Меня зовут Клаудио Северини.
Тебя зовут Александра? — Да, меня зовут Александра.
А меня зовут Пьерино. — А как тебя зовут?

ОБЗОРНЫЕ УПРАЖНЕНИЯ

22. Ответьте по-итальянски на вопросы, используя указанные конструкции и слова:

Che cos'è? — È una città.

Che cos'è? — È (книга, гондола, пластинка, стадион, парк).

Chi è? — È un medico.

Chi è? — È (рабочий, художник, ребенок, учитель, студент, артист).

23. Ответьте на вопросы, следуя образцу:

Chi è Maria? — Maria è un'italiana.

Chi è Olga? (una russa)
Chi è Laura? (una tedesca)
Chi è Paul? (un americano)
Chi è Giorgio? (un romano).

24. Переведите на итальянский язык, используя данные конструкции:

Я из Рима. Я римлянин. Я римлянка.	Sono di Roma.	Он (она) из Москвы. Он москвич. Она москвичка.	È di Mosca.

а) Он из Палермо. Я из Вероны. Она флорентийка. Он генуэзец. Мария из Милана. Пьетро из Равенны. Я из Турина. Она римлянка. Ты из Кальяри?

б) Данте флорентиец. Марко Поло венецианец. Джузеппе Верди из Буссето. Анна Маньяни римлянка. Леонкавалло неаполитанец. Доницетти из Бергамо. Масканьи из Ливорно. Пуччини из Лукки. Микеланджело из Капрезе.

в) Я из Петербурга. Он из Турина. Она из Минска. Он минчанин. Павел (Паоло) из Новосибирска. Сандро из Тулы. Я из Братска. Ты из Орла? Я из Москвы.

г) Пульчинелла неаполитанец. Арлекин из Бергамо. Коломбина венецианка. Панталоне из Венеции. Доктор из Болоньи.

25. Замените выделенные в упражнении конструкции соответствующими прилагательными:

di Roma — romano(-a); di Napoli — napoletano(-a);
di Milano — milanese; di Genova — genovese;
di Torino — torinese; di Pompei — pompeiano(-a);
di Firenze — fiorentino(-a); di Bologna — bolognese.

È una fabbrica **di Torino.** È un monumento **di Roma.** È un museo **di Firenze.** È un aeroporto **di Milano.** È una statua **di Pompei.** È una ditta **di Napoli.** È un teatro **di Genova.** È uno studente **di Bologna.** È una studentessa **di Bologna.** È uno stilista **di Milano.**

26. Замените точки названиями городов:

È uno specialista di ... Piero è un pittore di ... È una scultrice di ... È un signore di ... È un ingegnere di ... È uno scrittore di ... È un maestro di ... È un giornalista di .... È un museo di ... È un parco di ... È un teatro di ... È una fabbrica di ... È una stilista di ...

27. Переведите на итальянский язык, используя две разные конструкции:

Это генуэзский театр. —	È un teatro di Genova. È un teatro genovese.

Это туринская фабрика. Это римская статуя. Это флорентийский музей. Это миланский журналист. Это миланская художница. Это римская актриса. Это флорентийский писатель. Это туринский инженер. Это римский парк. Это венецианская вилла. Это веронская фирма.

28. Переведите на итальянский язык, используя предложенную конструкцию:

Это киевский парк. — È un parco di Kiev.

Это московский театр. Это воронежский художник. Это новосибирский инженер. Это углический музей. Это тульский мастер. Это пермский инженер.

29. Переведите на итальянский язык, используя формы повелительного наклонения:

Подождите Антонио! Давайте подождем Антонио!

Говорите по-русски! Давайте будем говорить по-русски!

Спойте песню! Давайте споем песню! Давайте споем русскую песню!

Учитесь! Давайте будем заниматься (учиться)!

Работайте! Давайте будем работать!

УПРАЖНЕНИЯ ПО СОДЕРЖАНИЮ ТЕКСТА

1. Прочитайте и переведите текст.

2. Выучите новые слова и выражения.

3. Найдите в тексте ответы на вопросы:

Chi è Colombina? È una signorina?
Pantalone è un signore? Di che città è Pantalone?
Venezia è una bella città?
Di che città è Pulcinella?
Chi è Arlecchino? Di che città è?
Colombina è di Venezia?
Dottore è di Bologna? Il Dottore paria italiano?
Chi parla russo?
Chi parla italiano, francese, spagnolo, inglese?

4. В соответствии с содержанием текста соедините левую и правую части в одно предложение:

Colombina	è di Bologna
Arleccino	è di Venezia
Pantalone	è di Bergamo
Pulcinella	è di Napoli
Venezia	è una città francese
Bologna	è una città russa
Mosca	è una città italiana
Roma	è una bella città
Dottore	è bravo
Arlecchino	è brava
Colombina	è simpatico
Arlecchino parla	spagnolo, inglese, tedesco, russo
Dottore parla	italiano
Colombina	è un signore
Pantalone	è una signorina

5. Задайте вопросы к выделенным курсивом членам предложения:

Pantalone è un *signore.* Colombina è una *signorina.* Pulcinella è di *Napoli. Venezia* è una *bella* città. È un *souvenir italiano. Il Dottore* parla francese. *Arlecchino* è bravo. *Colombina* è bella. *Pulcinella* è simpatico. *Il Dottore* è intelligente.

6. Переведите с итальянского на русский язык, а с русского на итальянский:

Buon giorno, signorina!	— Здравствуйте, синьорина!
Signorina, Lei parla italiano?	— Да, я говорю по-итальянски.

Signorina, Lei è italiana? — Нет, я русская.
Scusi, Lei è di Mosca? — Да, я москвичка.
Come si chiama, Lei? — Меня зовут Ольга.
Piacere, Olga! Io mi chiamo Massimo. — Очень приятно, Массимо.

7. Перескажите текст: а) кратко; б) подробно.

8. Ответьте на вопросы:

Come si chiama Lei? Di che città è? Lei parla italiano? Parla inglese? francese? tedesco? Che lingua parla? Lei è medico? ingegnere? insegnante? operaio? studente? studentessa? scolaro? scolara? artista?

9. Следуя образцу, образуйте итальянские слова из букв существительного *dispiacere* (*неудовольствие, сожаление*). Пользуясь словарем учебника, переведите на русский язык слова образца:

piacere (*удовольствие, радость*) — cera, pace, rapa, papa, papà, pipa, capire, cara, ricca, era, aria, àrea...

RISATE A DENTI STRETTI—СМЕХ СКВОЗЬ СЛЕЗЫ

Прочитайте и переведите диалог:

– Scusi, signore, Lei è europeo?
– Oui.
– Oh! Lei è francese?
– Yes.
– Aha! Lei è inglese?
– Ja.
– Ma Lei mi canzona?
– Sì.

europeo европеец; европейский
oui *(франц.)* да
yes *(англ.)* да
ja *(нем.)* да
mi ... canzona Вы смеетесь надо мной.

Второй урок — Lezione seconda

ROMA — РИМ

Come va, amici? Va bene?

Allora cominciamo la lezione e lo spettacolo! Parliamo italiano!

Maschere: Amici! Che cosa facciamo?

Dottore: Ho un'idea!

Maschere: Che idea? Che idea, Dottore?

Il Dottore mostra una carta geografica. È l'Italia. Ecco Roma! Roma è la capitale d'Italia.

Pulcinella: Dottore! Visitiamo Roma?

Dottore: Sì, visitiamo Roma!

Maschere: Bene! Molto bene! Benissimo!

Ecco Roma! Roma è bella, grande e antica. Le maschere hanno una guida?

Sì, le maschere hanno una guida. Chi è? È Rugantino. Rugantino è di Roma. Rugantino fa la guida. La visita comincia.

Rugantino: E ora visitiamo Roma!

Maschere: Rugantino! Che cosa visitiamo a Roma?

Rugantino: Visitiamo il Colosseo, il Foro Romano, il Pantheon, visitiamo Piazza San Pietro, Piazza di Spagna, il Castel Sant'Angelo, il Campidoglio, Piazza Navona e poi...

Maschere: E poi? E poi?

Rugantino: E poi... una sorpresa!

Maschere: Che sorpresa? Rugantino! Che sorpresa?

Rugantino: Pazienza! Amici!

Maschere: Pazienza... pazienza...

Prima Colombina, Pantalone, il Dottore, Pulcinella e Arlecchino visitano il Colosseo. Il Colosseo è un anfiteatro. L'anfiteatro si chiama Flavio. È vecchio? — No! È antico! Il Colosseo (l'Anfiteatro Flavio) è bello, grande e antico.

Poi le maschere visitano il Foro Romano. Anche il Foro è grande e antico.

La visita continua. Ecco una piazza. È Piazza San Pietro. La piazza è molto bella! È bellissima! Piazza San Pietro è molto grande.

Rugantino: E ora visitiamo...

Pantalone: Basta! Basta! Ho sete!

Colombina: Ho sete!

Pulcinella: Ho sete, ho fame, ho sonno!

Dottore: Ho caldo!

Le maschere hanno sete, fame, caldo. Pulcinella ha anche sonno. È un problema? No! Rugantino è una brava guida.

Rugantino: Amici! Avete sete, fame? Non è un problema! Uno! due! tre!

Ecco!

Che cos'è? Ah! È un bar! Bravo Rugantino! Pulcinella compra un panino e un'aranciata.

Pulcinella: Un panino e un'aranciata, per favore!

Barista: Prego! Un panino e un'aranciata.

Pulcinella: Grazie.

Barista: Prego, signore.

Arlecchino compra una pizza e un'acqua minerale per Pantalone, un panino e un'aranciata per il Dottore e un gelato per Colombina. Poi le maschere mangiano il gelato.

La visita continua. Che cos'è? — Ah! È Piazza Navona. È una bellissima piazza! È molto grande.

E ora? — E ora la sorpresa di Rugantino! Che cos'è? — È «la bocca della verità»[1].

Rugantino: Amici! È bella Roma?

Maschere: Sì! Sì! Roma è bella. È bellissima!

Rugantino: Signor Pantalone! Roma è bella?

Pantalone: No! Venezia è bella! Roma — no!

Allora Rugantino mette la mano di Pantalone nella bocca della verità. Pantalone ha paura e dice la verità: Roma è bella!

Maschere: Bravo, signor Pantalone! Evviva Rugantino!

[1] **la bocca della verità** — так называемые *Уста правосудия* расположены на фасаде одной из римских церквей. Народное предание гласит, что если кто-либо, вложив в них руку, скажет неправду, то он может лишиться руки.

Rugantino: Amici! La visita è finita.

Maschere: Rugantino! Sei una bravissima guida! Grazie! Arrivederci! Ciao!

Rugantino: Arnvederci, amici! Arrivederci a Roma!

VOCABOLARIO — СЛОВАРЬ

Come va? [ко́мэ ва] Как дела? *(досл.:* Как идет?)

va bene [ва бэ́нэ] 1. хорошо *(досл.:* идёт хорошо); 2. ладно

va male [ва ма́ле] плохо

molto *avv* [мо́льто] очень

molto bene [мо́льто бэ́нэ] очень хорошо

molto male [мо́льто ма́лэ] очень плохо

allora [алло́ра] итак, ну

cominciare *vt* [коминча́рэ] начинать

Viva! Evviva! [ви́ва, эвви́ва] Да здравствует!

antico *agg* [анти́ко] древний, античный

vecchio *agg* [вэ́ккьо] старый

grande *agg* [гра́ндэ] большой

momento *m* [момэ́нто] момент

Un momento! Одну минуточку!

continuare *vt* [континуа́рэ] продолжать

Básta! [баста] Хватит! Баста!

fare *vt* [фа́рэ] делать

mostrare *vt* [мостра́рэ] показывать

visitare *vt* [визита́рэ] посещать, осматривать

visita *f* [ви́зита] визит, осмотр, посещение

Roma [ро́ма] Рим

a Roma в Рим, в Риме

capitale *f* [капита́ле] столица

capitale d'Italia столица Италии

prima *avv* [при́ма] сначала

poi *avv* [по́й] потом, затем

ora *avv* [о́ра] сейчас, теперь

guida *f* [гуи́да] гид, экскурсовод; путеводитель

fare la guida быть (работать) гидом

idea *f* [идэ́а] идея, мысль

problema *m* [проблэ́ма] проблема, вопрос, трудность

sorpresa *f* [сорпрэ́за] сюрприз

il Colosseo [иль колоссэ́о] Колизей

anfiteatro *m* [амфитэа́тро] амфитеатр

il Pantheon (Panteon) [па́нтэон] пантеон

il Foro Romano [иль фо́ро рома́но] Римский форум

piazza *f* [пья́цца] площадь

Piazza di Spagna [пья́цца ди спа́нья] площадь Испании

Piazza San Pietro [пья́цца сан пье́тро] площадь Святого Петра

Piazza Navona [пья́цца наво́на] площадь Навона

il Castel Sant'Angelo [иль кастэ́ль сант а́нджело] Замок Святого Ангела

il Campidoglio [иль кампидо́льо] Капитолий

pazienza *f* [пацие́нца] терпение

Pazienza! 1. Терпение! Потерпите! 2. Ничего не поделаешь! Жаль!

Avanti! [ава́нти] Вперёд! Войдите!

avere *vt* [авэ́рэ] иметь

sete *f* [сэ́тэ] жажда

fame *f* [фа́мэ] голод

caldo *m* [ка́льдо] жара, тепло
freddo *m* [фрэ́ддо] холод
paura *f* [пау́ра] страх
(aver sete) ho sete я хочу пить
(aver fame) ho fame я хочу есть
(aver caldo) ho caldo мне жарко
(aver freddo) ho freddo мне холодно
(aver paura) ho paura мне страшно
Uno, due, tre! [у́но, ду́э, трэ] Раз, два, три!
ecco *avv* [э́кко] вот
bar *m* [бар] бар
barista *m* [бари́ста] бармен
acqua *f* [а́ккуа] вода
minerale *agg* [минэра́лэ] минеральная
aranciata *f* [аранча́та] апельсиновый лимонад
panino *m* [пани́но] бутерброд
pizza *f* [пи́цца] пицца
mangiare *vt* [манджа́рэ] есть, кушать
gelato *m* [джэла́то] мороженое
per *prep* [пэр] для
per favore [пэр фаво́рэ] пожалуйста
Prego! [прэ́го] Пожалуйста! Прошу!
dire *vt* [ди́рэ] сказать, говорить
la bocca della verità [ла бо́кка дэ́лла вэрита́] «Уста правосудия»
bocca *f* [бо́кка] рот
verità *f* [вэрита́] правда
dire la verità говорить правду
mettere *vt* [мэ́ттэрэ] класть
mano *f* [ма́но] рука, кисть руки
in [ин] в (nella = in + la)
la commedia è finita [ла коммэ́диа э фини́та] комедия окончена

Запомните поговорки и выражения:

Chi lingua ha, a Roma va. — Язык до Рима доведёт. *(досл.:* Кто язык имеет, в Рим идёт.)

Tutte le strade portano (vanno) a Roma. — Все дороги ведут в Рим.

Essere romano di Roma — Быть настоящим римлянином (коренным).

ПОЯСНЕНИЯ К ТЕКСТУ

1. Выражение **Va bene** помимо значения *хорошо* в соответствующих контекстах может приобретать оттенки: *ладно (ну, ладно), пойдёт, сойдёт* и т.п.

2. Восклицание **Pazienza!** в зависимости от ситуации и интонации может обозначать *Терпение! Потерпи(-те)!* и *Жаль! Ничего не поделаешь!*

3. В итальянском языке **два** *пожалуйста:* 1. **Per favore** *(досл.: в услугу, в одолжение)* употребляется при просьбе. 2. **Prego** (от глагола **pregare** — *просить)* — в ответ на **grazie** — *спасибо*, а также при предложении, разрешении чего-либо: **Prego!** — *Прошу! Пожалуйста!*

4. **Avanti!** — 1. *Вперёд! (Пошли!)*; 2. *Войдите!* — как ответ на звонок (стук) в дверь. Это слово загорается также на итальянских светофорах вместе с зеленым светом на пешеходных переходах. Противоположный знак (на красный свет) — **Alt!** *(Стой! Стойте!)*

5. **Basta!** *(Хватит!)* — от глагола **bastare** —*хватать, быть достаточным.*

ГРАММАТИКА

Глаголы I спряжения на *-ciare, -giare*

Глаголы I спряжения, оканчивающиеся на *-ciare, -giare*, сохраняют произносимый в инфинитиве согласный во всех лицах:

Presente. Настоящее время

cominciare — *начинать*

(io) **comincio**	— *я начинаю;*	(noi) **cominciamo**	— *мы начинаем;*
(tu) **cominci**	— *ты начинаешь;*	(voi) **cominciate**	— *вы начинаете;*
(lui, lei, Lei) **comincia**	— *он, она (Вы) начинает(-те);*	(loro) **comìnciano**	— *они начинают.*

mangiare — *есть*

(io) **mangio**	— *я ем;*	(noi) **mangiamo**	— *мы едим;*
(tu) **mangi**	— *ты ешь;*	(voi) **mangiate**	— *вы едите;*
(lui, lei, Lei) **mangia**	— *он, она (Вы) ест (едите);*	(loro) **màngiano**	— *они едят.*

Настоящее время неправильных глаголов *fare, avere*

Глаголы **fare** — *делать* и **avere** — *иметь* в настоящем времени спрягаются следующим образом:

fare:

(io) **fàccio**	— *я делаю;*	(noi) **facciàmo**	— *мы делаем;*
(tu) **fài**	— *ты делаешь;*	(voi) **fàte**	— *вы делаете;*
(lui, lei, Lei) **fa**	— *он, она (Вы) делает(-те);*	(loro) **fànno**	— *они делают.*

Например: **Che cosa fai?** — *Что ты делаешь?* Io **faccio** un lavoro. — *Я делаю (одну) работу.* Noi **facciamo** uno spettacolo. — *Мы готовим (делаем) спектакль.*

Глагол **fare + существительное с определенным артиклем**, обозначающее название профессии, образует словосочетание, имеющее значение «работать кем-либо»: Mario **fa l'operaio.** — *Марио рабочий.* Maria **fa la ragioniera.** — *Мария работает бухгалтером.* Rugantino **fa la guida.** — *Ругантино работает гидом.*

avere:

(io) **ho**	— *я имею;*	(noi) **abbiàmo**	— *мы имеем;*
(tu) **hai**	— *ты имеешь;*	(voi) **avète**	— *вы имеете;*
(lui, lei, Lei) **ha**	— *он, она (Вы) имеет(-те);*	(loro) **hànno**	— *они имеют.*

Например: (Io) **ho un libro.** — *У меня есть книга (досл.:* я имею книгу). Noi **abbiamo tempo.** — *У нас есть время (досл.:* мы имеем время). Глагол **avere** образует множество устойчивых словосочетание с существительным без артикля.

Ho sete. — *Я хочу пить.* **Lui ha fame.** — *Он хочет есть.* **Lei ha caldo.** — *Ей жарко.* **Lei ha freddo?** — *Вам холодно?* (Noi) **abbiamo sonno.** — *Нам хочется спать.* **Loro hanno paura.** — *Им страшно, они боятся.*

Определенный артикль единственного числа

Мужской род	*Женский* род
il — **il** panino, **il** gelato	**la** — **la** visita, **la** piazza
l' — **l'**amico, **l'**anfiteatro	**l'** — **l'**amica, **l'**acqua
lo — **lo** spettacolo, **lo** zio, **lo** sciopero	

а) Артикль мужского рода имеет формы:

lo — перед существительными, начинающимися с **s + согл.** (включая **sc-), z, j,w,x,y;**
il — перед всеми остальными согласными;
l' — перед существительными, начинающимися с **гласного**

б) Артикль женского рода имеет формы:

la — перед существительными, начинающимися с **согласного**

l' — перед существительными, начинающимися с **гласного**

Употребление определенного артикля

Определенный артикль употребляется:

а) перед известными, определенными, конкретными, уже называвшимися предметами (лицами и т.д.). Сравните:

È una città. — *Это город* (некий, какой-то, неизвестный).
La città è bella. — *Город красивый* (этот, данный, о котором идет речь).

Примечание: Если указывается одно из качеств предмета, то употребляется неопределенный артикль: Roma è **una bella città.** — *Рим красивый город.* **Maria è una brava studentessa.** — *Мария хорошая студентка.*

б) перед существительными, обозначающими предметы, единственные в своем роде: **il Colosseo** — *Колизей,* **il Pantheon** — *Пантеон,* **il sole** — *солнце;*

в) перед существительными, обозначающими предметы, единственные в данной ситуации: **Come si chiama la guida?** — *Как зовут гида?* (единственного в данной ситуации). **Il maestro** comincia la lezione. — *Учитель начинает урок.*

Артикль с неисчисляемыми существительными

Неисчисляемые существительные, употребленные с неопределенным артиклем, могут обозначать определенное (единичное) количество данного вещества. Сравните: **lo zucchero** — *сахар* (общее понятие) и **uno zucchero** — *один кусочек сахара;* **il caffè** — *кофе* и **un caffè** — *один* (стакан, чашечка) *кофе.*

Некоторые случаи опущения артикля

Артикль опускается:

а) со словом **che** — *какой, какая, какие* в вопросительных и восклицательных предложениях: **Che idea?** — *Какая идея?* и **Che idea!** — *Какая идея!* **Che problema?** — *Какая проблема?* и **Che problema!** *Какая проблема!*

б) в восклицательно-побудительных фразах типа: **Pazienza!** — *Терпение!* **Silenzio!** — *Тишина!* **Attenzione!** — *Внимание!*

в) перед существительными **piazza** — *площадь* и **via** — *улица* в сочетании с их названием: **È Piazza Navona.** — *Это площадь Навона.* **Via Tverskaja è bella.** — *Улица Тверская красивая.*

Исключения: **La Piazza Rossa** — *Красная площадь.*

г) с названиями стран, употребленными с предлогом **di**, если это словосочетание выступает в роли определения: **la capitale d'Italia** — *столица Италии* (то есть *итальянская* столица); **Piazza di Spagna** — *площадь Испании (испанская)* и т.д.

Сами же названия стран употребляются с артиклем:

l'Italia, **la** Spagna, **la** Russia, **l'**Inghilterra, **la** Francia, **il** Portogallo;

д) при обращении: Buon giorno, signor Pantalone! — *Здравствуйте, синьор Панталоне!* Arrivederci, professore! — *До свидания, профессор!*

Слова греческого происхождения

Слова греческого происхождения, оканчивающиеся на ***-ma***, ***-ta***, являются существительными *мужского рода*, хотя оканчиваются на ***-a***, что характерно для существительных женского рода: **il problema** — *проблема,* **il telegramma** — *телеграмма,* **il poema** — *поэма,* **il pianeta** — *планета,* **il poeta** — *поэт,* **il sistema** — *система.*

Употребление наречия *anche*

В отличие от русского языка, итальянское наречие **anche** — *тоже, также* ставится *перед* существительным (глаголом, местоимением и т.д.), к которому оно относится. Примеры: **Anche Piazza Navona è bella.** — *Площадь Навона тоже красивая.* **Lui parla anche inglese.** — *Он говорит также по-английски.* **Visitiamo anche Roma.** — *Мы посетим также Рим.*

ГРАММАТИЧЕСКИЕ И ЛЕКСИКО-ГРАММАТИЧЕСКИЕ УПРАЖНЕНИЯ

1. Проспрягайте в настоящем времени изъявительного наклонения глаголы:

parlare, cominciare, visitare, mangiare, studiare

2*. Поставьте перед существительными соответствующий определенный артикль:

spettacolo, scolaro, scolara, studente, studentessa, piazza, lezione, sceneggiatura, teatro, amico, amica, idea, carta, capitale, visita, città, guida, pizza, anfiteatro, sorpresa, pazienza, acqua, gelato, fame, sete, appetito, caldo, paura, sonno, freddo, bocca, mano, panino, aranciata, verità, problema, poeta, telegramma, dramma, poema, pianeta

3. Переведите на русский язык, обратите внимание на употребление определенного и неопределенного артиклей:

а) È **un** anfiteatro. È **l'**Anfiteatro Flavio.
È **un** museo. È **il** museo Puskin.
È **un** teatro. È **il** Teatro alla Scala.
È **un** parco. È **il** Parco Gorki.
È **uno** zoo. È **lo** zoo di Mosca.
È **una** cattedrale. È **la** cattedrale di San Basilio.

б) È **il** Cremlino. È **la** Piazza Rossa. È **la** metropolitana di Mosca. È **la** guida di Mosca. È **il** Teatro Bolscioi (**il** Bolscioi). È **il** fiume Moscova. È **il** Campidoglio. È **il** Colosseo. È **il** fiume Tevere.

в) Elena visita **una** città. Come si chiama **la** città? **La** città si chiama Roma. Piero studia **una** poesia. Come si chiama **la** poesia? **La** poesia si chiama «Primavera». Noi ascoltiamo **un'**opera italiana. Come si chiama **l'**opera? **L'**opera si chiama «Rigoletto».

Loro visitano **un** parco. **Il** parco è molto grande e bello. Come si chiama **il** parco? Chi è? È **un** amico di Gino. Come si chiama **l'**amico? **L'**amico si chiama Oleg. Che cos'è? È **un** museo. È interessante **il** museo? Come si chiama **il** museo?

4. Задайте вопрос, следуя образцу; поставьте соответствующий артикль:

È un museo. — Come si chiama il museo?

È una piazza.
È un parco.
È una bella canzone.
È una poesia.
È uno stadio.

È una città.
È un anfiteatro.
È un italiano.
È un maestro.

5*. Переведите на итальянский язык, обращайте внимание на употребление артикля:

1. Это красивая площадь. Как называется площадь? Это площадь Маяковского. 2. Это метрополитен Москвы. 3. Это Колизей. 4. Это Кремль. 5. Это театр? Как называется этот театр? Это Большой театр. 6. Это Капитолий. 7. Это музей Пушкина? Да, это музей Пушкина. 8. Это площадь Пушкина. 9. Это улица Тверская. Тверская улица красивая. 10. Это Красная площадь. 11. Это путеводитель по Риму. 12. Как называется улица? Это улица Гарибальди.

6. Выполните задания:

а) переведите на русский язык, обращайте внимание на согласование по женскому роду прилагательных, относящихся к названиям городов:

Roma è antica. Torino è fredda. Milano è industriale. Firenze è artistica. Genova è popolosa. Verona è romantica. Mosca è verde.

б) переведите на итальянский язык:

Рим — красивый (город). Турин — промышленный (город). Москва — густонаселенный (город). Гаага — романтичный (город).

7. Выполните задания:

а) переведите на русский язык, объясните употребление определенного и неопределенного артиклей:

1. Mario compra **un** gelato. **Il** gelato è buono. 2. Antonio mangia **un** panino. **Il** panino è grande. 3. Mara e Alessio comprano **un**'acqua minerale e **un**'aranciata. **L**'acqua minerale si chiama «San Pellegrino», **l**'aranciata si chiama «Fanta». 4. Noi compriamo **una** pizza e **un** panino. **La** pizza è molto buona. 5. Gigi compra **un** caffè. **Il** caffè è caldo. 6. Antonio compra **un** succo. **Il** succo è fresco.

б*) переведите на итальянский язык, поставьте соответствующий артикль:

1. Пьетро покупает (одну) пиццу и (один) стакан кофе. Кофе горячий. 2. Марио покупает (одно) мороженое. Мороженое вкусное. 3. Джино ест бутерброд. Бутерброд большой. 4. Я покупаю минеральную воду. Вода называется «Нарзан». 5. Она покупает апельсиновый напиток. Напиток называется «Фанта». 6. Кто покупает минеральную воду «Санпеллегрино»? Минеральная вода холодная.

8. Переведите на русский язык, обратите внимание на существительные мужского рода греческого происхождения:

1. È **un poeta. Il poeta** si chiama Omero. 2. È **un telegramma.** 3. È **un dramma.** Che **dramma** è? Come si chiama **il dramma?** 4. Abbiamo **un problema. Il problema** è grande. 5. È **un teorema. Il teorema** è interessante. 6. È **un pianeta. Il pianeta** si chiama Nettuno.

9. Проспрягайте в настоящем времени неправильные глаголы *avere* и *fare*.

10. Переведите на русский язык, обратите внимание на формы и значения глаголов *avere* и *fare*:

а) Io ho un'amica. Tu hai un libro italiano. Elena ha un amico. Piero ha un problema. Noi abbiamo un'idea. Voi avete un maestro. Loro hanno una lezione. Io ho sete. Tu hai fame. Lui ha sonno. Lei ha tempo. Noi abbiamo paura. Voi avete caldo. Loro hanno freddo.

б) Io faccio una lezione. Tu fai un lavoro. Lei fa la pizza. Lui fa una conferenza. Noi facciamo uno spettacolo. Voi fate una visita. Loro fanno un programma. Io faccio la maestra. Tu fai il medico. Lui fa l'operaio. Lei fa l'operaia.

11. Ответьте на вопросы, следуя образцам:

Che cosa ha Mario? (un'idea) — Mario ha un'idea.

Che cosa ho io? (un problema)
Che cosa hai tu? (un amico)
Che cosa ha Maria? (sete)
Che cosa ha Pietro? (fame)
Che cosa abbiamo noi? (una guida)
Che cosa avete voi? (tempo)

Che cosa hanno loro? (sonno)
Che cosa hanno Gino e Piero? (freddo)

Che cosa fa Aldo? (un lavoro) — Aldo fa un lavoro.

Che cosa faccio io? (il caffè)
Che cosa fai tu? (una traduzione)
Che cosa fa Chiara? (una visita)
Che cosa facciamo noi? (uno spettacolo)
Che cosa fate voi? (una lezione)
Che cosa fanno loro? (la pizza)

12. Выполните задания:

а) задайте вопросы к выделенным курсивом членам предложения при помощи вопросительного слова *che,* следуя образцу:

Ho *un'idea*! — Che idea? Che idea è?

Mario ha *un problema*. Loro fanno *uno spettacolo*. Chiara visita *una città*. Abbiamo *una guida*. È *una sorpresa*. È *un dramma*. È *un teatro*. Loro hanno *un libro*. Antonio fa *una visita*.

б) переведите на итальянский язык:

Какая идея? Какой город? Какая проблема? Какой спектакль? Какой визит? Какой поэт? Какая телеграмма? Какая теорема? Какая планета? Какая музыка? Какой сюрприз? Какая площадь? Какая улица?

13. Образуйте от данных глаголов формы 2-го и 3-го лица множественного числа повелительного наклонения:

studiare, lavorare, continuare, cominciare, mangiare, aspettare, parlare, chiamare, mostrare, ascoltare, guardare

14. Выполните задания:

а) образуйте формы повелительного наклонения, следуя образцам:

Noi visitiamo Roma. — Visitiamo Roma! Мы посещаем Рим. — Давайте посетим Рим!

Noi cominciamo la visita.
Noi aspettiamo la guida.
Noi continuiamo la visita.
Noi cominciamo la lezione.
Noi cantiamo una canzone.
Noi parliamo italiano.
Noi studiamo una poesia.

Voi lavorate bene.—Lavorate bene! Вы хорошо работаете. — Работайте хорошо!

Voi mangiate il gelato.
Voi visitate Firenze.
Voi parlate russo.
Voi cominciate la lezione.
Voi studiate bene.
Voi aspettate la guida.
Voi ascoltate un disco italiano.

б) переведите на итальянский язык:

Говорите по-итальянски! — Давайте будем говорить по-итальянски!
Послушайте песню! — Давайте послушаем песню!
Подождите минуточку! — Давайте подождем минуточку!
Позовите Марио! — Давайте позовем Марио!
Подождите Антонио! — Давайте подождем Антонио!
Начинайте спектакль! — Давайте начнем спектакль!
Купите мороженое! —Давайте купим мороженое!
Продолжайте визит (осмотр)! —Давайте продолжим визит!
Спойте песню! — Давайте споем песню!
Учитесь! (Занимайтесь!) — Давайте будем учиться!
Говорите по-русски! — Давайте говорить по-русски!
Работайте! — Давайте будем работать!

в) составьте несколько фраз, употребив повелительное наклонение во 2-м и 1-м лицах множественного числа.

15. Выполните задания:

а) переведите на русский язык; обратите внимание на употребление наречия *anche — также, тоже:*

Anche Mario parla italiano. Mario parla **anche** italiano. **Anche** noi aspettiamo Gino. **Anch'**io aspetto un signore. **Anche** loro vanno a Napoli. Andiamo **anche** a Roma. **Anche** Riga è una bella città. **Anche** Piazza Navona è molto bella. **Anche** tu visiti Palermo?

б*) переведите на итальянский язык, обращайте внимание на положение наречия *anche*:

Я тоже говорю по-итальянски. Мария говорит и по-итальянски. Мара тоже едет в Рим. Мы ждем также и Джиджи. Киев тоже красивый город. Они посетят также Флоренцию. Мы ждем также Джорджо. Мы тоже слушаем песню. Клара тоже учит итальянский язык. Она тоже зовет Луиджи. Да, они поедут и в Неаполь.

ОБЗОРНЫЕ УПРАЖНЕНИЯ

16. Вставьте недостающий артикль:

1. È ... biblioteca. Come si chiama ... biblioteca? 2. È ... bella città. Come si chiama ... città? 3. Mario canta ... canzone. Come si chiama ... canzone? 4. È ... guida. Come si chiama ... guida? 5. Jurij Dolgorukij è ... fondatore di Mosca. 6. Mosca è ... bella città. 7. Roma è ... antica città. 8. Gino studia ... poesia, ... poesia si chiama «Mosca». 9. Ascoltiamo ... opera. Come si chiama ... opera? ... opera si chiama «Otello». 10. Io guardo ... trasmissione. È ... trasmissione interessante? 11. È ... stadio. È ... stadio «Dinamo». 12. È ... piazza? È Piazza Navona. 13. È ... Cremlino. 14. È ... Piazza Rossa. 15. È ... Campidoglio. 16. È ... Pantheon.

17. Переведите на русский язык, обращайте внимание на употребление неправильных глаголов *fare*, *avere*:

1. Che cosa facciamo? 2. Mario fa una visita. 3. Facciamo uno spettacolo? 4. Che cosa fa Maria? 5. Che cosa fanno Mario e Maria? 6.

Amici! Che cosa fate? 7. Antonio fa l'operaio? 8. Gina fa la guida. 9. Laura fa l'interprete. 10. Noi abbiamo una guida. 11. Lui ha un problema. 12. Mario ha un amico. 13. Gino, tu hai un'amica? 14. Che cos'hai? Ho caldo. 15. Maria ha freddo. 16. Chi ha fame? 17. Luigi ha paura. 18. Leo ha sonno. 19. Noi abbiamo sete. 20. Che cosa ha Lei?

18*. Переведите на итальянский язык:

а*) 1. Марио поет итальянскую песню. Как называется песня? 2. Джино учит стихотворение. Стихотворение называется «Осень». 3. Делегация осматривает музей. Какой музей? 4. Мы слушаем оперу. Музыка прекрасна! 5. У вас есть гид? Как зовут гида? 6. Я смотрю передачу. Передача интересная? 7. Кто основатель Москвы? 8. Кто основатель Рима? 9. Это площадь Св. Петра. Это большая и красивая площадь. 10. Это друг Джузеппе. 11. Ребенок ест мороженое.

б*) 1. Это поэт. Поэта зовут Петрарка. 2. Это драма. Как называется драма? Драма называется «Эдип». 3. Это планета. Планета называется Нептун. 4. Это телеграмма. Какая телеграмма? 5. У нас есть одна проблема. Проблема трудная. 6. Это теорема? Какая теорема?

в*) У меня есть книга. У тебя есть друг. У него есть подруга. У Марио есть хорошая идея. У нас есть итальянский компакт-диск. У вас есть телефон. У них есть гид. Я хочу пить. Ты хочешь спать. Он боится. Ей холодно. Ей жарко. Ему страшно (он боится). У нас есть время. Вам холодно. Они хотят есть.

г*) Что ты делаешь? Мы готовим спектакль. Они наносят визит. Что делает Франческо? Я делаю перевод. Что будем делать? Вы готовите спектакль? Он работает гидом. Она устный переводчик. Джино работает инженером. Что он делает (кем работает)?

д*) Посетите Рим! Спойте итальянскую песню! Послушайте итальянскую песню! Подождите Марию! Ешьте мороженое! Купите кофе! Давайте споем песню! Давайте подождем Пьетро! Давайте послушаем Марио! Давайте купим пиццу!

е*) Я тоже осматриваю Рим. Он тоже хочет пить. Ей тоже жарко. Они тоже поют песню. Вы тоже ждете Джино? Они тоже покупают мороженое. Мы тоже слушаем итальянскую песню.

УПРАЖНЕНИЯ ПО СОДЕРЖАНИЮ ТЕКСТА

1. Прочитайте и переведите текст.

2. Выучите новые слова и выражения.

3. Найдите в тексте ответы на вопросы:

Che cosa fanno le maschere?
Che idea ha il Dottore?
Che cosa mostra il Dottore?
Roma è la capitale d'Italia?
Che città visitano le maschere?
Hanno una guida? Chi è la guida? Come si chiama?
Di che città è?
Che cosa visitano le maschere a Roma?
Che cos'è il Colosseo?
Chi ha sete? Chi ha fame? Chi ha sonno? Chi ha caldo?
Che cosa compra Pulcinella?
Che cosa compra Arlecchino?
Chi compra il gelato?
È bella Piazza Navona?
È bella Roma?
Pantalone dice la verità?
È bella la sorpresa di Rugantino?
È bravo Rugantino?

4. В соответствии с содержанием текста соедините левую и правую части в одно предложение:

Le maschere visitano Roma.	L'anfiteatro si chiama Flavio.
La guida si chiama Rugantino.	Roma è la capitale d'Italia.
Il Colosseo è un anfiteatro.	Rugantino è di Roma.
Pantalone ha sete.	Arlecchino compra un gelato.
Colombina ha fame.	Arlecchino compra un'acqua minerale.
Pantalone dice la verità.	Venezia è bella.
Rugantino dice la verità.	Roma è bella.
Rugantino è bravo.	È una brava persona.
Pantalone è bravo.	È una brava guida.

5. Ответьте на вопросы, следуя образцам:

Rugantino è di Napoli? — No, Rugantino è di Roma. Pantalone ha sete? — Sì, Pantalone ha sete.

Le maschere visitano Firenze?
Il Dottore ha sonno?
Pulcinella ha freddo?
Il Dottore ha un'idea?
Arlecchino è una brava guida?
Colombina ha sete?
Rugantino è di Bologna?

6. Задайте вопросы к выделенным курсивом членам предложения:

Le maschere visitano *Roma*. *Rugantino* è di Roma. *Il Colosseo* è un anfiteatro. *Piazza Navona* è bella. *Pantalone* ha sete. *Arlecchino* compra un *gelato*. Colombina *mangia* il gelato. Pulcinella compra una *pizza*. *La sorpresa* è bella. Pantalone dice *la verità*. *La visita* continua.

7. Переведите левую сторону диалога на русский язык, а правую на итальянский:

– Buon giorno, Mario! Ciao, Piero!	– Привет, Джино!
– Che cosa fate a Roma?	– Мы осматриваем город.
– Avete una guida?	– Нет.
– Allora, faccio io la guida!	– Прекрасно, спасибо!
– Va bene?	– Ты римлянин?
– Sì, sono romano di Roma.	
– E voi siete di Milano?	– Да, мы миланцы.
– Benissimo! Allora, andiamo!	– Пошли!
– Avanti, amici!	

8. Перескажите текст: а) кратко; б) подробно.

9. Ответьте на вопросы:

Lei è un italiano?
Lei abita a Roma?
Lei va a Roma?
Lei ha caldo? sete? fame? sonno? paura?
Lei compra il gelato?

Lei mangia la pizza?
Lei canta?

10. Следуя образцу, образуйте итальянские слова из букв итальянского существительного *colonnato* (*колоннада*). Пользуясь словарем учебника, переведите на русский язык слова приводимого образца.

colonna (*колонна*) – colla, lana, nanna, nonna, nonno, canna, cocco...

RISATE A DENTI STRETTI — СМЕХ СКВОЗЬ СЛЕЗЫ

Прочитайте и переведите анекдот:

A Nizza

— Come? Tu sei a Nizza?
— Sì, sono in viaggio di nozze!
— E la moglie?
— La moglie è a Milano, sorveglia la casa.

Nizza Ницца
essere in viaggio di nozze быть в свадебном путешествии
moglie *f* жена
sorvegliare *vt* сторожить, охранять
casa *f* дом

Третий урок — Lezione terza

ANDIAMO A SANREMO! – ПОЕДЕМ В САН-РЕМО!

Amici! Vi piace la musica? Che musica vi piace? La musica leggera? classica, moderna? Parliamo di musica!

Dottore: Amici! Vi piace la musica?

Maschere: Sì, ci piace, ci piace la musica!

Dottore: Che musica vi piace?

Arlecchino: Che musica ci piace?

Capocomico: Mi piace l'opera! L'opera lirica!

Il Capocomico canta un'aria italiana. Canta bene. Canta molto bene. È bravo! Bravissimo! Oh! L'opera italiana! Verdi! Puccini! Rossini! Donizzeti! Leoncavallo! Che bella musica!

Arlecchino: Colombina! Che musica ti piace?

Colombina: Mi piace la musica romantica!

Pulcinella: Colombina! Ti piace la musica leggera, moderna?

Colombina: Sì, mi piace la musica leggera.

Colombina canta una canzone. È una canzone romantica. Canta molto bene. Brava! Bravissima!

Arlecchino: Colombina! Ti piace la musica moderna. Allora, andiamo a Sanremo!

È una bella idea! È una bellissima idea!

Maschere: Andiamo a Sanremo! Andiamo a Sanremo!

Pantalone: No! Io non vado a Sanremo!

Maschere: Pantalone non va a Sanremo. Perché non va a Sanremo? Signore Pantalone! Perché Lei non va a Sanremo?

Dottore: Pantalone! Perché non vai a Sanremo?

Pantalone: Non vado, non vado, non vado e basta!

Pulcinella: Signor Pantalone! Ma perché Lei non va a Sanremo?

Pantalone: Io non vado a Sanremo perché non mi piace la musica moderna.

Maschere: Che musica Le piace, signor Pantalone?

Pantalone: Mi piace la musica classica!
Suona la musica classica. Che bella musica! Vivaldi! Albinoni! Paganini! Oh, sì! La musica classica è bellissima!

Colombina insiste: Signor Pantalone, andiamo a Sanremo!

Pantalone cede: Va bene, andiamo a Sanremo...

Maschere: Bravo! Bravo, signor Pantalone! Andiamo a Sanremo!

Vanno a Sanremo in aereo? No! Non vanno in aereo. Perché? — Non vanno in aereo perché Colombina ha paura. Prendono il treno. Chi va piano, va sano e va lontano!

Ecco! Siamo a Sanremo! Al festival di Sanremo! La sala è piena zeppa. Buon divertimento!

La vicina di Pulcinella è una bella signorina.

Pulcinella: Scusi, signorina, Lei è di Sanremo?

Signorina: Sì, sono di Sanremo.

Pulcinella: Oh! Sanremo è una bella città! E io sono di Napoli! Mi chiamo Pulcinella!

Signorina: Piacere, signor Pulcinella.

Pulcinella: Oh, io non sono un signore... E Lei, signorina, come si chiama?

Signorina: Mi chiamo Angela.

Pulcinella: Piacere, Angela. Che bel nome!

Signorina: Grazie, Lei è molto gentile.

Pulcinella parla forte, le maschere protestano.

Maschere: Ssss! Silenzio! Silenzio, per favore!

Pulcinella: Scusate! Scusate!

Il festival comincia. Buon divertimento! Canta la cantante italiana Milva. La canzone si chiama «Il film della mia vita»[1]. La canzone è molto bella, la cantante è bravissima! Poi canta il cantante italiano Gianni Nazzarro.

Pantalone: Pulcinella! Come si chiama la canzone?

Pulcinella: La canzone si chiama «Mi sono innamorato di mia moglie»[2].

Pantalone: E come si chiama il cantante?

Pulcinella: Si chiama Gianni Nazzarro.

Colombina: Gianni Nazzarro? È bello e canta molto bene.

---

[1] «Фильм моей жизни».
[2] «Я влюбился в свою жену».

Capocomico: Silenzio! Silenzio, per favore! Il festival continua. Suona una bella musica! Che bel concerto!

Maschere: Colombina! Canta! Canta tu!

Colombina: No! No! Scusate! Io non canto!

Maschere: Perché? Colombina! Perché non canti?

Colombina: Ho paura...

Maschere: Pazienza...

Il festival va avanti. Che bella musica! Che bel festival! Che bel concerto!

VOCABOLARIO — СЛОВАРЬ

musica *f* [му́зика] музыка
piacere *vt* [пьяче́рэ] нравиться
leggero *agg* [лэдджéро] лёгкий
classico *agg* [кла́ссико] классический
moderno *agg* [модэ́рно] современный
romantico *agg* [рома́нтико] романтичный
suonare *vt* [суона́рэ] играть на музыкальном инструменте (suonare la chitarra)
suonare *vi* [суона́рэ] играть (*о музыке*); звонить, звенеть *(о звонке, телефоне и т.п.)*
opera *f* [о́пэра] произведение *(искусства, литературы)*; опера
opera lirica опера
aria *f* [а́риа] ария
andare *vi* [анда́рэ] идти, ехать
in treno [ин трэ́но] на поезде
in aereo [ин аэ́рэо] на самолете
non [нон] не
insistere *vi* [инси́стэрэ] настаивать
cedere *vt* [чэ́дэрэ] уступать
Chi va piano, va sano e va lontano. Тише едешь — дальше будешь.
piano *avv* [пья́но] тихо, медленно
sano *agg* [са́но] здоровый
lontano [лонта́но] далекий, далеко
perché? [пэркэ́] почему?
perché [пэркэ́] потому что
prendere *vt* [прэ́ндэрэ] брать
prendere il treno [прэ́ндэрэ иль трэ́но] поехать на поезде
festival *m* [фэ́стиваль] фестиваль
sala *f* [са́ла] зал
pieno *agg* [пье́но] полный
pieno zeppo [пье́но дзэ́ппо] битком набитый, переполненный
vicina *f* [вичи́на] соседка
nome *m* [но́мэ] имя
gentile *agg* [джентилэ] вежливый, любезный
divertimento *m* [дивэртимэ́нто] развлечение
Buon divertimento! Приятно провести время! Приятного развлечения!
Scusate! [скуза́тэ] Извините! (*при обращении к нескольким лицам*)
Scusi! [ску́зи] Извините! (*при обращении к одному лицу*)
Silenzio! [силэ́нцио] Тишина! Тихо!
cantare *vt* [канта́рэ] петь
cantante *f* [канта́нтэ] певица
cantante *m* [канта́нтэ] певец
canzone *f* [канцо́нэ] песня

ПОЯСНЕНИЯ К ТЕКСТУ

1. Слово **perché** в зависимости от контекста может выступать как вопросительное слово *почему?* и как союз *потому что:*

Perché non vai a Sanremo? — *Почему* ты не едешь в Сан-Ремо?

Io non vado a Sanremo **perché** non mi piace la musica moderna. — Я не еду в Сан-Ремо, *потому что* мне не нравится современная музыка.

2. Во многих побудительно-повелительных восклицаниях употребляются существительные:

Silenzio! — *Тишина! (Тихо!);* **Attenzione!** — *Внимание! (Осторожно!)*

3. Большинство итальянских и русских междометий и звукоподжательных слов не совпадают;

Ssss! — *Тс!* **Ahimé! Ohimé!** — *Увы!*

Русскому восклицательному выражению *Браво!* в итальянском языке соответствует прилагательное **bravo**, которое согласуется в роде и числе с существительным, к которому относится:

Bravo! — при обращении к одному лицу мужского пола;
Brava! — при обращении к одному лицу женского пола;
Bravi! — при обращении ко многим лицам (мужского пола или обоих полов);
Brave! — при обращении ко многим лицам только женского пола.

ГРАММАТИКА

Настоящее время неправильного глагола *andare*

Глагол ***andare*** *идти, ехать* спрягается не по общему правилу; запомните его формы в настоящем времени:

(io) **vàdo** — *я иду (еду);*
(tu) **vài** — *ты идёшь (едешь);*
(lui, lei, Lei) **va** — *он, она (Вы) идёт(-те), едет(-те);*
(noi) **andiàmo** — *мы идём (едем);*
(voi) **andàte** — *вы идёте (едете);*
(loro) **vànno** — *они идут (едут).*

- **andare in treno** — *ехать на поезде;*
- **andare in aereo** —*лететь на самолёте;*
- **andare in battello** — *плыть на катере.*

Глаголы II спряжения (настоящее время)

Глаголы II спряжения имеют характерное окончание **-ere:** prend**ere** — *брать,* insist**ere** — *настаивать,* ced**ere** — *уступать.*

Правильные глаголы этого спряжения в настоящем времени имеют следующие окончания, присоединяющиеся к основе глагола:

prendere

(io) prènd**o** — *я беру;*
(tu) prènd**i** — *ты берешь;*
(lui, lei, Lei) prènd**e** — *он, она (Вы) берет(-те);*
(noi) prend**iàmo** — *мы берем;*
(voi) prend**ète** — *вы берете;*
(loro) prènd**ono** — *они берут.*

Запомните также спряжение глагола ***piacere*** — *нравиться,* имеющего удвоенное **с** в некоторых лицах настоящего времени:

(io) **piaccio** — *я нравлюсь;*
(tu) **piaci** — *ты нравишься;*
(lui, lei, Lei) **piace** — *он, она (Вы) нравится(-тесь);*
(noi) **piacciamo** — *мы нравимся;*
(voi) **piacete** — *вы нравитесь;*
(loro) **piacciono** — *они нравятся.*

Некоторые формы личных безударных местоимений

В итальянском языке существуют ударные и безударные формы личных местоимений косвенных падежей. Запомните следующие формы безударных местоимений:

mi — *мне,* **ti** — *тебе,* **ci** — *нам,* **Le** — *вам* (ед.ч.), **vi** — *вам* (мн.ч.).

Mi piace la musica classica. — *Мне* нравится классическая музыка.
Ti piace la musica leggera. — *Тебе* нравится легкая музыка.
Le piace l'opera lirica. — *Вам* нравится опера.
Ci piace la musica moderna. — *Нам* нравится современная музыка.
Vi piace la musica italiana. — *Вам* нравится итальянская музыка.

Сравните также:

Signora, **Le** piace la musica classica? — Sì, **mi** piace.
*Синьора, **вам** нравится классическая музыка? — Да, **мне** нравится.*
Signori, **vi** piace la musica classica? — Sì, **ci** piace.
*Синьоры, **вам** нравится легкая музыка? — Да, **нам** нравится.*
Mario, **ti** piaccio? — *Марио, я **тебе** нравлюсь?*
Sì, **mi** piaci. — *Да, ты **мне** нравишься.*

Отрицательная форма глагола

Отрицательная форма глагола в итальянском языке образуется с помощью отрицательной частицы ***non***, соответствующей русской отрицательной частице *не:* Io **non** parlo italiano. — *Я не говорю по-итальянски*; Tu **non** vai a Roma. — *Ты не едешь в Рим*; La città non è grande, è piccola. — *Город не большой, он маленький.* Non mi piace la canzone. — *Мне не нравится эта песня.*

Русскому отрицательному слову *нет* в итальянском языке соответствует слово ***no***:

Lei parla russo? — *Вы говорите по-русски?*
No, io **non** parlo russo. — *Нет, я не говорю по-русски.*

Место наречия в предложении

Наречия, выступающие в функции обстоятельства образа действия и относящиеся к глаголу, в итальянском языке обычно ставятся после глагола-сказуемого:

Mario **canta bene.** — *Марио хорошо поет.*
Pietro **lavora molto.** — *Пьетро много работает.*
Lei **paria bene** italiano. — *Вы хорошо говорите по-итальянски.*
Ascoltano volentieri la musica. — *Они с удовольствием слушают музыку.*

Наречия, относящиеся к прилагательному, ставятся перед прилагательным:

Lei è **molto bella.** — *Она очень красива.*
Lui è **molto gentile.** — *Он очень любезен.*
Il parco non è **molto grande.** — *Парк не очень большой.*
Il libro è **poco interessante.** — *Книга малоинтересна.*

Повелительное наклонение (2-е лицо ед.числа)

В повелительном наклонении глаголы I и II спряжения во 2-м л. ед. числа имеют следующие окончания:

I спряжение		II спряжение	
a		**i**	
(cantare) Cànta!	— *Пой!*	(prendere) Prèndi!	— *Бери!*
(parlare) Pàrla!	— *Говори!*	(cedere) Cèdi!	— *Уступи!*
(ascoltare) Ascòlta!	— *Слушай!*	(insistere) Insìsti!	— *Настаивай!*
(suonare) Suòna!	— *Играй!*	(scrivere) Scrìvi!	— *Пиши!*
(continuare) Contìnua!	— *Продолжай!*	(ridere) Rìdi!	— *Смейся!*
(lavorare) Lavòra!	— *Работай!*	(rispondere) Rispòndi!	— *Отвечай!*

Запомните формы 2-го лица повелительного наклонения некоторых неправильных глаголов:

Vai! (Va'!) — *Иди! (Поезжай!)* **Fai! (Fa'!)** — *Делай!* **Dai! (Da'!)** — *Дай! (Давай!)*

Отрицательная форма 2-го лица ед. числа образуется с помощью конструкции **отрицательная частица + инфинитив** (неопределенная форма):

Non cantare! — *Не пой!* **Non ascoltare!** — *Не слушай!* **Non andare!** — *Не ходи!* **Non fare!** — *Не делай!*

Предлог *di* + абстрактное существительное

После предлога **di** абстрактные существительные, не имеющие определений, обычно употребляются *без артикля*:

Noi parliamo **di musica (di letteratura, di arte, di politica).** — *Мы говорим о музыке (о литературе, об искусстве, о политике).*

НО!: Noi parliamo della musica contemporanea italiana. — *Мы говорим о современной итальянской музыке.* **Parlano della politica attuale della Russia.** — *Они разговаривают о сегодняшней политике России.*

Прилагательное *bello*

Прилагательное ***bello*** — *красивый* в зависимости от начального звука следующего за ним слова изменяет форму подобно определенному артиклю:

мужской род

bel — перед согласными (кроме **s + согл., z, x, y, j, w**): **un bel concerto**, **un bel parco**, **un bel giorno**;

bell' — перед гласными: **un bell'amico**, **un bell'albero**;

bello — перед согласными (**s + согл., z, x, y, j, w**): **un bello spettacolo**, **un bello scenario**, **un bello zio**.

женский род

bella — перед согласными: **una bella casa**, **una bella canzone**;

bell' — перед гласными: **una bell'amica**, **una bell'attrice**.

ГРАММАТИЧЕСКИЕ И ЛЕКСИКО-ГРАММАТИЧЕСКИЕ УПРАЖНЕНИЯ

1. Проспрягайте в настоящем времени изъявительного наклонения глаголы II спряжения:

insistere — *настаивать,* **cedere** — *уступать,* **vedere** — *видеть,* **credere** — *верить,* **ridere** — *смеяться,* **piacere** — *нравиться.*

2. Проспрягайте 2—3 глагола из упр. 1 в отрицательной форме.

3. Выполните задания:

а) переведите на русский язык, обращайте внимание на формы и употребление глаголов II спряжения:

Loro prendono il tram. Lei prende l'autobus. Noi insistiamo e il direttore cede. Mario cede il posto a una signora. Sergio prende un libro. Noi prendiamo il gelato. Che cosa vede Gino? Gino vede una macchina. Il bambino insiste e la mamma cede. Chiara non insiste. Credete a Mario? Alessio non ride. Chi ride?

б) замените инфинитив соответствующей личной формой глаголов II спряжения:

Antonio (credere) a Pietro. A chi (credere) Gino? Claudio non (insistere). Chi (ridere)? Antonio (ridere). Chi (prendere) un gelato?

Io (prendere) un gelato. Mario (prendere) il tassi. Noi (prendere) la metropolitana. Perché loro non (insistere)? Tu che cosa (vedere)?

в*) переведите на итальянский язык:

Пьетро не настаивает. Кто настаивает? Марио уступает место синьоре. Мы верим Джино. Кто нравится Джованне? Что он берет? Он берет книгу. Кьяре нравится фильм. Я настаиваю. Что вы берете? Мы берем мороженое. Кого ты видишь? Я вижу Марию и Ольгу. Ты хорошо видишь? Я хорошо вижу. Марио берет такси.

4. Переведите на итальянский язык:

Мне нравится классическая музыка. Какая музыка тебе нравится? Пьетро верит нам? Я тебе верю. Нам нравится итальянская опера. Мне нравится русская опера. Лаура мне нравится. Вам нравится театр? Кто тебе нравится? Что вам нравится? Что он тебе дает? Он дает мне компакт-диск. Вам нравится песня? — Да, мне нравится песня.

5. Выполните задания:

а) проспрягайте в настоящем времени неправильный глагол *andare*;

б) переведите на русский язык, обратите внимание на формы глагола *andare*:

Noi andiamo a Roma? Voi andate a Mosca? Andate in treno? — No, andiamo in aereo. Chi va piano, va sano e va lontano. Vai a Milano? Lei, signora, va a Trieste? Loro vanno a casa.

в*) переведите на итальянский язык:

Я еду на поезде. Кто едет в Москву? Он летит в Киев на самолете. Они едут в Рим на поезде. Она едет в Милан. Мы едем в Верону. Я еду на поезде: тише едешь — дальше будешь!

6. Поставьте глаголы в следующих предложениях в отрицательную форму, следуя образцу:

Io vado a Torino. — Io non vado a Torino.

Noi andiamo a Roma. Loro cantano una canzone. Piero suona la chitarra. Mario visita Napoli. Antonio visita il Colosseo. Io mangio il gelato. Noi crediamo a Gigi. Loro parlano di musica. Chiara prende un panino e un'aranciata. Le maschere hanno fame. Franco ascolta una canzone. Il concerto ci piace. Giorgio mi crede. Maria ti piace. Voi ascoltate la radio. Giorgio mi piace. Io ti ascolto. Elena ha paura.

7*. Переведите на итальянский язык:

Они не едут в Москву. Он не боится. Я не голоден. Мы не верим тебе. Он не летит на самолете. Мне не нравится фильм. Ты не видишь Марию? Город большой? — Нет, город небольшой. Джина красива? — Нет, она некрасива. Я не играю на гитаре. Алексей не настаивает. Он не едет в Рим. Мы не боимся. Они не уступают. Я не люблю джазовую музыку.

8. Выполните задания:

а) переведите на русский язык, обратите внимание на разницу в положении наречий в итальянском и русском языках:

Pietro lavora **molto.** Gina parla **piano.** Antonio parla **bene** italiano. Il concerto mi piace **molto.** Alessandro parla **forte.** Massimo suona **bene** il pianoforte. Laura canta **molto** bene. Giorgio è **molto** bello. Alberto parla **molto** piano. Alessio mi piace **molto.** Gigi suona **male** la chitarra. Leone studia **male.** Il festival è **molto** bello!

б) переведите на итальянский язык, обращая внимание на положение наречий в предложениях:

Антонио хорошо поет. Лючия много работает. Песня мне очень нравится. Он говорит громко. Синьора говорит тихо. Он плохо говорит по-русски. Джиджи хорошо играет на гитаре. Город очень красив. Мария хорошо говорит по-итальянски. Он плохо работает.

9*. Выполните задания:

а) образуйте формы 2-го л. повелительного наклонения глаголов

I спряжения: parlare, cantare, ascoltare, mostrare, scusare, aspettare;

II спряжения: credere, prendere, insistere, vedere, cedere;

б) переведите на русский язык, обратите внимание на формы повелительного наклонения:

Ascolta la signora! Ascolta la canzone napoletana! Scusa! Gino, aspetta Maria! Piero, suona la chitarra! Prendi il disco! Cedi il posto! Insisti! Maria, credi a Paolo! Prendi la chitarra! Mangia la pizza!

в*) переведите на итальянский язык:

Марио, послушай песню! Антонио, спой! Пьетро, сыграй на гитаре! Мария, подожди! Александр, говори! Джино, верь Джованне! Джиджи, возьми книгу! Кьяра, настаивай! Франческо, уступи место! Пьеро, ешь мороженое! Луиджи, возьми компакт-диск! Извини, Пьеро!

10. Выполните задания:

а) переведите на русский язык, обратите внимание на отсутствие артикля после предлога *di* перед абстрактными существительными в общем значении:

Parliamo di musica? Mario, parla di sport! Perché parli di pittura? Chi parla di architettura? Signora, parli di moda! Parliamo di jazz! Giorgio parla molto di politica. Uno studente parla di matematica.

б*) переведите на итальянский язык:

Мы разговариваем о музыке. Марио говорит о спорте. Давайте поговорим о джазе! Пьетро, поговорим о живописи! Синьорина рассказывает о моде. Антонио говорит об искусстве. Почему они говорят о математике? Вы говорите о политике? Синьора, вы говорите об искусстве? Луиджи много говорит о физике. Кто говорит о химии?

11. Выполните задания:

а) переведите на русский язык, обратите внимание на формы прилагательного *bello*:

È un bel concerto. È una bella signorina! È un bello spettacolo! È una bella sorpresa! È un bel panorama! «Otello» è una bella opera. È un bell'uomo! È un bel ragazzo! È una bella ragazza!

Che bel concerto! Che bello spettacolo! Che bell'opera! Che bel bambino! Che bella sorpresa! Che bella musica! Che bel festival! Che bell'orchestra! Che bel film! Che bella signorina! Che spettacolo! Che idea! Che concerto! Che opera! Che città! Che sorpresa? Che idea? Che programma? Che problema? Che telegramma? Che spettacolo? Che film? Che concerto?

б) переведите на итальянский язык:

Это красивая песня! Это прекрасная идея! Марио красивый парень. Джованна красивая девушка. Это прекрасное имя! Это прекрасный сюрприз! Это великолепный спектакль! Это прекрасная песня! У меня есть прекрасный итальянский компакт-диск! Это красивое слово! Какой прекрасный концерт! Какой прекрасный вечер! Какая прекрасная опера! Какой прекрасный ребенок! Какая прекрасная песня! Какая прекрасная музыка! Какой прекрасный фестиваль! Какая прекрасная книга! Какой прекрасный спектакль! Какой спектакль! Какой певец! Какая программа! Какое произведение! Какой фильм? Какой спектакль? Какая опера? Какая телеграмма?

12. Переведите на русский язык, обратите внимание на согласование в роде и числе прилагательного *bravo*:

Maria! Tu canti molto bene! Brav**a**!
Pietro! Tu suoni molto bene la chitarra! Brav**o**!
Gino! Angelo! Voi cantate molto bene! Brav**i**!
Gina! Giorgio! La canzone è bellissima! Brav**i**!
Laura! Giovanna! Voi parlate bene italiano. Brav**e**!

ОБЗОРНЫЕ УПРАЖНЕНИЯ

13. Вставьте недостающие артикли:

Amici! Vi piace ... musica leggera? — Sì, ci piace ... musica leggera. A Colombina piace ... musica romantica. A Pantalone piace ... musica classica. Il Capocomico canta ... aria italiana. Colombina canta ... canzone italiana. Andiamo a Sanremo. Sanremo è ... bella città. Sanremo è ... bellissima città. Comincia ... festival di Sanremo. ... sala è piena zeppa. La vicina di Pulcinella è ... gentile signorina. Si chiama Angela. Angela è ... bel nome. Canta ... cantante italiana Milva. Milva canta ... canzone italiana. ... canzone è molto bella. ... cantante è bravissima. Poi canta ... cantante Gianni Nazzarro. Gianni Nazzarro è ... bravo cantante. ... festival continua. Che bel festival!

14. Замените точки недостающими предлогами:

È il festival ... Sanremo. Noi parliamo ... musica. Che musica piace ... Colombina? ... Pantalone piace la musica classica. Le maschere vanno ... Sanremo. Vanno ... treno. Colombina non va ... aereo perché ha paura.

15. Составьте фразы со словосочетаниями:

parlare italiano, francese, inglese, spagnolo, russo;
cantare una canzone, un'aria, una romanza;
suonare la chitarra, il pianoforte, la fisarmonica, il violino;
ascoltare la radio, la musica, una canzone, un'opera, il maestro;
aspettare un'amica, una signorina, il treno, l'aereo, un concerto;
prendere il treno, l'aereo, il tram, la metropolitana;
ricevere un telegramma, un premio, un signore, la pensione.

16. Ответьте на вопросы, следуя образцу:

Io prendo il tram. E tu? (il treno). — Io prendo il treno.
Io prendo l'aereo. E tu? (il treno)
Tu prendi il filobus. E Maria? (l'autobus)
Lui prende il tassì. E loro? (la metropolitana)
Noi prendiamo l'autobus. E voi? (il tassì; il taxi)
Loro prendono il tram. E tu? (il filobus)

17. Ответьте на вопросы, следуя образцам; используйте утвердительную и отрицательную формы:

Tu prendi l'autobus?	— Sì, io prendo l'autobus.
	— No, io non prendo l'autobus.
	— No, io prendo la metropolitana.

Lei, signora, prende il tram?
Voi, signori, prendete il filobus?
Mario prende il tassì?
Noi, amici, prendiamo l'autobus?

Tu vai in aereo?	— Sì, io vado in aereo.
	— No, io non vado in aereo.
	— No, io vado in treno.

Lei, signora, va in treno?
Voi, signori, andate in macchina?
Mario va in aereo?
Noi, amici, andiamo in bicicletta?

Ti piace la musica leggera? — Sì, mi piace la musica leggera. — No, non mi piace la musica leggera. — No, mi piace la musica classica.

Signora, Le piace la musica romantica?
A voi, signori, vi piace l'opera italiana?
Mario, ti piace la cantante Milva?
Amici, vi piace il cantante italiano Cutugno?

Tu hai sete? —Sì, ho sete. — No, non ho sete. — No, ho fame.

Signora, Lei ha caldo?
Signori, avete freddo?
Mario ha paura?
Amici, abbiamo tempo?

18. Ответьте на вопросы, обратите внимание на положение наречий:

Tu parli bene italiano? — Sì, io parlo bene italiano.

Mario lavora molto?
Lei studia poco?
Lei, signorina, parla bene inglese?
Maria parla poco?
Gino studia male?

19. Образуйте повелительное наклонение 2-го л. ед. числа, следуя образцу:

Nino canta una canzone. — Nino! Canta una canzone!

Gino suona la chitarra.
Angela prende l'autobus.
Roberto parla italiano.
Anna lavora bene.
Pietro va a Venezia.
Luigi canta un'aria.

La mamma ascolta la radio.
Dino scrive una poesia.

20. Переведите на итальянский язык, используя глаголы:

а) ***andare*** **и** ***prendere*:**

Я поеду на поезде. Ты едешь на машине. Он садится в поезд. Она поедет на троллейбусе. Мы поедем на метро. Вы поедете на автобусе. Они возьмут (берут) такси.

б) ***piacere*:**

Мне нравится музыка. Тебе нравится живопись? Нам нравится Джина. Вам нравится спектакль? Мне нравится Пьетро. Тебе нравится итальянская опера? Вам, синьора, нравится искусство?

21. Поставьте предложения из упр. 20 в отрицательную форму.

22. Переведите на итальянский язык:

а*) Он хорошо говорит по-итальянски. Она много работает. Они мало поют. Мы хорошо учимся. Ты плохо слушаешь. Вы синьор, хорошо говорите по-русски. Он плохо говорит по-английски. Они хорошо поют.

б) Я говорю о музыке. Он говорит о живописи. Она говорит об искусстве. Мы говорим о политике. Вы говорите о литературе. Они говорят о поэзии. Вы, синьорина, говорите о музыке?

в*) Говори тихо! Слушай музыку! Садись в автобус! Возьми книгу! Смотри спектакль! Пой! Спой итальянскую песню! Поезжай на поезде! Ешь! Не говори много! Не пей кофе! Не кури! Не начинай урока! Не пиши!

г*) Это красивая песня. Это красивый дом. Это прекрасный спектакль. Какая прекрасная книга! Какой прекрасный день! Какая красивая девушка! Какая прекрасная подруга! Какое красивое дерево!

УПРАЖНЕНИЯ ПО СОДЕРЖАНИЮ ТЕКСТА

1. Прочтите и переведите текст.

2. Выучите новые слова и выражения.

3. Найдите в тексте ответы на вопросы:

A chi piace l'opera italiana?
Chi canta un'aria italiana?
Che musica piace a Colombina?
Canta bene Colombina?
Che musica piace a Pantalone?
A chi piace la musica classica?
A chi piace la musica leggera? romantica?
Perché Pantalone non va a Sanremo?
Chi va a Sanremo?
Perché le maschere vanno in treno?
Chi canta a Sanremo?
Come si chiama la cantante?
Come si chiama la canzone?
Perché Colombina non canta a Sanremo?
Come si chiama il cantante?
Come si chiama la canzone?
Chi è Angela? Di che città è?
È bello il festival di Sanremo? È un bel concerto?

4. В соответствии с содержанием текста соедините левую и правую части в одно предложение:

A Colombina piace ...	la musica classica
Al Capocomico piace ...	la musica romantica
A Pantalone piace ...	la musica moderna
Le Maschere vanno ...	a Napoli
Pantalone va ...	a Sanremo
Pantalone non va a Sanremo ...	perché ha paura
Colombina non va in aereo ...	perché a Pantalone non piace la musica moderna
Colombina non canta a Sanremo ...	perché ha paura

5. Правильно опишите ситуацию, следуя образцу:

> A Pantalone piace la musica moderna.
> — No, a Pantalone non piace la musica moderna.

Le Maschere vanno a Parigi.
Le Maschere vanno in aereo.
A Colombina piace la musica classica.
Pantalone va a Sanremo in aereo.
Il festival di Sanremo non è bello.

6. Задайте вопросы к выделенным курсивом членам предложения:

Le Maschere vanno *a Sanremo.* A Pantalone non piace *la musica moderna. Le Maschere* vanno in treno. Sanremo è *una bella città. Canta* la cantante italiana Milva. Canta *un cantante italiano.* Colombina non canta a Sanremo *perché ha paura.*

7. Ответьте на вопросы, переведите их на русский язык, а ответы на итальянский:

Ti piace la musica?	— О, да! Музыка мне очень нравится.
Che musica ti piace?	— Мне нравится классическая музыка.
Oh! La musica classica è bella!	
E l'opera lirica ti piace?	— Да, опера мне тоже нравится.
Ti piace l'opera lirica italiana?	— Мне очень нравится итальянская опера! Россини! Верди!
E l'opera lirica russa ti piace?	— Русская опера мне очень нравится.
Ti piace il festival di Sanremo?	— И фестиваль в Сан-Ремо мне тоже очень нравится!

8. Перескажите текст: а) кратко; б) подробно.

9. Ответьте на вопросы:

Le piace la musica? Che musica Le piace? Le piace la musica classica? Che opera lirica italiana Le piace? Le piace il festival di Sanremo?

10. Следуя образцу, образуйте итальянские слова из букв прилагательного *silenziosa* (*тихая, бесшумная*). Пользуясь словарем учебника, переведите на русский язык слова образца.

silenzio *(тишина)* — zio, zoo, solo, zelo, ozio, nolo...

RISATE A DENTI STRETTI — СМЕХ СКВОЗЬ СЛЕЗЫ

Прочитайте и переведите на русский язык анекдот:

— Ti piace il lavoro?

— Molto! È facilissimo!

— E che cosa fai?

— Oh! Non faccio quasi nulla! Porto dei mattoni al muratore e il muratore fa tutto il lavoro.

lavoro *m* работа
facile *agg* легкий
quasi nulla почти ничего
portare *vt* нести, приносить
(dei) mattoni кирпичи
muratore *m* каменщик
tutto il lavoro вся работа *(зд.:* всю работу)

— Sei un cretino! Ora siamo senza lavoro...

Четвертый урок — Lezione quarta

COLOMBINA E ARLECCHINO – КОЛОМБИНА И АРЛЕКИН

Lo spettacolo comincia. Chi c'è oggi? Oggi c'è Arlecchino. C'è Colombina. Ci sono Arlecchino e Colombina. E Pulcinella? Pulcinella non c'è. Dov'è Pulcinella? Pulcinella è a casa, è a Napoli. E il Dottore? Il Dottore non c'è. Dov'è? È a Bologna, all'Università. E il signor Pantalone c'è? No! Pantalone non c'è. Dov'è? Il signor Pantalone è in Russia a Mosca. È un commerciante. Viaggia molto: Parigi, Londra, Madrid. Gli piace viaggiare.

A Colombina non piace viaggiare, le piace il cinema. Ma Colombina e Arlecchino non vanno al cinema. Perché? Perché a casa di Pantalone c'è il video. Pantalone ha molti film: c'è «Romeo e Giulietta», c'è «Otello», c'è «Sanremo»...

Ma il padrone di casa non c'è! Colombina ha paura di entrare. Ma Arlecchino non ha paura. E loro vanno a vedere il video di Pantalone.

La casa di Pantalone. Nel salotto entrano Colombina e Arlecchino, si mettono a tavola. Che cosa c'è sul tavolo? Oh! Ci sono paste, biscotti, cioccolatini «Baci Perugina»! Arlecchino offre a Colombina i dolci di Pantalone.

Arlecchino: Colombina! Un bacio!

Colombina: Eccoti! Un bacio! (Dà ad Arlecchino un cioccolatino, un «Bacio Perugina».)

Arlecchino (deluso) apre il cioccolatino e legge il bigliettino: «Chi va piano va sano e va lontano». Colombina ride.

Arlecchino: Colombina! Un caffè?

Colombina: Sì! Grazie.

Colombina e Arlecchino prendono il caffè.

Arlecchino: Colombina! Vediamo un film?

Colombina: Che cosa c'è?

Arlecchino: C'è «Romeo e Giulietta», c'è «Otello»...

*Colombina:*Oh! No! Otello! No!!!
Arlecchino: C'è «Sanremo»!
Colombina: Va bene «Sanremo»!

Ma... Cosa c'è?.. Oh! Che sorpresa!!! Entra il signor Pantalone e vede Colombina e Arlecchino. «Ben arrivato, signor Pantalone»! Ma Pantalone è arrabbiatissimo, picchia Arlecchino.

E Colombina?.. Colombina offre a Pantalone il caffè. Pantalone è contento, dà a Colombina una matrioška. È un souvenir russo, un souvenir di Mosca. Colombina ringrazia Pantalone e dà a Pantalone un bacio.

Quante matrioške ci sono? Ci sono... una, due, tre, quattro, cinque, sei, sette, otto, nove, dieci matrioške!

E Arlecchino? Oh! Anche per Arlecchino c'è un souvenir! Che cos'è? È una balalaika russa!

Come è bravo il signor Pantalone!

Colombina: Signor Pantalone! Mosca è una bella città?
Pantalone: Mosca è una bellissima città! Ho un film su Mosca. Ma... è tardi. Ho sonno... Buona notte!
Colombina: Buona notte, signor Pantalone!
Arlecchino: Buona notte, signor Pantalone!

Colombina e Arlecchino vanno via.

VOCABOLARIO — СЛОВАРЬ

spettácolo *m* спектакль
chi *pr* кто
óggi *avv* сегодня
cása *f* дом
a casa дома
Nápoli Неаполь
Bológna Болонья
università *f* университет
Rússia *f* Россия
Mósca Москва
Parìgi Париж
Lóndra Лондон
Madrìd Мадрид
commerciánte *m* коммерсант, торговец
viaggiáre *vi* путешествовать
mólto *avv* много
piacére *vi* нравиться
cìnema *m* кино
perché *cong* почему, потому что
andáre *vi* идти, ехать
vìdeo *m* видео
film *m* фильм
padróne di casa хозяин дома
aver paúra бояться
vedére *vt* смотреть, видеть

entráre *vi* входить
méttersi a tavola садиться за стол
pásta *f зд.:* пирожное
biscótto *m* печенье
cioccolatìno *m* шоколадная конфета
dolce *m* сладкое, пирожное
bácio *m* поцелуй
«Bacio Perugìna» *шоколадная конфета фирмы «Перуджина»*
offrìre *vt* предлагать, угощать
dáre *vt* давать
delúso *agg* разочарованный
léggere *vt* читать
bigliétto *m* записка
bigliettìno *m* записочка
piáno *agg* тихий; тихо
sáno *agg* здоровый
lontáno *agg* далекий; далеко
rìdere *vt* смеяться
caffè *m* кофе; кафе
préndere *vt* брать
prendere il (un) caffè выпить кофе
sorprésa *f* сюрприз, неожиданность
arrabbiáto *agg* взбешенный
picchiáre *vt* бить
conténto *agg* довольный
matrioška *f* матрёшка
balaláika *f* балалайка
souvenìr *m* сувенир
rússo *agg m* русский
ringraziáre *vt* благодарить
uno, -a *num* один, одна
due два
tre три
qúattro четыре
cìnque пять
sei шесть
sétte семь
ótto восемь
nóve девять
diéci десять
tárdi *avv* поздно
aver sónno хотеть спать
Buóna nótte! Спокойной ночи!
andáre via *vi* уходить

ПОЯСНЕНИЯ К ТЕКСТУ

1. Итальянская фирма «Перуджина» выпускает шоколадные конфеты *Baci Perugina;* внутри каждой конфеты — сюрприз: маленькая записочка с афоризмами, крылатыми выражениями, как правило, на тему о любви.

2. В итальянском языке есть два глагола со значением *предлагать:* ***offrire*** означает *предлагать, угощать:* **offrire un caffè, un gelato** — *угощать кофе, мороженым* и ***proporre*** — *предлагать, выдвигать:* **proporre un tema** —*предложить тему.*

3. Глагол ***prendere*** — *брать* образует ряд устойчивых словосочетаний с некоторыми существительными: **prendere il (un) caffè** — *пить кофе;* **prendere il (un) tè** — *пить чай.*

ГРАММАТИКА

Множественное число имен существительных

При образовании множественного числа необходимо учитывать не только род имени существительного, его конечный гласный, но и ряд других факторов.

Итальянские существительные, имеющие наиболее типичные окончания ***-o***, ***-a***, ***-e*** в единственном числе, множественное число образуют следующим образом:

Род	Окончания		Примеры
	ед.ч	мн.ч.	
м.р.	**-o**	**-i**	libr**o** — libr**i**, amic**o** — amic**i**, cioccolatin**o** — cioccolatin**i**
ж.р.	**-a**	**-e**	cas**a** — cas**e**, past**a** — past**e**
м.р. ж.р.	**-e**	**-i**	pont**e** — pont**i**, mont**e** — mont**i**, lezion**e** — lezion**i**

Особые случаи образования имен существительных множественного числа

Окончания		Примеры	
ед.ч.	мн.ч.	Мужской род	Исключения
-ologo	**-ologi**	filologo — filologi geologo — geologi astrologo — astrologi	
-ìo (**i** — ударн.)	**-ìi**	zio — zii pendio — pendii mormorio — mormorii	assassinio — assassinii
-io (**i** — безударн.)	**-i**	stadio — stadi studio — studi	
-glio	**-gli**	figlio — figli foglio — fogli	

Окончания		Примеры	
ед.ч.	мн.ч.	Женский род	Исключения
-ca	**-che**	amica — amiche oca — oche	
-ga	**-ghe**	maga — maghe belga — belghe	(м.р.) belga — belgi
-scia	**-sce**	ascia — asce	
-cìa **-gìa** (**i** — ударн.)	**-cìe** **-gìe**	farmacia — farmacie	
-cia **-gia** (**i** — безударн.)	**-cie**[1] (ce) **-gie** (ge)	camicia — camicie[2] valigia — valigie (valige)	

[1] На письме в окончаниях множественного числа **-cie**, **-gie** безударный гласный **i** нередко опускается:
valigia — valige, ciliegia — ciliege.

[2] Однако слово **camicie** — *рубашки* следует писать с **i**, чтобы отличать его от слова **càmice** — *белый халат*.

Запомните, что существительные, оканчивающиеся на ударный гласный, во множественном числе не изменяются:

una città (città) — *город (города);*
un'università (università) — *университет (университеты).*

Слова иностранного происхождения, оканчивающиеся на согласный, также не изменяются во множественном числе:

un film (film) — *фильм (фильмы);*
uno sport (sport) — *спорт (виды спорта).*

Слова греческого происхождения мужского рода, оканчивающиеся на **-ma**, **-ta**, во множественном числе имеют окончание **-i:**

un problema (problemi) — *проблема (проблемы);*
un telegramma (telegrammi) — *телеграмма (телеграммы);*
un poeta (poeti) — *поэт (поэты);*
un pianeta (pianeti) — *планета (планеты).*

Показателем неопределенности во множественном числе может служить отсутствие артикля:

un libro (libri) — (одна, какая-то) *книга* (какие-то *книги)*.

Множественное число имен прилагательных

Образование множественного числа имен прилагательных аналогично образованию множественного числа имен существительных:

Род	Окончания		Примеры
	ед.ч.	мн.ч.	
м.р.	**-o**	**-i**	brav**o** — brav**i**
ж.р.	**-a**	**-e**	brav**a** — brav**e**
м.р. ж.р.	**-e**	**-i**	grand**e** — grand**i**

Имя прилагательное всегда согласуется с именем существительным в роде и числе: nuov**o** muse**o** — *новый музей,* nuov**i** muse**i** — *новые музеи,* nuov**a** statu**a** — *новая статуя,* nuov**e** statu**e** — *новые статуи.*

Слова **poco, molto** — *мало , много* могут выступать не только в функции наречия, но и в функции прилагательного, согласуясь с существительным в роде и числе: **molto (poco) lavoro**—*много (мало) работы;* **molta (poca) paura**—*много (мало) страха;* **molti (pochi) amici**—*много (мало) друзей;* **molte (poche) amiche** — *много (мало) подруг.*

Конструкции *c'è, ci sono*

Конструкции **c'è, ci sono** являются наиболее употребительными формами глагола **esserci** — *иметься, быть в наличии:*

c'è (3-е л. ед.ч. наст. время) — *имеется, есть* в единственном числе;

ci sono (3-е л. мн.ч. наст. время) — *имеется, есть* во множественном числе.

Эти конструкции часто употребляются с наречием **qui** — *здесь*: **Qui c'è...** (Qui ci sono...) — *Здесь имеется* (*имеются*)...

Примеры употребления этих конструкций:

C'è Colombina. — *Есть Коломбина.*

Qui c'è Colombina. — *Здесь (есть) Коломбина.*

Chi c'è? — *Кто есть?*

Chi c'è qui? — *Кто здесь есть?*

C'è Arlecchino. — *Есть Арлекин.*

Qui c'è Arlecchino. — *Здесь (есть) Арлекин.*

C'è un attore. — *Есть актёр.*

Qui c'è un attore. — *Здесь (есть) актёр.*

C'è un gelato. — *Есть одно мороженое.*

Che cosa c'è? — *Что есть?*

Che cosa c'è qui? — *Что здесь есть?*

Qui c'è un gelato. — *Здесь есть одно мороженое.*

C'è una pasta. — *Есть пирожное.*

Qui c'è una pasta. — *Здесь есть пирожное.*

C'è un film. — *Есть фильм.*

Qui c'è un film. — *Здесь есть фильм.*

Обратите внимание на то, что в этих конструкциях вопросительные слова **chi, che cosa** согласуются только с единственным числом глагола.

В ответе же согласование идет с подлежащим. Например:

Chi c'è?

— **Ci sono Colombina e Arlecchino.** — *Есть Коломбина и Арлекин.*

— **Ci sono due (tre...) attori.** — *Есть два (три...) актёра.*

Che cosa c'è?

— **Ci sono due (tre...) gelati.** — *Есть два (три...) мороженых.*

— **Ci sono quattro paste.** — *Есть четыре пирожных.*

— **Ci sono molti biscotti.** — *Есть много печенья.*

Глагол **esserci** имеет и все другие лица:

Chi c'è? (*Кто здесь есть?*) — **Io ci sono.** — *Я есть.* (Ci sono io. — *Есть я.*)

Tu ci sei. — *Ты есть.* (Ci sei tu. — *Есть ты.*)

Lui, lei, Lei c'è. — *Он, она, Вы есть.* (C'è lui/lei. — *Есть он, она, Вы.*)

Noi ci siamo. — *Мы есть.* (Ci siamo noi.— *Есть мы.*)

Voi ci siete. — *Вы есть.* (Ci siete voi. — *Есть вы.*)

Loro ci sono. — *Они есть.* (Ci sono loro. — *Есть они.*)

В определенном контексте эти формы могут приобретать и другие значения, например:

Ecco! Ci siamo! — *Ну, вот, мы здесь!* (*Мы влипли!*)

Конструкции *dov'è? dove sono?*

Формы глагола **esserci** (c'è, ci sono и др.) следует отличать от конструкций с глаголом **essere** (в значении *быть, находиться где-либо)*. В этих конструкциях употребление обстоятельства места в ответе обязательно, причем в ответе *после глагольной формы.*

С вопросительным словом **dove?** — *где?* употребляется глагол **essere:**

Dov'è? — *Где?* (кто-то, что-то в единственном числе).
Dove sono? — *Где?* (кто-то, что-то во множественном числе).

Например:

Dov'è Pantalone? *(Где Панталоне?)* — **Pantalone è a Mosca.** *(Панталоне в Москве.)*

Dov'è il Dottore? *(Где Доктор?)* — **Il Dottore è all'Università.** *(Доктор в университете.)*

Dove sono Colombina e Arlecchino? *(Где Коломбина и Арлекин?)* — **Colombina e Arlecchino sono a Venezia.** *(Коломбина и Арлекин в Венеции.)*

В конструкции с **esserci** обстоятельство места не несет основной коммуникативной нагрузки и поэтому его отсутствие не ведет к потере основного смысла фразы. Если же оно есть, то находится перед глагольной формой. В конструкции с **essere** обстоятельство всегда располагается *после* глагольной формы, его отсутствие ведет к потере смысла фразы. Сравните:

Sul tavolo ci sono dolci. — На столе *(есть, имеются) сладости.*
I dolci sono sul tavolo. — *Сладости (находятся)* **на столе.**

Ударные и безударные личные местоимения в функции косвенного дополнения

В итальянском языке личные местоимения в функции дополнений имеют две формы: **ударную** (логически выделенную) и **безударную** (логически не выделенную). Ударные формы несут основную смысловую нагрузку во фразе, выделяются интонационно, а нередко и местоположением в предложении.

Ударные и безударные личные местоимения в функции косвенного дополнения (русский дательный падеж)

Безударные местоимения	Ударные местоимения
mi — *мне* **Mi piace Mario.** — *Мне нравится Марио.* **Mario mi piace.** — *Марио мне нравится.*	**a me** — *мне, именно мне, а мне* **A me piace Mario.** — *А мне нравится Марио.* **Mario piace a me.** — *Марио нравится мне (именно мне).*
ti — *тебе* **Ti piace Mario.** — *Тебе нравится Марио.* **Mario ti piace.** — *Марио тебе нравится.*	**a te** — *тебе, а тебе, именно тебе* **A te piace Mario.** — *А тебе (именно тебе) нравится Марио.* **Mario piace a te.** — *Марио нравится тебе (именно тебе).*

Безударные местоимения	Ударные местоимения
gli — *ему* **Gli piace Mario. (Mario gli piace.)**	**a lui** — *ему, а ему, именно ему* **A lui piace Mario. (Mario piace a lui.)**
le — *ей* **Le piace Mario. (Mario le piace.)**	**a lei** — *ей, а ей, именно ей* **A lei piace Mario. (Mario piace a lei.)**
Le — *вам* (ед.ч.) **Le piace Mario. (Mario Le piace.)**	**a Lei** — *Вам, а Вам, именно Вам* (ед.ч.) **A Lei piace Mario. (Mario piace a Lei.)**
si — *себе* **Mario si piace.** **Maria si piace.**	**a sé stesso** — *себе, а себе самому* **(stessa)** *(самой)* **Mario piace a sé (stesso.)** **Maria piace a sé (stessa.)**
ci — *нам* **Ci piace Mario. (Mario ci piace.)**	**a noi** — *нам, а нам, именно нам* **A noi piace Mario. (Mario piace a noi.)**
vi — *вам* (мн.ч.) **Vi piace Mario. (Mario vi piace.)**	**a voi** — *вам, а вам, именно вам* (мн. ч.) **A voi piace Mario. (Mario piace a voi.)**
loro — *им* **Mario piace loro.**	**a loro** — *им, а им, именно им* **A loro piace Mario. (Mario piace a loro.)**

1. Безударные местоимения всегда стоят *перед* глаголом в личной форме (исключение составляет только форма **loro**).

Loro в значении дательного падежа постепенно вытесняется в современном итальянском языке более разговорной формой **gli** — *им*, совпадающей с **gli** — *ему*. Сравните:

Mario gli piace. — *Марио им нравится* и **Mario piace loro.** — *Марио нравится им.* Во избежание путаницы форму **gli** можно употреблять только в тех случаях, когда ясно, о ком идет речь (о нём или о них).

2. Ударные формы личных местоимений могут как предшествовать личной форме глагола, так и следовать за ней (см. табл. выше).

3. Местоимения **si, a sé** — *себе*, в отличие от русского языка, употребляются только с 3-м лицом единственного или множественного числа: **Lei si piace.** — *Она себе нравится.* **Lei piace a sé stessa.** — *Она нравится самой себе.* **Lui si piace.** — *Он себе нравится.* **Lui piace a sé stesso.** — *Он нравится самому себе.* **Loro si piacciono.** — *Они себе нравятся.* **Loro piacciono a sé stessi.** — *Они нравятся самим себе.* В других лицах употребляются соответствующие личные местоимения того же лица:

Io mi piaccio.—*Я себе нравлюсь.* **Io piaccio a me stessa.** —*Я нравлюсь себе самой.* **Tu ti piaci.** — *Ты себе нравишься.* **Tu piaci a te stesso.** — *Ты нравишься себе самому* и т.д.

Указательное местоимение **stesso** согласуется с подлежащим в лице, числе и роде. В сочетании с местоимением **stesso** ударение на ударном местоимении **sé** можно не ставить: **a sé stesso (a se stesso).**

Управление глаголов (предложное и беспредложное)

Большинство итальянских глаголов требуют определенного предлога перед следующим за ними инфинитивом, чаще всего предлога ***di***, реже ***a***: **proporre di fare, andare a vedere.** Но ряд глаголов, среди них модальные глаголы **dovere** — *долженствовать,* **potere** — *мочь,* **volere** — *хотеть,* а также **piacere** — *нравиться,* не требует после себя предлога: **Gli piace viaggiare.** — *Ему нравится путешествовать.*

Глагол *andare* и предлоги направления движения

С глаголом ***andare*** — *идти, ехать* направление движения может передаваться предлогами ***a*** и ***in*.** **Запомните** следующие словосочетания, обращая внимание на наличие/отсутствие артикля с предлогом при обстоятельствах места:

(io)	**vado a** {**Roma** **Mosca** **Londra**	*Я еду (иду) в*	{*Рим* *Москву* *Лондон*
(tu)	**vai a** {**casa** **scuola** **teatro**	*Ты едешь* *(идешь)*	{*домой* *в школу* *(ходишь в школу)* *в театр*
(lui) **(lei)** **(Lei)**	**va al** {**cinema** **mare** **centro** **ristorante**	*Он, она* *едет (идет)* *Вы* *едете (идёте)*	{*в кино* *на море* *в центр* *в ресторан*
(noi)	**andiamo alla** {**stazione** **mensa** **posta**	*Мы едем (идём)*	{*на вокзал* *в столовую* *на почту*
(voi)	**andate all'università**	*Вы едете (идёте) в университет*	
(loro)	**vanno in** | **Italia** **Russia** **America** **biblioteca** **piscina** **farmacia** **libreria** **classe** **pizzeria**	*Они* *едут* *(идут) в*	| *Италию* *Россию* *Америку* *библиотеку* *бассейн* *аптеку* *книжный магазин* *класс* *пиццерию*

[1] **al** (a+il), **alla** (a + la), **all'** (a + l') — сочлененные предлоги см. с. 135 – 137.

Предлог *in* перед существительными женского рода, обозначающими континенты, страны, области, не требует артикля:

in Africa, in Europa, in Asia, in America, in Italia, in Russia, in Toscana.

Перед названиями стран, областей — существительными мужского рода – предлог *in* иногда употребляется. Однако в современном итальянском языке наблюдается тенденция к опущению артикля и в этих случаях: **in Giappone, in Belgio.** Запомните также: **in USA** *(в США),* **negli Stati Uniti** *(в Соединенных Штатах).*

Перед названиями городов употребляется предлог ***a***. Однако в канцелярско-деловом стиле может употребляться и предлог ***in***.

Если за личной формой глагола ***andare*** следует инфинитив, то ему предшествует предлог ***a***:

Noi andiamo a vedere un film. — *Мы идём смотреть фильм.*
Loro vanno a prendere il caffè. — *Они идут выпить кофе.*
Lui va a lavorare. — *Он идет работать.*

Настоящее время неправильного глагола *dare*

Запомните спряжение в настоящем времени изъявительного наклонения глагола **dare** *(дать, давать):*

(io) **do**	(noi) **diámo**
(tu) **dai**	(voi) **dáte**
(lui, lei, Lei) **dà**	(loro) **dánno**

Обратите внимание на формы глагола **dare** в сочетании с ударными и безударными личными местоимениями:

Gli do un dolce.	— Do un dolce **a lui.**
Mi dai un bacio.	— Dai un bacio **a me.**
Ti dà sei biscotti.	— Dà sei biscotti **a te.**
Diamo loro due paste.	— Diamo due paste **a loro.**
Ci date dieci cioccolatini.	— Date dieci cioccolatini **a noi.**
Vi danno una pizza.	— Danno una pizza **a voi.**

Значение русского дательного падежа *(кому?)* передается предлогом ***a***:

Кому ты даешь мороженое? —Я даю мороженое Коломбине.

A chi dai il gelato? — Do il gelato **a** Colombina.

Абсолютная превосходная степень прилагательных

Абсолютная превосходная степень выражает самую высокую (или самую низкую) степень качества безотносительно к другим предметам. Она образуется путём присоединения к основе прилагательного суффикса ***-issimo***:

Род (genere)	Исходная форма (grado positivo)	Абсолютная степень (superlativo assoluto)
Единственное число		
м.р.	**bello** — *красивый*	bel**lissimo** — *красивейший, очень красивый, прекрасный*
ж.р.	**bella** — *красивая*	bel**lissima** — *красивейшая, очень красивая, прекрасная*
Множественное число		
м.р.	**belli** — *красивые*	bel**lissimi** — *красивейшие, очень красивые, прекрасные*
ж.р.	**belle** — *красивые*	bel**lissime** — *красивейшие, очень красивые, прекрасные*

Прилагательное в абсолютной превосходной степени согласуется с существительным в роде и числе:

È una bellissima città. — *Это красивейший город.* **È un interessantissimo libro.** (È un libro interessantissimo.) — *Это интереснейшая книга.* **Sono simpaticissime persone.** — *Это приятнейшие (симпатичные) люди.* **Difficilissimi problemi.** — *Труднейшие проблемы.*

Большую степень качества могут обозначать также:

а) *наречия*: **molto** — *очень;* **tanto** — *такой;* **abbastanza, assai** — *достаточно, довольно;* **troppo** — *слишком* и другие.

Sono libri molto utili. — *Это очень полезные книги.* **È tanto bella!** — *Она такая красивая!* **È un film abbastanza interessante.** — *Это* *довольно интересный фильм.* **È una storia troppo lunga.** — *Это слишком длинная история;*

б) *повторы* одного прилагательного: **una lettera lunga lunga** — *длинное-предлинное письмо;* **un paese lontano lontano** — *далёкая-предалёкая страна.* **Sono stanco stanco** (= stanchissimo). — *Я усталый-преусталый;*

в) *устойчивые сочетания* двух разных определений, второе из которых усиливает лексическое значение первого: **stanco morto** — *смертельно уставший,* **pieno zeppo** — *битком набитый,* **ricco sfondato** — *сказочно богатый,* **bagnato fradicio** — *насквозь промокший;*

г) *префиксы*: **stra-: stragrande** — *чрезмерно большой;* **strafacile** — *сверхлёгкий;* **ultra-: ultramoderno** — *сверхмодный, сверхсовременный;* **super-: supersonico** — *сверхзвуковой* и др.

Предлог *di* (значение принадлежности)

Отношения принадлежности, выражаемые в русском языке с помощью родительного падежа, передаются в итальянском языке с помощью предлога ***di***: **padrone di casa** — *хозяин дома,* **souvenir di Mosca** — *сувенир Москвы, т.е. из Москвы (московский).*

Ласкательно-уменьшительные суффиксы

Итальянский язык богат ласкательно-уменьшительными суффиксами. Наиболее употребительный из них ***-ino*** (м.р.), ***-ina*** (ж.р.): cioccolato — cioccolat**ino** — *шоколадная конфетка,* biglietto — bigliett**ino** — *записочка,* soldato — soldat**ino** — *солдатик,* colomba — colomb**ina** — *голубка, голубушка.* Употребителен также и суффикс **-etto**, **-etta:** bacio — ba**cetto** — *поцелуйчик,* Rosa — Ros**etta** — *Розочка.*

ГРАММАТИЧЕСКИЕ И ЛЕКСИКО-ГРАММАТИЧЕСКИЕ УПРАЖНЕНИЯ

1. Поставьте существительные во множественное число:

spettacolo, attore, attrice, casa, commerciante, tavola, salotto, pasta, biscotto, cioccolatino, biglietto, bigliettino, panino, sorpresa, colomba, aranciata, acqua, canzone, concerto

2. Образуйте множественное число прилагательных:

bello, interessante, buono, grande, facile, difficile, strano

3. Раскройте скобки, согласовав прилагательное с существительным:

а) una (bello) casa, una (simpatico) signorina, un (grande) attore, una (grande) attrice, una (bravo) studentessa, un (bravo) studente, un (interessante) spettacolo, una (interessante) storia;

б) due (interessante) libri, tre (buono) cioccolatini, quattro (buono) paste, cinque (bravo) studenti, due (bravo) studentesse, dieci (bello) matrioške, due balalaike (russo), tre problemi (nuovo).

4. Переведете на итальянский язык:

два дома, десять шоколадных конфет, три студента, четыре студентки, пять спектаклей, шесть пирожных, восемь книг, два актёра, два телефона, три стола, три цветка, шесть песен, две синьоры, четыре бутерброда, девять площадей, семь певцов, три синьорины, два синьора

5. Переведите на итальянский язык, помните о согласовании существительного с прилагательным:

красивый дом — красивые дома, красивая девушка — красивые девушки, хороший студент — хорошие студенты, хорошая студентка — хорошие студентки, великий актер — великие актёры, интересный спектакль — интересные спектакли, красивая песня — красивые песни

6. Вставьте прилагательное *molto*, согласовав его с существительным:

а) ... musica, ... sete, ... benzina, ... gelato, ... amore;

б) ... problemi, ... ragazze, ... cioccolatini, ... paste, ... film.

7. Переведите на итальянский язык словосочетания:

а) много музыки, много воды, много работы, много интереса;

б) много спектаклей, много песен, много друзей, много студентов, много домов, много конфет, много фильмов, много матрёшек.

8. В упр. 6 и 7 замените прилагательное *molto* на прилагательное *poco*; новые словосочетания переведите.

9. Поставьте во множественное число, следуя образцу:

C'è un dolce. — Ci sono due dolci.

C'è un cioccolatino. C'è un biglietto. C'è una tavola;
C'è un biscotto. C'è un'amica. C'è uno studente.
C'è una pasta. C'è una casa. C'è un'idea. C'è un problema.

10. Ответьте на вопросы, следуя образцам:

Chi c'è? (Anna) — C'è Anna.

Chi c'è? (Mario)
Chi c'è? (Olga)
Chi c'è? (Carlo)

Chi c'e? (Anna e Olga) — Ci sono Anna e Olga.

Chi c'è? (Carlo e Carla)
Chi c'è? (Mario e Maria)
Chi c'è? (Pina e Anna)

11. Ответьте на вопросы, следуя образцам:

Chi c'è qui? (Anna) — Qui c'è Anna.

Chi c'è qui? (Elena)
Chi c'è qui? (Pietro)
Chi c'è qui? (Carla)

Chi c'è qui? (Eva e Olga). — Qui ci sono Eva e Olga.

Chi c'è qui? (Leo e Carla)
Chi c'è qui? (Nicola e Maria)
Chi c'è qui? (Sergio e Anna)

12. Замените точки конструкциями *c'è* или *ci sono*:

Qui ... Carlo.
Qui ... Maria.
Qui ... Pietro e Gino.
Qui ... Maria e Elena.
Qui ... Roberto, Olga e Sergio.
Qui ... un museo.
Qui ... molti monumenti.
Qui ... molte studentesse.
Qui ... quattro panini.
Qui ... una piazza.

13. Ответьте на вопросы, следуя образцам:

Anna c'è oggi? — No, oggi Anna non c'è.

Mario c'è oggi?
Pina c'è oggi?
Carlo c'è oggi?

Anna e Maria ci sono oggi? — No, oggi Anna e Maria non ci sono.

Pina e Olga ci sono oggi?
Carlo e Mario ci sono oggi?
Marco e Vera ci sono oggi?

14. Ответьте на вопросы в утвердительной и отрицательной форме:

Lo spettacolo c'è oggi?
Il direttore c'è oggi?
Ci sono molti studenti oggi?
Oggi c'è il gelato?
Mario c'è oggi?

15. Переведите на русский язык, обратите внимание на конструкции *c'è, ci sono*.

In Italia ci sono molte belle città. A Roma c'è il Colosseo. A Mosca ci sono molte piazze. Anche a Roma ci sono molte belle piazze. A Venezia ci sono moiti ponti e canali. A Torino ci sono molte fabbriche. A Kiev ci sono molti parchi. A Firenze ci sono molti monumenti. A Venezia ci sono molte gondole. A San Pietroburgo ci sono molti turisti.

16*. Переведите на итальянский язык, употребив конструкции *c'è, ci sono*.

В Риме много туристов. В Москве много памятников. В Милане много фабрик. В Венеции много мостов. Во Флоренции много музеев. В Санкт-Петербурге много каналов. В этом городе много парков. В Риме есть Колизей. В Италии много красивых городов. В Москве много красивых площадей. В Милане есть метро.

Здесь (есть) много фабрик. Здесь (есть) много студентов. Здесь (есть) метрополитен. Здесь (есть) много конфет. Здесь (есть) мороженое. Здесь (есть) много книг. Здесь (есть) много актёров. Здесь (есть) Марио. Здесь (есть) много друзей. Здесь (есть) Пьетро и Лючия. Здесь (есть) Антонио, Джованни и Клара.

17. Ответьте на вопросы, следуя образцам:

Dov'è Olga? (a Mosca) — Olga è a Mosca.

Dov'è Mario? (a Bologna)
Dov'è Anna? (a Roma)
Dov'è Clara? (a Londra)

Dove sono Olga e Clara? (a Parigi) — Olga e Clara sono a Parigi.

Dove sono Mario e Anna? (a Madrid)
Dove sono Maria e Pina? (a Napoli)
Dove sono Carla e Clara? (a Roma)

Dov'è Mario? (in Italia) — Mario è in Italia.

Dov'è Piero? (in Spagna)
Dov'è Mario? (in Francia)

Dove sono Maria e Pia? (in Italia a Bologna) — Maria e Pia sono in Italia a Bologna.

Dove sono Gino e Carlo? (in Spagna a Madrid)
Dove sono Antonio e Giovanni? (in Russia a Mosca)

18. Переведите на русский язык, объясните разницу между конструкциями:

Il Colosseo è a Roma. — Колизей (находится) в Риме. A Roma c'è il Colosseo. — В Риме есть Колизей.

Nel salotto ci sono Mario e Gino. — Mario e Gino sono **nel salotto.**
Sul tavolo c'è un libro. — Il libro è **sul tavolo.**

A Napoli c'è il Vesuvio. — **Il Vesuvio** è a Napoli.

A Venezia c'è il Ponte dei Sospiri. — Il Ponte dei Sospiri è **a Venezia.**

19*. Переведите на итальянский язык:

В гостиной Марко и Пьетро. Марио и Пьетро в гостиной. Пьетро в гостиной. На столе много конфет. Книга на столе. Директор есть сегодня? — Директора сегодня нет. Кто здесь? — Здесь много студентов. В Венеции много туристов.

20. Ответьте на вопросы, следуя образцам:

Io vado a scuola. E tu? — Anch'io vado a scuola. Я иду в школу. А ты? — И я иду в школу.

Io vado a casa. E tu?
Io vado a teatro. E tu?

Io vado a Mosca. E tu? — Anch'io vado a Mosca. Я еду в Москву. А ты? — Я тоже еду в Москву.

Io vado a Roma. E tu?
Io vado a Londra. E tu?

Tu vai al cinema. E lui? — Anche lui va al cinema. Ты идешь в кино. А он? — Он тоже идет в кино.

Tu vai al mare. E lei?
Tu vai al centro. E lui?
Tu vai al ristorante. E lei?

Noi andiamo a Roma. E voi? — E noi andiamo a Napoli. Мы едем в Рим. А вы? — А мы едем в Неаполь.

Noi andiamo a Napoli. E voi? (a Bologna)
Noi andiamo a Londra. E voi? (a Parigi)

Noi andiamo a scuola. E voi? — E noi andiamo a casa. Мы идем в школу. А вы? — А мы идем домой.

Noi andiamo a casa. E voi? (a teatro)
Noi andiamo a teatro. E voi? (a casa)

Voi andate al cinema. E loro? — E loro vanno al ristorante.
Вы идете в кино. А они? — А они идут в ресторан.

Voi andate al ristorante. E loro? (al cinema)
Voi andate all'università. E loro? (a casa)
Voi andate a casa. E loro? (a teatro)

22. Ответьте на вопросы; следуя образцам:

Vai a Bologna? (Roma). — No, non vado a Bologna, ma a Roma. Ты едешь в Болонью? — Нет, я еду не в Болонью, а в Рим.

Vai a Napoli? (Bologna)
Vai a Madrid? (Mosca)
Vai a Parigi? (Londra)

Andate a Roma? (Mosca) — No, non andiamo a Roma, ma a Mosca. Вы едете в Рим?— Нет, мы едем не в Рим, а в Москву.

Andate a Londra? (Parigi)
Andate a Bologna? (Napoli)

Lei va in Spagna? (Italia) — No, non andiamo in Spagna, ma in Italia. Вы едете в Испанию? — Нет, я еду не в Испанию, а в Италию.

Lei va in Italia? (Francia)
Lei va in Francia? (Spagna)

Loro vanno in Italia? (Spagna). — No, non andiamo in Italia, ma in Spagna. Вы едете в Италию? — Нет, мы едем не в Италию, а в Испанию.

Loro vanno in Spagna? (Italia)
Loro vanno in Francia? (Spagna)

23. Поставьте глагол *andare* во множественное число в соотвествующее лицо:

(io) vado in Russia a Mosca. — (noi...)
(tu) vai in Italia a Roma. — (voi...)
(lui) va in Francia a Parigi. — (loro ...)
(lei) va in Spagna a Madrid. — (loro ...)

24. Ответьте на вопросы, употребите ударную форму местоимения, следуя образцам:

Mi piace il teatro. E a te? — Anche a me piace il teatro. Мне нравится театр. А тебе? — Мне тоже нравится театр.

Mi piace il cinema. E a te?
Mi piace il film. E a te?
Mi piace lo spettacolo. E a te?

Mi piacciono i film. E a te? — Anche a me piacciono i film. Мне нравятся (эти) фильмы. А тебе? — Мне тоже нравятся (эти) фильмы.

Mi piacciono i dolci. E a te?
Mi piacciono i cioccolatini. E a te?
Mi piacciono le paste. E a te?

25. Ответьте на вопросы, следуя образцам:

Mi piace viaggiare (stare a casa). E a te? — A me piace stare a casa. Мне нравится путешествовать. А тебе? — А мне нравится сидеть дома.

Mi piace stare a casa. E a te? (viaggiare)
Mi piace vedere i film. E a te? (vedere spettacoli)
Mi piace andare al cinema. E a te? (andare a teatro)

Ci piace viaggiare. E a voi? (stare a casa) — E a noi piace stare a casa. Нам нравится путешествовать. А вам? — А нам нравится сидеть дома.

Ci piace stare a casa. E a voi? (viaggiare)
Ci piace vedere i film. E a voi? (vedere lo spettacolo)
Ci piace andare al cinema. E a voi? (andare a teatro)

26. Поставьте глагол *piacere* во множественное число в соответствующее лицо:

Io piaccio a lui. — (Noi) ...
Tu piaci a loro. — (Voi) ...
Lui piace a voi. — (Loro) ...
Lei piace a te. — (Loro) ...

27. Ответьте на реплику партнера, следуя образцам:

Lui è ricco. — Sì, è vero, è ricchissimo. Он богат. — Да, действительно, он очень богат.

Lei è simpatico. Marco è bravo. Marina è gentile. Lui è povero. Lei è bella.

Sono simpatici. — È vero, sono simpaticissimi. Они симпатичные. — Да, действительно, они очень симпатичные.

Sono ricchi. Sono poveri. I raggazzi sono bravi. Le ragazze sono gentili. Le signorine sono brave.

28. Образуйте превосходную степень прилагательных с помощью наречия *molto*, следуя образцам:

Questa pizza è buona. — Questa pizza è molto buona. Эта пицца вкусная. — Эта пицца очень вкусная.

Questo giovane è contento. Questa ragazza è arrabbiata. Questa donna è sana.

Queste piazze sono grandi. — Queste piazze sono molto grandi. Эти площади большие. — Эти площади очень большие.

Queste ragazze sono povere.
Questi giovani sono bravi.
Queste donne sono belle.

29. Образуйте новые существительные с помощью указанных суффиксов:

а) -ino, -ina: finestra, soldato, letto, donna, nonno, nonna;

б) -etto, -etta: libro, scolaro, casa, piazza, canzone, donna.

30. Переведите словосочетания, обратите внимание на употребление предлога *di*:

La casa di Pantalone. Il libro di Maria. Il salotto di Piero e Lucia. Il video di Gino. Una canzone di Colombina. La gondola di Carlo. Un souvenir di Roma. Una piazza di Venezia.

31. Ответьте на вопросы, следуя образцам:

Di chi è questa casa? — Questa casa è di Pantalone. Чей это дом? — Этот дом Панталоне.

Di chi è questo libro?
Di chi è questa gondola?
Di chi è questa pasta?
Di chi è questo cioccolatino?

Di chi sono questi libri? — Questi libri sono di Olga. Чьи эти книги? — Эти книги Ольги.

Di chi sono questi cioccolatini?
Di chi sono queste paste?
Di chi sono questi biscotti?

ОБЗОРНЫЕ УПРАЖНЕНИЯ

32. Вставьте недостающие глаголы:

1. Il Dottore non ... 2. Il signor Pantalone ... in Russia a Mosca. 3. Gli ... viaggiare. 4. Arlecchino ... il cioccolatino e ... il bigliettino. 5. Chi ... piano ... sano e lontano.

33. Вставьте недостающие артикли:

а) 1. Le place ... cinema. 2. Arlecchino offre a Colombina ... dolci. 3. Colombina e Arlecchino prendoro ... caffè. 4. Entra ... signor Pantalone.

б) 1. Dà ad Arlecchino ... cioccolatino. 2. Vediamo ... film? 3. È ... souvenir russo. 4. Mosca è ... bellissima città.

34. Вставьте недостающие предлоги:

1. Pulcinella è ... casa ... Napoli. 2. Ma il padrone ... casa non c'è. 3. Colombina dà ... Pantalone un bacio. 4. Ho un film ... Mosca. 5. Va ... Parigi, Londra, Madrid.

35. Составьте предложения из следующих слов и словосочетаний:

1) al cinema, Colombina, Arlecchino, vanno, non, e;
2) vedere, a, di, Pantalone, il video, gli amici, e, vanno;
3) il cioccolatino, legge, apre, e, il bigliettino, Arlecchino;
4) a tavola, Colombina, entrano, Arlecchino, e, si mettono, e.

36. Продолжите предложения:

1. A Colombina non piace ... 2. Vanno a casa di Pantalone perché ... 3. Ma Pantalone è arrabbiatissimo e ... 4. Colombina ringrazia Pantalone e ... 5. Ma quante matrioske ... ?

37*. Переведите на итальянский язык:

1. Он пьет чай. А ты? — А я выпью кофе. 2. Мы поедем на трамвае. А вы? — А мы поедем на метро. 3. Я поеду на метро. А ты? — И я поеду на метро. 4. Они поедут на поезде. А вы? — И мы поедем на поезде. 5. За что она тебя благодарит? — Она меня благодарит за сувенир из Рима. 6. Я угощаю ее кофе, а она меня — пирожными. Мы очень довольны. 7. Ему нравится читать, а ей нравится ходить в кино. 8. Тебе нравится приглашать друзей, а ему нет. 9. Им нравится приезжать в Россию, а нам нравится ездить в Италию.

УПРАЖНЕНИЯ ПО СОДЕРЖАНИЮ ТЕКСТА

1. Прочитайте и переведите текст.

2. Выучите новые слова и выражения.

3. Найдите в тексте ответы на вопросы:

1. Chi c'è oggi? 2. C'è Pulcinella? 3. C'è il Dottore? 4. C'è Pantalone? 5. Dov'è Pulcinella? 6. Dov'è il Dottore? 7. Dov'è il signor Pantalone? 8. Cosa fa Pantalone? 9. Dove va Pantalone? 10. A chi piace il cinema? 11. Perché Colombina e Arlecchino non vanno al cinema? 12. Perché Colombina ha paura? 13. E Arlecchino ha paura? 14. Che cosa c'è a casa di Pantalone? 15. Cosa legge Arlecchino? 16. Che cosa dà

Pantalone a Colombina e ad Arlecchino? 17. Quante matrioske ci sono? 18. È un souvenir di Roma? 19. Pantalone ha sonno o paura? 20. Perché Pantalone ha sonno?

4*. Задайте вопросы к выделенным курсивом членам предложения, следуя образцу:

> Il Dottore è a Bologna all'Università. — Dov'è il Dottore?

1. Pantalone *viaggia* molto. 2. A *Colombina* piace il cinema. 3. Pantalone ha *molti film*. 4. Ci sono *paste*, *biscotti, cioccolatini «Baci Perugina»*. 5. Entra il signor Pantalone e vede *Arlecchino e Colombina*. 6. Colombina dà ad Arlecchino *un cioccolatino*. 7. Ci sono *dieci* matrioske. 8. Colombina ha paura *perché il padrone di casa non c'è*.

5. В соответствии с содержанием текста соедините левую и правую части в одно предложение:

Arlecchino e Colombina vanno a casa di Pantalone ...	perché è un commerciante.
Pantalone viaggia molto	«Chi va piano va sano e va lontano».
Arlecchino apre il cioccolatino e legge il bigliettino:	perché lui ha il video.
Colombina ha paura di andare a casa di Pantalone ...	perché è tardi.
Arlecchino ha sonno ...	perché il padrone di casa non c'è.

6. Правильно опишите ситуацию, следуя образцу:

> Pulcinella è a Bologna all'Università. — No, non è vero, Pulcinella è a casa a Napoli.

Il Dottore è a casa a Napoli.
Pantalone ha pochi film.
Colombina non ha paura di andare a casa di Pantalone.
Pantalone non ha sonno e va al cinema.
Pantalone dà tre balalailke a Colombina e due libri ad Arlecchino.

7*. Ответьте на вопросы, переведите вопросы на русский язык, а ответы на итальянский:

1. Chi c'è? — Здесь Коломбина и Арлекин.
2. Dov'è Pulcinella? — Пульчинелла дома, в Неаполе.
3. Il Dottore è a casa? — Нет. Доктора нет дома, он в университе.
4. E Pantalone, dov'è lui? — Панталоне в России, в Москве.
5. Perché Colombina ha paura di andare a casa di Pantalone? — Потому что хозяина нет дома.
6. Perché a Pantalone piace viaggiare? — Потому что он коммерсант.
7. Che cosa piace a Colombina? — Ей нравится ходить в кино.
8. Che cosa dà Pantalone a Colombina? — Он дает ей одну матрешку.
9. Cosa fa Arlecchino? — Он пьет чай.
10. Perché Pantalone ha sonno? — Потому что уже поздно.
11. E Colombina? — Она тоже хочет спать.

8. Перескажите текст: а) кратко; б) подробно.

9. Ответьте на вопросы:

1. Le piace viaggiare? 2. Le piace il cinema? 3. Ha il video a casa? 4. Invita gli amici a vedere il video? 5. Le piacciono i doici? 6. Preferisce il tè o il caffè?

10*. Переведите на итальянский язык:

Анна много путешествует. Она едет в Рим. В Риме у нее есть подруга. Она не любит путешествовать. Анна идет к подруге домой. Но какая неожиданность! Хозяйки нет дома. Где она? В университете. Анна расстроена. Она боится, что не увидит подругу. Но приходит подруга. Она рада видеть Анну. Девушки входят в гостиную. В гостиной стоит видеомагнитофон. Девушки смотрят фильм о Санремо. Затем они садятся за стол. Что на столе? На столе пирожные, печенье, шоколадные конфеты. Подруга угощает Анну шоколадными конфетами фирмы «Перуджина». Анна берет одну конфету, разворачивает и читает записочку: «Тише едешь — дальше будешь». Девушки довольны, они смеются. Анна пьет чай, а подруга пьет кофе. Но уже поздно. Анна хочет спать. Она благодарит подругу, целует ее и уходит.

11. Пользуясь словарем учебника, переведите на русский язык следующие записочки из конфет «Бачи Перуджина»:

1. Che cos'è un bacio? Un apostrofo rosa sulle parole «ti amo». (*Anonimo*)

2. Che cos'è un bacio se non un linguaggio del cuore? (*Anonimo*)

3. Ogni bacio chiama un altro bacio. (*M. Proust*)

4. Nella gelosia c'è più egoismo che amore. (*Anonimo*)

5. Ama e fai quel che vuoi. (*S. Agostino*)

12. Следуя образцу, образуйте итальянские слова из букв существительно *cioccolatino* (*шоколодная конфета*). Пользуясь словарем, переведите на русский язык слова приводимого образца.

cioccolato (*шоколад*) — lato, calo, laccio, lacca, tatto, ciclo, cicala, ala, ciccio, latta...

— Qualcosa non va, signore?

RISATE A DENTI STRETTI — СМЕХ СКВОЗЬ СЛЕЗЫ

Прочитайте и переведите на русский язык анекдот:

Colombina: Arlecchino! Ma come fai a mangiare e leggere ad un tempo?

Arlecchino: È semplicissimo! Con un occhio leggo, con l'altro mangio!

mangiare *vt* есть
leggere *vt* читать
ad un tempo одновременно
semplice *agg* простой
semplicissimo очень просто
occhio *m* глаз
con un occhio одним глазом
altro *agg* другой

Переведите поговорку и подберите русский эквивалент:

Grassa la cucina, magro il testamento.

grasso *agg* жирный
cucina *f* кухня
magro *agg* худой
testamento *m* завещание

Пятый урок — Lezione quinta

PANTALONE È MALATO — ПАНТАЛОНЕ БОЛЕН

Amici! Come state? State bene? Benissimo!
Ma il signor Pantalone sta male. Ha la febbre. Ha mal di testa, ha mal di gola, di denti. Sta malissimo! Che peccato! E la signora? Che cosa fa? Dov'è sua moglie? Non è in casa. E la figlia? Boh!... Non c'è.

Maschere: Che peccato! Che peccato!
Pantalone è malato!
Ha la febbre, mal di denti.
Che peccato, che peccato!
Pantalone è malato!

E Arlecchino? C'è Arlecchino? Sì, Arlecchino c'è. Ma perché non chiama un medico? È un'idea! Arlecchino telefona al Dottore. Il Dottore è medico. C'è un telefono? Sì, sì! Il telefono c'è. Che numero di telefono ha il Dottore? Arlecchino prende il ricevitore e fa il numero del Dottore.

Arlecchino: Pronto! Buon giorno, Dottore!

Dottore: Buon giorno, Arlecchino!

Arlecchino: Dottore! Il signor Pantalone sta male!

Dottore: Che peccato! Che cos'ha?

Arlecchino: Sta malissimo! Ha la febbre, ha mal di testa, ha mal di gola, di denti!

Dottore: Arlecchino! Parto subito!

Arlecchino: Grazie, Dottore!

Il Dottore parte subtito. Parte da Bologna per Venezia. Parte in macchina.

Ma perché Pantalone sta male? Forse, perché viaggia molto? È un commerciante! Ma no! Viaggiare è bellissimo! Allora, perché?

Pantalone: Arlecchino! Sto male!

Arlecchino: Lei sta male perché non pratica lo sport!

Pantalone: Ho mal di testa!

Arlecchino: Lei ha mal di testa perché non pratica lo sport!

Pantalone: Arlecchino! Ho mal di gola!

Arlecchino: Lei ha mal di gola perché non pratica lo sport!

Pantalone: Ma che sport? Che sport?

Arlecchino: Che sport? Il nuoto, l'atletica leggera, il calcio... Signor Pantalone! Le piace il nuoto?

Pantalone: Il nuoto mi piace e non mi piace.

Arlecchino: Io preferisco il calcio! Le piace il calcio?

Pantalone: Il calcio mi piace ma io sono vecchio!

Arlecchino: Lei non è vecchio! Andiamo! Giochiamo a calcio! Mente sana in corpo sano! Viva lo sport!

Arlecchino e Pantalone corrono verso lo stadio e giocano a calcio. Pantalone sta bene. Pantalone guarisce.

Arriva il Dottore.

Dottore: La medicina è aspirina, è ... Buon giorno, Pantalone!

Pantalone: Buon giorno, Dottore!

Dottore: Come stai, Pantalone?

Pantalone: Sto bene! Sto benissimo, perché pratico lo sport! Mente sana in corpo sano. Viva lo sport!

Dottore: Che sport? Che sport?

Pantalone: Io preferisco le bocce! Dottore! Giochiamo a bocce?

Pantalone, Arlecchino e Dottore giocano a bocce! Lo sport non è aspirina. Lo sport è salute. Viva lo sport! Viva la salute!

Lo spettacolo finisce.

VOCABOLARIO — СЛОВАРЬ

star béne (male) чувствовать себя хорошо (плохо)
avér la fébbre иметь повышенную температуру
avér mal di tésta страдать от головной боли
avér mal di góla простудить горло
móglie *f* жена
figlia *f* дочь
aspirìna *f* аспирин
maláto *agg m* больной
chiamáre *vt* звать
médico *m* врач
telefonáre *vi* звонить по телефону
número di teléfono номер телефона
préndere il ricevitóre снять трубку
fáre il número di *qd* набрать чей-то номер
Prónto! Алло!
Che cos'ha? Что с ним?
partìre *vi* уезжать, выезжать
súbito *avv* немедленно, тотчас, сразу

praticáre lo sport заниматься спортом
nuóto *m* плавание
atlética *f* атлетика
atlética leggéra легкая атлетика
cálcio *m* футбол
giocáre *vi* играть
giocáre a bócce играть в шары
ménte *f* ум
córpo *m* тело
Ménte sána in córpo sáno. В здоровом теле — здоровый дух!
Viva lo sport! Да здравствует спорт!
córrere *m* бежать
stádio *m* стадион
vérso *prep* к; по направлению к
guarìre *vi, vt* выздоравливать; вылечивать
arriváre *vi* приходить, приезжать
medicìna *f* медицина
preferìre *vt* предпочитать

ПОЯСНЕНИЯ К ТЕКСТУ

1. В итальянском языке **perché** — и вопросительное слово *почему,* и союз *потому что.*

2. Предлог ***a***, помимо указания на направление движения и на местонахождение, обозначает также способ действия: **giocare a calcio**, **a bocce** — *играть в футбол, в шары.*

3. Некоторые глаголы III спряжения могут обозначать переходность и непереходность действия: **finire** — *кончать, -ся,* **guarire** — *выздоравливать, вылечивать.*

4. Итальянским переходным конструкциям **ha la febbre, ha mal di testa, ha mal di gola, ha mal di denti** соответствуют русские непереходные конструкции: *у него (у нее) температура, головная боль, болит горло, болят зубы.*

ГРАММАТИКА

Глаголы III спряжения (настоящее время)

Глаголы III спряжения имеют характерное окончание инфинитива на ***-ire***: part**ire**, sent**ire**, offr**ire**.

Настоящее время правильных глаголов III спряжения образуется прибавлением к основе глагола следующих окончаний:

partire — *уезжать*	**sentire** — *слышать*
(io) pàrt**o** — я *уезжаю;*	sènt**o** — *я слышу;*
(tu) pàrt**i** — *ты уезжаешь;*	sènt**i** — *ты слышишь;*

(lui, lei, Lei) pàr**te** — *он, она (Вы) уезжает(-те);*
(noi) part**iàmo** — *мы уезжаем;*
(voi) part**ìte** — *вы уезжаете;*
(loro) pàr**tono** — *они уезжают;*

sèn**te** — *он, она (Вы) слышит(-те);*
sent**iàmo** — *мы слышим;*
sent**ìte** — *вы слышите;*
sèn**tono** — *они слышат.*

Запомните, что глагол **partire** требует предлога **per: partire per Roma (per Mosca, per l'Italia, per la Francia)** — ***уезжать в Рим (Москву, Италию, во Францию).***

Ряд глаголов III спряжения в настоящем времени приобретает суффикс ***-isc-***, предшествующий типовому окончанию, за исключением форм 1-го и 2-го л. множественного числа.

preferire — *предпочитать*

(io) prefe**rìsco** — *я предпочитаю;*
(tu) prefe**rìsci** — *ты предпочитаешь;*
(lui, lei, Lei) prefe**rìsce** — *он, она (Вы) предпочитает(-те);*
(noi) prefer**iàmo** — *мы предпочитаем;*
(voi) prefe**rìte** — *вы предпочитаете;*
(loro) prefe**rìscono** — *они предпочитают;*

capire — *понимать*

cap**ìsco** — *я понимаю;*
cap**ìsci** — *ты понимаешь;*
cap**ìsce** — *он, она (Вы) понимает(-те);*
cap**iàmo** — *мы понимаем;*
cap**ìte** — *вы понимаете;*
cap**ìscono** — *они понимают.*

Так же спрягаются следующие глаголы: **finire** — *заканчивать, заканчиваться;* **proibire** — *запрещать;* **tradire** — *предавать* и др.

Запомните, что ряд итальянских глаголов может выступать как в значении переходного глагола, так и непереходного. Сравните:

La leziónе finìsce. — *Урок заканчивается.*
Io finìsco la leziónе. — *Я заканчиваю урок.*
Lo spettácolo comìncia. — *Спектакль начинается.*
Loro comìnciano lo spettácolo. — *Они начинают спектакль.*

Глаголы I спряжения на *-care*, *-gare*

Глаголы, оканчивающиеся на ***-care***, ***-gare*** сохраняют во всех лицах заднеязычный согласный **c** [к], **g** [г], что графически перед гласными **e**, **i** изображается с помощью немой буквы **h** по общему правилу:

cercare — *искать*	**spiegare** — *объяснять*
(io) cèrco — *я ищу;*	spiègo — *объясняю;*
(tu) cèr**ch**i — *ты ищешь;*	spiè**gh**i — *ты объясняешь;*
(lui, lei, Lei) cèrca — *он, она (Вы) ищет(-те);*	spièga — *он, она (Вы) объясняет(-те);*
(noi) cer**ch**iàmo — *мы ищем;*	spie**gh**iàmo — *мы объясняем;*
(voi) cercàte — *вы ищете;*	spiegàte — *вы объясняете;*
(loro) cèrcano — *они ищут;*	spiègano — *они объясняют.*

Настоящее время неправильного глагола *stare*

(io) **sto (bene, male)** — *я чувствую себя (хорошо, плохо)*	(noi) **stiamo** — *мы чувствуем себя...*
(tu) **stai** — *ты чувствуешь себя...*	(voi) **state** — *вы чувствуете себя...*
(lui, lei, Lei) **sta** — *он, она (Вы) чувствует(-те) себя...*	(loro) **stanno** — *они чувствуют себя...*

Глагол ***stare*** имеет и другие значения: **star bene** (male) — *жить хорошо (плохо);* **stare a Mosca** — *жить в Москве.*

Абсолютная превосходная степень наречий

Наречия образуют абсолютную превосходную степень с помощью суффикса ***-issimo*:** molto (molt**issimo**) — *много (очень много),* poco (pochi**ssimo**) — *мало (очень мало).*

Превосходная степень может быть образована и с помощью наречия **molto** — *очень,* **molto bene (male)** — *очень хорошо (плохо).*

Особые случаи образования множественного числа имен существительных

При образовании множественного числа существительных необходимо учитывать не только род, окончание имени существительного, но и ряд других факторов: ударность/безударность конечного гласного, предшествующие ему гласные и согласные (см. таблицу).

Окончания		Примеры	Исключения
ед.ч	мн.ч		
Мужской род			
-co (в основном слова с ударением на предпоследнем слоге)	**-chi**	pár**co** — pár**chi** fuó**co** — fuó**chi** cuó**co** — cuó**chi**	(исключения многочисленны) amì**co** — amì**ci**, pór**co** — pór**ci**, nemì**co** — nemì**ci**, gré**co** — gré**ci**
-co (слова с третьим ударным слогом от конца)	**-ci**	médi**co** — médi**ci** sìnda**co** — sìnda**ci** móna**co** — móna**ci**	cári**co** — cári**chi**, váli**co** — váli**chi**
-go (большинство слов)	**-ghi**	diálo**go** — diálo**ghi** má**go** — má**ghi** á**go** — á**ghi**	chirúr**go** — chirúr**gi** **(ghi)**
Женский род			
согл. + { **-cia**, **-gia** (i безударн.)	**-ce**, **-ge**	dóc**cia** — dóc**ce** róc**cia** — róc**ce** frán**gia** — frán**ge**	
-glia	**-glie**	fi**glia** — fi**glie** famì**glia** — famì**glie**	

Место прилагательных в предложении

В отличие от русского языка, итальянские прилагательные обычно следуют за существительным, которое определяют, однако в ряде случаев могут и предшествовать ему.

Положение прилагательных в большей степени определяется их значением, коммуникативной направленностью, наличием относящихся к ним наречий и некоторыми другими причинами.

Прилагательное в постпозиции

Прилагательное в постпозиции (после существительного) в большинстве случаев имеет «ограничительный» характер, то есть сужает, конкретизирует понятие (лицо, предмет), обозначаемое существительным:

la musica leggera — *лёгкая музыка,* **un libro storico** — *историческая книга,* **una fabbrica automobilistica** — *автомобильный завод,* **un anno scolastico** — *учебный год.*

Для такого рода прилагательных положение в постпозиции является единственно возможным.

Как правило, после существительных располагаются:

1. Прилагательные, обозначающие национальность, происхождение (по названию города, деревни, слоя населения и т.п.):

lingua italiana — *итальянский язык,* **canzone russa** — *русская песня,* **maschera veneziana** — *венецианская маска,* **una piazza parigina** — *парижская площадь,* **una città toscana** — *тосканский город,* **una casa contadina** — *крестьянский дом.*

2. Прилагательные, обозначающие цвет (в первичном значении), иногда форму: un vestito **bianco** — *белое платье,* i garofani **rossi** — *красные гвоздики,* una tavola **rotonda** — *круглый стол,* gli occhi **neri** — *чёрные глаза, очи чёрные.*

Примечание: Прилагательное, обозначающее цвет, располагаясь перед существительным, теряет свое «ограничительное», чисто цветовое значение:

а) превращается в «эпитет-украшение»: la **rossa** primavera — *красная весна,* la **bianca** neve — *белый снег;*

б) получает переносное значение: una **nera** invidia — *черная зависть.* **Исключения:** una notte **bianca** — *бессонная ночь, белая ночь* (напр., в Санкт-Петербурге).

3. Прилагательные-дериваты, образованные от других слов (в основном от существительных): la casa **paterna** — *отчий дом,* una stazione **ferroviaria** — *железнодорожный вокзал,* un diritto **costituzionale** — *конституционное право,* una gara **sportiva** — *спортивное соревнование.*

4. Прилагательные пространственной ориентации: la mano **destra (sinistra)** — *правая (левая) рука,* piani **superiori (inferiori)** — *верхние (нижние) этажи.*

5. Сложные прилагательные (включая прилагательные с многосложными префиксами: **sopra-, filo-, contr-, semi-** и т.п.): un accordo **italo-russo** — *российско-итальянский договор,* una forza **soprannaturale** — *сверхъестественная сила,* un circolo **filodrammatico** — *драматический кружок* и др.

6. Прилагательные с определяющими их наречиями: **una donna molto simpatica** — *очень приятная женщина.* **È un bambino troppo intelligente.** — *Это слишком умный ребенок.*

Прилагательное перед существительным

Прилагательное перед существительным имеет скорее риторическое, а не выделительное значение, является своего рода эпитетом; порой приобретает и переносные значения.

Перед существительными обычно располагаются:

Прилагательные наиболее общего значения, в основном немногосложные, не более двух-трех слогов (**bello** — *красивый,* **brutto** — *некрасивый,* **grande** — *большой,* **piccolo** — *маленький,* **buono** — *хороший, добрый,* **cattivo** — *плохой, злой,* **lungo** — *длинный,* **largo** — *широкий* и др.): **una bella città** — *красивый город,* **una piccola piazza** — *маленькая площадь,* **una cattiva persona** — *злой человек.*

Однако это правило не абсолютно. Положение указанных прилагательных может зависеть от наличия других прилагательных при одном существительном:

una donna giovane e bella — *молодая и красивая женщина;*
una giornata cattiva e piovosa — *плохой и дождливый день.*

Прилагательные, соединенные союзом ***e***, обычно располагаются в *постпозиции*.

Ряд прилагательных, в зависимости от положения относительно существительного, изменяет свое лексическое значение. В постпозиции (в соответствии с общими правилами) они употребляются в основном значении. В препозиции они приобретают переносное, либо эмоционально-оценочное значение. К таким прилагательным относятся: **povero, grande, vecchio, giovane, nuovo, certo, semplice** и ряд других. Сравните следующие примеры:

un padre buono — *добрый отец;*
un buon padre — *хороший отец;*
un uomo povero — *бедняк, бедный человек;*
un pover'uomo — *бедняга;*
un uomo grande — *высокий человек;*
un grande uomo — *великий человек;*
un vestito nuovo — *новое платье;*
un nuovo vestito — *другое платье;*
una notizia certa — *достоверное сообщение;*
una certa notizia — *какое-то сообщение.*

ГРАММАТИЧЕСКИЕ И ЛЕКСИКО-ГРАММАТИЧЕСКИЕ УПРАЖНЕНИЯ

1. Проспрягайте в настоящем времени глаголы:

sentire, aprire, offrire, partire, dormire

2. Вместо точек вставьте соответствующую форму глаголов:

а) partire:

1. Io ... oggi. 2. Noi ... in macchina. 3. Lei ... con Aldo. 4. Loro ... subito. 5. Lei ... per Venezia. 6. Voi ... con il treno. 7. Noi ... con Maria e Gino. 8. Tu ... per l'Italia.

б) offrire:

1. Lui mi ... il caffè. 2. Voi ci ... cioccolatini. 3. Mario mi ... un tè. 4. Loro ti ... biscotti. 5. Arlecchino ... a Colombina un fiore. 6. Gino, tu, che cosa ci ... ? 7. Signori! Vi ... questi libri. 8. Piero le ... un caffè. 9. Noi gli ... una pizza.

в) sentire, aprire, dormire:

1. Pronto! Io non ti ... 2. Mario non ... la musica. 3. Noi ... a casa. 4. Arlecchino ... il bigliettino. 5. Loro ... la casa. 6. Io non dormo. E tu ... ? 7. Pronto! Io ti sento male. E tu? Mi ... bene? 8. Pantalone ... la porta.

3. Проспрягайте в настоящем времени: *preferire*, *capire*, *finire*, *guarire* (все глаголы на *-isc*).

4. Поставьте во множественное число, следуя образцам:

Io finisco la lezione. — Noi finiamo la lezione.

Io finisco di giocare.
Io finisco di scrivere.
Io finisco di ridere.

Tu finisci di leggere. — Voi finite di leggere.

Tu finisci di telefonare.
Tu finisci il libro.
Tu finisci il lavoro.

Lui finisce il lavoro. — Loro finiscono il lavoro.

Lei finisce il libro.
Lui finisce l'università.
Lei finisce di lavorare.

5. Ответьте на вопросы, следуя образцу:

Io preferisco il calcio. E tu? — Anch'io preferisco il calcio.

Io preferisco il nuoto. E tu?
Io preferisco il tennis. E tu?
Io preferisco le bocce. E tu?

6. Ответьте на вопросы, следуя образцу:

Lui preferisce il calcio. E tu? (il nuoto) — E io preferisco il nuoto.

Lui preferisce le bocce. E tu? (il tennis)
Lei preferisce il tennis. E tu? (il calcio)
Lei preferisce il nuoto. E tu? (le bocce)

7. Поставьте глагол *finire — заканчивать, -ся* в соответствующее число и лицо.

1. Lo spettacolo ... 2. Io ... di leggere. 3. Noi ... di scrivere. 4. Tu ... il lavoro. 5. Voi ... di giocare. 6. Lei ... all'una. 7. Loro ... subito. 8. La lezione ... 9. Io ... la lezione.

8. Ответьте на вопросы, следуя образцу:

Che cosa apri? (un libro) — Apro un libro.

Da dove arrivi? (da Roma)
Per dove parti? (per Venezia)
Che cosa senti? (una canzone)

Che cosa preferisci? (il calcio)
Quando finisci? (oggi)
Quando guarisci? (presto)
Dove preferisci restare? (a casa)

9. Поставьте во множественное число, следуя образцу:

Marco guarisce.—Marco e Carlo guariscono.

Marco parte da Bologna per Firenze.
Marco finisce di giocare a calcio.
Marco preferisce lo sport.
Marco apre un libro.
Marco sente una canzone.
Marco capisce il russo.
Marco arriva a Roma da Venezia.

10. Ответьте на вопросы, следуя образцу:

Partite per Roma? (Milano) — No, non partiamo per Roma, ma per Milano.

Arrivate da Firenze? (Venezia)
Preferite lo sport? (il cinema)
Capite l'italiano (il russo)
Finite subito? (oggi)

11. Проспрягайте в настоящем времени глаголы на *-care*, *-gare*:
praticare, giocare, spiegare

12. Вместо точек вставьте соответствующую форму одного из глаголов на *-care*,*-gare* — *praticare*, *giocare*, *spiegare*:

1. Io ... tennis. 2. Tu, Gino, che sport ...? 3. Mario non ... lo sport. 4. Voi, signori, ... a tennis? 5. Signora, Lei ... lo sport? 6. Roberto ... a calcio. 7. Marina ... a ping-pong. 8. Che cosa ... (tu) a Mario? 9. La maestra ... questo esercizio.

13. Ответьте на вопросы, следуя образцу:

Io pratico lo sport. E voi, signori? — Anche noi pratichiamo lo sport.

Io pratico la pallavolo. E voi, signorine?
Tu pratichi l'atletica leggera. E loro?
Lei pratica il nuoto. E voi, signori?
Io gioco a tennis. E voi, ragazzi?
Tu giochi a calcio. E loro?
Lui gioca a basket. E voi, signori?

14*. Ответьте на вопросы, поставьте глагол *stare* в соответствующее лицо и число:

1. Come stai?— ... bene. 2. Come state? ... malissimo. 3. Come sta, professore? — Grazie, ... benissimo. 4. Come sta la signora Rossi? — ... bene. 5. Come stanno, signori? — Grazie, ... benissimo. 6. Come stanno le signore? — ... male.

15. Ответьте на вопросы, следуя образцу:

Cosa praticate? (lo sport) — Pratichiamo lo sport.

Chi chiamate? (un medico)
A che cosa giocate? (a calcio)
Come state? (malissimo)
Che cosa avete? (la febbre)

16. Поставьте во множественное число, следуя образцам:

Sto bene, pratico lo sport, gioco a tennis. — Stiamo bene, pratichiamo lo sport, giochiamo a tennis.

Sto male, ho la febbre, sono malato.
Prendo il ricevitore, faccio il numero del medico e lo chiamo.
Non resto a casa, viaggio molto, preferisco partire in macchina.

Stai malissimo, hai mal di testa, sei malata. — State malissimo, avete mal di testa, siete malate.

Prendi il ricevitore, fai il numero del medico e lo chiami.
Guarisci, pratichi lo sport e giochi a tennis.
Resti a casa, non viaggi e preferisci il cinema.

17. Переведите предложения из упр. 15 на русский язык. Затем переведите полученные предложения на итальянский язык. Сравните оба варианта.

18. Образуйте множественное число от существительных, имеющих особые окончания в ед. числе, обратите внимание на особенности этих окончаний:

ед.ч.	**мн.ч.**	
-co	**-chi:**	fuoco — *огонь,* parco — *парк,* cuoco — *повар* fico — *инжир,* franco — *франк,* banco — *лавка, прилавок;*
-co	**-ci:**	amico — *друг,* nemico — *враг,* greco — *грек,* sindaco — *мэр;*
-go	**-ghi:**	ago — *иголка,* lago — *озеро,* borgo — *посёлок;*
-ologo	**-ologi:**	geologo — *геолог,* astrologo — *астролог,* filologo — *филолог,* zoologo — *зоолог;*
-ìo	**-ìi:**	zio — *дядя,* pendio — *склон,* mormorio — *шепот;*
-io	**-i:**	stadio— *стадион,* studio — *учёба,* augurio — *пожелание;*
-glio	**-gli:**	figlio — *сын,* foglio — *лист бумаги;*
-ta	**-ti:**	poeta — *поэт,* pianeta — *планета;*
-ma	**-mi:**	telegramma, diagramma, fonogramma;
-ca	**-che:**	amica — *подруга,* oca — *гусь,* banca — *банк;*
-ga	**-ghe:**	riga — *строчка, линейка,* maga — *волшебница;*
-scia	**-sce:**	ascia — *топор,* coscia — *бедро;*
-cìa	**-cìe:**	farmacia — *аптека;*
-gìa	**-gìe:**	bugia — *ложь,* terminologia — *терминология;*
-cia	**-cie (ce):**	camicia — *рубашка;*
-gia	**-gie (ge):**	valigia — *чемодан;*
согл. + -cia	**-ce:**	doccia — *душ,* roccia — *скала,* provincia — *провинция,* lancia — *копьё,* mancia — *чаевые;*
согл. + -gia	**-ge:**	frangia — *чёлка;*
-glia	**-glie:**	famiglia — *семья,* figlia — *дочь;*
-sta	**-ste:**	pianista — *пианистка,* stilista — *модельерша.*

19. Поставьте наречия в превосходную степень, следуя образцу:

La lezione comincia **presto.** — La lezione comincia **prestissimo.**

Lo spettacolo finisce **tardi.** Lei viaggia **poco.** Il nuoto gli piace **molto.** Loro stanno **bene.** Il malato sta **male.** Lui va **lontano.** Loro vanno **piano.**

20. Подберите недостающие прилагательные, обратите внимание на порядок слов:

sano, leggera, russa, inglese, americani, italiane, veneziano, bolognese

1. Gli piace la musica ... 2. Lei canta le canzoni ... 3. Loro vedono un film ... 4. Sono ragazzi ... 5. È un commerciante ... 6. È un medico ... 7. Come è bello il corpo ... 8. Loro preferiscono l'atletica ...

21. Переведите предложения на русский язык.

ОБЗОРНЫЕ УПРАЖНЕНИЯ

22. Вставьте недостающие глаголы:

1. Come ... Pantalone? 2. Pantalone ... la febbre. 3. E la signora? Che cosa ...? 4. Dove ... sua moglie? 5. Arlecchino ... al Dottore. 6. Il calcio mi ... 7. Ma io ... vecchio! 8. Io ... le bocce. 9. La lezione ...

23. Вставьте недостающие артикли:

а) 1. Ma ... signor Pantalone sta male. 2. Arlecchino prende ... ricevitore e fa ... numero del Dottore. 3. Lei sta male perché non pratica ... sport.

б) 1. Ma perché non chiama ... medico? 2. È ... idea! 3. È ... commerciante.

24. Вставьте недостающие предлоги:

1. Ha mal ... testa, ... gola, ... denti. 2. Che numero ... telefono ha il Dottore? 3. Il Dottore parte ... Bologna ... Venezia. 4. Parte ... macchina. 5. Arlecchino e Pantalone corrono ... lo stadio e giocano ... calcio. 6. Mente sana ... corpo sano.

25. Составьте предложения:

1. numero, il Dottore, di telefono, ha, che?

2. lo sport, male, Lei, non, sta, pratica, perché.

3. piace, mi, ma, il calcio, sono, io, vecchio!
4. sana, corpo, sano, mente, in!
5. il ricevitore, prende, Arlecchino, fa, in numero, e, del Dottore.
6. la febbre, ha, mal di testa, ha.

26. Продолжите предложения:

Sto male perché ...
Sta bene perché ...
Chiama il medico perché ...
Preferisce lo sport perché ...
Il calcio mi piace ma ...

27*. Переведите на итальянский язык, обратите особое внимание:

а*) на употребление глаголов III спряжения:

1. Я заканчиваю занятия в час. А он? — А он заканчивает занятия в три часа. 2. Я предпочитаю путешествовать. А он? — А он предпочитает заниматься спортом. 3. Я выздоравливаю и иду на стадион. А он? — А он выздоравливает и идет в кино. 4. Я угощаю подругу пирожными. А она? — А она угощает свою подругу шоколадными конфетами. 5. Я уезжаю немедленно. А он? — И он скоро уезжает. 6. Ты понимаешь по-русски. А он? — А он не понимает по-русски.

б*) на употребление глаголов I спряжения на *-care*,*-gare*:

1. Я играю в теннис, а он? — А он играет в футбол. — Ты тоже играешь в футбол? — Нет, я не играю в футбол. Мне нравится плавание.

2. Я прошу вызвать мне врача. — Почему? — Потому что у меня температура. — Альдо тоже просит вызвать врача? — Нет, он здоров и занимается спортом. — А ты, Борис? Ты тоже занимаешься спортом? — Нет, мне не нравится спорт. Мы с Карло смотрим видео и просим не звонить нам.

в*) на употребление превосходной степени наречий:

1. Ему очень нравится футбол. 2. Она очень много путешествует. 3. Она очень мало смеется. 4. Спектакль заканчивается очень поздно. 5. Занятие начинается очень рано. 6. Мы отлично себя чувствуем. 7. Они чувствуют себя очень плохо. 8. Они входят очень тихо.

УПРАЖНЕНИЯ ПО СОДЕРЖАНИЮ ТЕКСТА

1. Прочитайте и переведите текст.

2. Выучите новые слова и выражения.

3. Найдите в тексте ответы на вопросы:

1. Come sta il signer Pantalone? 2. Che cosa ha? 3. C'è sua figlia? 4. Che cosa dice Arlecchino al Dottore? 5. Che cosa gli risponde il Dottore? 6. Il Dottore parte col treno o in macchina? 7. Il nuoto piace a Pantalone? 8. Cosa preferisce Arlecchino? 9. A Pantalone piace il calcio? 10. A che cosa giocano Arlecchino e Pantalone? 11. Chi arriva? 12. Pantalone guarisce?

4*. Задайте вопросы к выделенным курсивом членам предложения, следуя образцу:

Pantalone *sta malissimo.* — Come sta Pantalone?

1. Ha *mal di gola, di testa, di denti.* 2. *Pantalone* è malato. 3. Arlecchino telefona *al Dottore.* 4. Il Dottore *è medico.* 5. Parte *da Bologna per Venezia.* 6. Pantalone sta male *perché non pratica lo sport.* 7. Arlecchino preferisce *il calcio.* 8. A *Pantalone* piace il calcio. 9. *Arlecchino e Pantalone* giocano a calcio. 10. Lo sport *è salute.*

5. В соответствии с содержанием текста соедините левую и правую части:

Ma perché non chiama un medico?	Che peccato, che peccato!
State bene?	Il nuoto, l'atletica leggera, il calcio.
Lei non è vecchio!	Lo sport è salute.
Pantalone è malato!	È un'idea!
Lo sport non è aspirina.	Andiamo a giocare a calcio!
Che sport?	Benissimo!

6. Правильно опишите ситуацию, следуя образцу:

Pantalone sta bene. — No, non è vero. Pantalone non sta bene! Pantalone sta male.

Arlecchino ha la febbre.

Il Dottore arriva a Bologna da Venezia.

Pantalone gioca a tennis.
Arlecchino preferisce il nuoto.
Lo sport è aspirina.

7*. Ответьте на вопросы; переведите вопросы на русский язык, а ответы на итальянский:

1. Come sta Pantalone? — Он чувствует себя очень плохо, он болен.
2. Che cosa ha? — У него температура, головная боль, у него болят горло и зубы.
3. Dov'è sua moglie? — Как жаль! Ее нет дома.
4. A chi telefona Arlecchino a Bologna? — Он звонит Доктору, лечащему врачу, и Доктор немедленно выезжает на машине в Венецию.
5. Perché Pantalone sta male? — Панталоне плохо себя чувствует не потому, что он много разъезжает, а потому что он не занимается спортом.
6. Che sport piace ad Arlecchino? — Он предпочитает футбол.
7. Il nuoto piace a Pantalone? — И да, и нет.
8. E quale sport piace a Pantalone? — Ему нравится футбол, но он говорит: «Я старый».
9. Che cosa gli risponde Arlecchino? — Он отвечает: «Вы не старый. Пойдем поиграем в футбол».
10. Perché Pantalone sta bene? — Он чувствует себя хорошо, потому что играет в футбол.
11. Perché Pantalone guarisce? — Он выздоравливает, потому что занимается спортом. В здоровом теле — здоровый дух!
12. Che cosa è lo sport? — Спорт — это здоровье! Да здравствует спорт! Да здравствует здоровье!

8. Перескажите текст: а) кратко; б) подробно.

9. Ответьте на вопросы:

1. Come sta? 2. Pratica lo sport? 3. Quale sport preferisce? 4. Cosa fa se ha mal di denti? 5. E se ha mal di testa? 6. Che cosa è lo sport?

10*. Переведите на итальянский язык:

1. Чтобы хорошо себя чувствовать, надо заниматься спортом: плавать, играть в футбол, в теннис. 2. Я предпочитаю плавание. А ты, Павел? — Я тоже предпочитаю плавать. — А ты, Петр? — А мне нравится легкая атлетика. 3. Ваш друг плохо себя чувствует.

Почему вы не вызовете врача? — Марио снимает трубку и набирает номер врача: «Алло! Здравствуйте, доктор! Я Марио Росси. Моему другу очень плохо». — Врач: «Что с ним?» — Марио: «У него жар, болит голова, горло.» — Врач: «Я сейчас выезжаю». — Марио: «Спасибо доктор!»

11. Пользуясь словарем учебника, переведите на русский язык следующие записочки из конфет «Бачи Перуджина».

1. Non c'è deserto peggiore che una vita senza amici: l'amicizia moltiplica i beni e ripartisce i mali. (*Baltazar*)
2. Nella vita l'amico è come l'acqua nel deserto. (*B. Russel*)
3. Non cercate un amico perfetto, cercate un amico. (*Anonimo*)
4. A provocare un sorriso è quasi sempre un altro sorriso. (*Anonimo*)
5. Amare se stessi è l'inizio di un idillio che dura una vita. (*O. Wilde*)

12. Следуя образцу, образуйте итальянские слова из букв существительного *guarigione* (*выздоровление*). Пользуясь словарем, переведите на русский язык слова приводимого образца.

guarire (*выздоравливать)* — gara, riga, rara, ruga, ragù, gru, giurare, giuria...

RISATE A DENTI STRETTI — СМЕХ СКВОЗЬ СЛЕЗЫ

Прочитайте и переведите на русский язык анекдот:

In biblioteca

— Preferisco un libro serio... un libro storico.
— Ecco, signore. Prego! «Gli ultimi giorni di Pompei».
— Di che malattia è morto?
— Di un'eruzione, signore...

serio *agg* серьёзный
storico *agg* исторический
ultimo *agg* последний
malattia *f* болезнь
Di che malattia? От какой болезни?
morire *vi* умирать
è morto умер
eruzione *f* извержение

Шестой урок **Lezione sesta**

IL CARNEVALE DI VENEZIA – ВЕНЕЦИАНСКИЙ КАРНАВАЛ

Signori! Oggi è il Carnevale! Il Carnevale di Venezia!

Pantalone e sua moglie escono di casa. Sono vestiti a festa. Oggi è una grande festa! Il signor Pantalone e sua moglie incontrano il Dottore e suo figlio. Il Dottore presenta suo figlio. Il figlio del Dottore si chiama Alfredo. È studente. Pantalone presenta ad Alfredo sua moglie. La moglie di Pantalone si chiama Maria.

Dottore: Signori! Vi presento mio figlio Alfredo! È studente.

Pantalone, Maria: Piacere, Alfredo!

Pantalone: Alfredo! Le presento mia moglie Maria!

Alfredo: Piacere, signora! Molto piacere!

Dottore: Signora! Come sta?

Maria: Grazie, Dottore! Non c'è male. E Lei?

Dottore: Oh! Grazie! Sto benissimo!... Pantalone! Come stai?

Maria: Mio marito sta benissimo!

Dottore: Pratica lo sport?

Maria: Mio marito? ... Pratica lo sport?

Pantalone: Dottore! E tuo figlio pratica lo sport?

Dottore: Mio figlio... mio figlio... E vostra figlia? Rosetta dov'è?

Maria: Nostra figlia Rosetta è in piazza San Marco!

Dottore: Allora, andiamo in piazza San Marco!

Tutti: Andiamo! Andiamo in piazza San Marco!

Pantalone, Maria, il Dottore e Alfredo vanno in piazza San Marco.

La figlia di Pantalone Rosetta corre verso piazza San Marco. Ecco un bello ed elegante signore. Lo sconosciuto domanda a Rosetta:

Scusi, signorina! Lei è di Venezia?

Rosetta: Sì! Sono di Venezia!

Lo sconosciuto: Signorina! Lei, come si chiama?

Rosetta: Mi chiamo... mi chiamo Colombina!

Lo sconosciuto: Piacere, signorina Colombina! Che bei nome! Colombina!

Rosetta scappa. C'è molta gente. Lo sconosciuto cerca la ragazza tra la folla.

Piazza San Marco. San Marco è la piazza centrale della città. È molto grande e bella. Pantalone, Maria, il Dottore e Alfredo sono in piazza San Marco. Oh! Che bella sorpresa! Ci sono anche il fratello di Pantalone e la sorella di Maria! Sono marito e moglie: il fratello di Pantalone è il marito della sorella di Maria. La sorella di Maria è la cognata di Pantalone. Il fratello di Pantalone è il cognato di Maria. Sono gli zii di Rosetta. Pantalone presenta i suoi parenti al Dottore e ad Alfredo. Gli zii domandano dove è la loro nipote Rosetta.

Ecco Rosetta. Rosetta saluta i genitori e gli zii. Il Dottore presenta suo figlio a Rosetta. Rosetta piace al figlio del Dottore. Ma chi arriva? Oh! Arriva lo sconosciuto! Lo sconosciuto chiama Rosetta Colombina. Colombina ride.

Pantalone: Signore! Non è Colombina! È Rosetta! È mia figlia. Sono suo padre!

Lo sconosciuto: Ma noo! È Colombina!

Maria: No, signore! Si chiama Rosetta! È mia figlia! Sono sua madre!

Lo sconosciuto: No! È Colombina!... Signorina! Lei è Colombina? (Rosetta ride.)

La zia: Ma è Rosetta! Sono sua zia!

Lo zio: Sono suo zio! Si chiama Rosetta!

Lo sconosciuto: Benissimo!... Signori! Io chiedo la mano di Rosetta!

Tutti: Chiede la mano di Rosetta!!!

Alfredo (piano)*:* Papà! Mi piace la figlia di Pantalone. Che cosa facciamo?

Dottore: Ho un'idea!

Dottore: Signori! Rosetta ha un fidanzato!

Tutti: Rosetta ha un fidanzato! Ma chi è? Chi è???

Dottore: Il fidanzato di Rosetta è mio figlio!

Con le parole: «Ah! Il fidanzato!...» lo sconosciuto tira fuori la sciabola. Che orrore! Alfredo ha paura.

Pantalone: Signori! Il Carnevale! Oggi è il Carnevale! Lo sconosciuto rimette la sciabola: pazienza! Il Carnevale...

Lo sconosciuto: Allora, signori! Sì? o No?

Pantalone: Scusi! Ma, Lei, chi è?

Dottore: È un Casanova!

Lo sconosciuto: Non sono un Casanova! Casanova è di Venezia ed io sono di Firenze! Sono figlio di un banchiere fiorentino!

Tutti: Figlio di un banchiere fiorentino!!!

Lo sconosciuto (il fiorentino): Signorina! Rosetta! Sì? o No?

Rosetta: Sì?... o No?... Ma non c'è fretta! Chi va piano va sano e va lontano!

Lo sconosciuto: Pazienza...

VOCABOLARIO — СЛОВАРЬ

Carneνále *m* карнавал
essere vestìto быть одетым
a fèsta по-праздничному
fèsta *f* праздник
festeggiáre *vt* праздновать
incontráre *vt* встречать
incontro *m* встреча
presentáre *vt* представлять, знакомить
figlio *m* сын
studénte *m* студент
marìto *m* муж
sconosciúto *m* незнакомец
domandáre *vt* спрашивать
scusáre *vt* прощать, извинять
scappáre *vi* исчезать
cercáre *vt* искать
ragázza *f* девушка
ragázzo *m* юноша
fratéllo *m* брат
sorélla *f* сестра
cognáto *m* деверь, шурин
cognáta *f* золовка, свояченица
zìo *m* дядя
zìa *f* тетя
parénte *m, f* родственник, -ца
nipóte *m, f* племянник, -ца; внук, внучка
cugìno *m* двоюродный брат, кузен
cugìna *f* двоюродная сестра, кузина
genitóri *m pl* родители
pádre *m* отец
papà *m* папа
mádre *f* мать
mámma *f* мама
chiédere la máno di *qd* просить чьей-либо руки
fidanzáto *m* жених
fidanzáta *f* невеста
sciábola *f* сабля
tiráre *vt* вытаскивать
Che orróre! Какой ужас!
riméttere *vt* положить на место
banchiére *m* банкир
fiorentìno *agg m* флорентийский, флорентиец
avér frétta спешить
Non c'è fretta. Не к спеху, успеется.

ПОЯСНЕНИЯ К ТЕКСТУ

1. **Domandare** *qc* **a** *qd* — *спрашивать что-то у кого-то:* lo sconosciuto **domanda a** Rosetta il suo nome. — *Незнакомец спрашивает у Розетты ее имя.*

Chiedere *qc* **a** *qd* — *спрашивать что-то у кого-то, просить что-то у кого-то:* Lo sconosciuto **chiede** la mano di Rosetta **ai** suoi genitori. — *Незнакомец просит руки Розетты у ее родителей.*

2. По сравнению с русским языком итальянские существительные, обозначающие степень родства, обладают более широкой семантикой. Так, **nipote** *m, f* означает *племянник, -ца; внук, внучка;* **cognato** *m — зять; деверь;* **cognata** *f — золовка; свояченица;* **zii** *m pl — дяди; дяди и тети;* **figli** *m pl — дети, сыновья.*

3. Имена литературных героев, исторических персонажей становятся именами нарицательными, если они сопровождаются неопределенным артиклем: Casanova — un Casanova, Dongiovanni — un Dongiovanni.

4. Во время карнавала прекращались все распри и междоусобицы.

ГРАММАТИКА

Определенный артикль множественного числа

Формы определенного артикля множественного числа (как и формы единственного числа) зависят от начальной гласной или согласной слова (см. таблицу).

Артикль		Начальные буквы слова	Примеры	
ед.ч.	мн.ч.		ед.ч.	мн.ч.
Мужской род				
l'	**gli**	перед гласной	l'amico	gli amici
lo	**gli**	а) перед **s + согласная**, включая **sce-, sci-**	l'attore lo studente lo spettacolo lo slavo	gli attori gli studenti gli spettacoli gli slavi

Артикль		Начальные буквы слова	Примеры	
ед.ч.	мн.ч.		ед.ч.	мн.ч.
		б) перед **z-** в) перед **gn-, ps-, x-, j-** (таких слов немного)	lo scambio lo sciopero lo scenario lo zio lo psichiatra lo jugoslavo lo gnomo lo xilofono	gli scambi gli scioperi gli scenari gli zii gli psichiatri gli jugoslavi gli gnomi gli xilofoni
il	**i**	перед согласной, кроме требующих артикля **lo**	il libro il ponte il telefono il biscotto il cioccolatino	i libri i ponti i telefoni i biscotti i cioccolatini
Женский род				
la	**le**	перед любой согласной	la pasta la madre	le paste le madri
l'	**le**	перед гласной	l'amica l'attrice	le amiche le attrici

Иностранные слова в отношении выбора формы артикля в основном подчиняются общим правилам: lo sport — gli sport; i blue jeans, i toast.

Однако для некоторых иностранных слов, сохранивших графическое написание, возможны варианты: il (l') weekend — i (gli) weekend.

Если существительное отделено от артикля другими словами (препозитивными определениями, наречиями: **più, meno** и т.д.), то выбор формы родового артикля диктуется начальными звуками слова, непосредственно следующего за артиклем. Сравните:

м.р.: lo studente — l'ultimo studente — il più bravo studente — lo strano studente; gli studenti — i più bravi studenti и т.д.

ж.р.: l'edizione — la nuova edizione (le nuove edizioni) — l'ultima edizione (le ultime edizioni)

Если имя существительное начинается с гласной **i**, то элизия артикля **gli** возможна, но не обязательна: gli (gl') italiani, gli (gl') interni. В последнее время наблюдается тенденция к сохранению гласной.

Элизия артикля женского рода множественного числа **le** перед начальной гласной **e** в современном итальянском языке не рекомендуется: le edizioni, le esposizioni.

Притяжательные прилагательные

Притяжательные прилагательные соответствуют русским притяжательным местоимениям.

Единственное число

il mio — *мой* **il tuo** — *твой* **il suo (Suo)** – *его, ее (Ваш)*	**amico** — *друг*	**la mia** — *моя* **la tua** — *твоя* **la sua (Sua)** — *его, ее (Ваша)*	**amica** — *подруга*
il nostro — *наш* **il vostro** — *ваш* **il loro (Loro)** — *их (Ваш)*	**amico** — *друг*	**la nostra** — *наша* **la vostra** — *ваша* **la loro (Loro)** — *их (Ваша)*	**amica** — *подруга*

Множественное число

i miei — *мои* **i tuoi** — *твои* **i suoi (Suoi)** – *его, ее (Ваши)*	**amici** — *друзья*	**i nostri** — *наши* **i vostri** — *ваши* **i loro (Loro)** — *их (Ваши)*	**amici** — *друзья*
le mie —*мои* **le tue** — *твои* **le sue (Sue)** — *его, ее (Ваши)*	**amiche** — *подруги*	**le nostre** — *наши* **le vostre** — *ваши* **le loro (Loro)** — *их (Ваши)*	**amiche** — *подруги*

Итальянские притяжательные прилагательные согласуются с существительным в роде и числе. Поскольку род многих имен существительных в итальянском и русском языках не совпадает, может не совпадать и род употребленных с ними притяжательных прилагательных. Сравните: la **mia** casa — *мой дом,* il **mio** libro — *моя книга.*

Исключение представляет неизменяемое по родам и числам прилагательное **loro** — *их.*

При необходимости уточнения объекта обладания в 3-м л. ед. числа прилагательное **suo** можно заменить на прилагательное **proprio** — *собственный.* Например: Mario ha preso il suo (*его? ее? вашу?*) libro. Mario ha preso il proprio libro. — *Марио взял собственную (свою) книгу.*

Притяжательные прилагательные и артикль

В большинстве случаев (за исключением терминов родства) существительное с притяжательным прилагательным употребляется с артиклем. Выбор формы артикля (определенный, неопределенный, частичный) подчиняется общим правилам.

Если речь идет об известном, конкретном предмете (лице), либо о всей совокупности предметов (лиц), то употребляется определенный артикль:

il mio cappello — *моя шляпа,* **la nostra casa** — *наш дом,* **i vostri amici** — *ваши друзья.*

При указании на один из принадлежащих субъекту предметов употребляется неопределенный артикль:

un mio libro — *одна моя книга* (одна из), **una nostra conoscente** — *одна наша знакомая.*

С терминами ближайшего родства **(padre, madre, fratello, sorella** и т.д.), которым предшествует притяжательное прилагательное *единственного* числа (кроме *loro*), артикль обычно опускается: **mia madre** — *моя мать,* **tua sorella** — *твоя сестра,* **nostro figlio** — *наш сын,* **Sua zia** — *ваша тетя,* **sua sorella** — *его, ее сестра.* Однако это правило имеет ряд исключений.

Артикль употребляется:

а) с прилагательным **loro**: **il loro figlio** — *их сын,* **la loro madre** — *их мать,* **la loro sorella** — *их сестра;*

б) во множественном числе: **i nostri padri** — *наши отцы,* **le vostre madri** — *ваши матери,* **i miei fratelli** — *мои братья;*

в) с терминами родства, имеющими суффиксы субъективной оценки: **il mio fratellino** — *мой братик, братишка,* **la sua sorellina** — *его, ее сестричка, сестренка,* **la vostra nipotina** — *ваша внученька, племянница,* а также: **il tuo fratellone, la sua cognatina, la mia zietta;**

Существительные **mamma, papà, babbo, nonno, nonna** в сочетании с притяжательными прилагательными употребляются как с артиклем, так и без него: **mia mamma/la mia mamma** — *моя мама,* **mio papà/il mio papà, babbo** — *мой папа;* **mio nonno/ il mio nonno** — *мой дедушка;* **mia nonna/la mia nonna** — *моя бабушка.*

Сохраняют артикль также термины, имеющие различные определения: **il tuo fratello maggiore** — *твой старший брат,* **la mia sorella minore** — *моя младшая сестра,* **il nostro cugino preferito** — *наш любимый двоюродный брат, кузен.*

Сочлененные предлоги

Сочлененный предлог — это **предлог + определенный артикль.**

Предлоги ***a***, ***di***, ***da***, ***in***, ***su***, стоящие перед определенным артиклем, образуют с ним слитные формы, так называемые сочлененные предлоги.

Схема итальянских сочлененных предлогов

Предлог **a** + определенный артикль

Единственное число		Множественное число	
	Мужской род		
a + il = al	al medico	a + i = ai	ai medici
a + lo = allo	allo studente	a + gli = agli	agli studenti
a+l' = all'	all'amico	a + gli = agli	agli amici
	Женский род		
a + la = alla	alla figlia	a + le = alle	alle figlie
a + l'=all'	all'amica	a + le = alle	alle amiche

Предлог di + определенный артикль

Единственное число		Множественное число	

Мужской род

di + il = del	del medico	di + i = dei	dei medici
di + lo = dello	dello studente	di + gli = degli	degli studenti
di + l'=dell'	dell'amico	di + gli = degli	degli amici

Женский род

di + la = della	della figlia	di + le = delle	delle figlie
di + l'=dell'	dell'amica	di + le = delle	delle amiche

Предлог da + определенный артикль

Единственное число — Множественное число

Мужской род

da + il = dal	dal medico	da + i = dai	dai medici
da + lo = dallo	dallo studente	da + gli = dagli	dagli studenti
da + l'=dall'	dall'amico	da + gli = dagli	dagli amici

Женский род

da + la = dalla	dalla figlia	da + le = dalle	dalle figlie
da + l' = dall'	dall'amica	da + le = dalle	dalle amiche

Предлог in + определенный артикль

Единственное число — Множественное число

Мужской род

in + il = nel	nel salotto	in +i = nei	nei salotti
in + lo = nello	nello studio	in + gli = negli	negli studi
in + l' = nell'	nell'armadio	in + gli = negli	negli armadi

Женский род

in + la = nella	nella casa	in + le = nelle	nelle case
in + l' = nell'	nell'aula	in + le = nelle	nelle aule

Предлог **su** + определенный артикль			
Единственное число		Множественное число	
Мужской род			
su + il = sul	sul tavolo	su + i = sui	sui tavoli
su + lo = sullo	sullo scaffale	su + gli = sugli	sugli scaffali
su + l' = sull'	sull'armadio	su + gli = sugli	sugli armadi
Женский род			
su + la = sulla	sulla testa	su + le = sulle	sulle teste
su + l' = sull'	sull'acacia	su + le = sulle	sulle acace

Предлог **con** также может образовывать с определенным артиклем слитные формы, но в современном языке он, как правило, пишется раздельно с артиклем.

Предлог **con** + определенный артикль			
Единственное число		Множественное число	
Мужской род			
con + il = (col)	con il figlio	con + i = (coi)	con i figli
con + lo = (collo)	con lo studente	con + gli = (cogli)	con gli studenti
con + l' = (coll')	con l'amico	con + gli = (cogli)	con gli amici
Женский род			
con + la = (colla)	con la figlia	con + le = (colle)	con le figlie
con + l' = (coll')	con l'amica	con + le = (colle)	con le amiche

ГРАММАТИЧЕСКИЕ И ЛЕКСИКО-ГРАММАТИЧЕСКИЕ УПРАЖНЕНИЯ

1. Поставьте существительные во множественное число с определенным артиклем:

а) il libro, l'amico, lo spettacolo, l'attore, lo zio, il signore, lo sciopero, lo stadio, l'anno, lo scultore;

б) la casa, l'amica, la piazza, la via, la pasta, la donna.

2. Поставьте указанные в скобках существительные во множественное число с определенным артиклем; переведите фразы на русский язык:

1. Nella casa ci sono ... (tavolo *m*, sedia *f*, scaffale *m*, armadio *m*, finestra *f*, porta *f*, stanza *f*, bagno *m*). 2. Ha ... (parente *m, f*, figlio *m*, figlia *f*, sorella *f*, fratello *m*, nipote *m, f*, zio *m*, zia *f*, cognato *m*, cognata *f*, nonno *m*, nonna *f*, cugino *m*, cugina *f*, amico *m*, amica *f*). 3. Nell'università ci sono ... (aula *f*, sala *f*, lavagna *f*, scala *f*, cattedra *f*, istituto *m*, professore *m*, professoressa *f*, studente *m*, studentessa *f*). 4. Nella città ci sono ... (scuola *f*, teatro *m*, stabilimento *m*, stadio *m*, piazza *f*, ponte *m*, stazione *f*, posta *f*, giardino *m*, strada *f*, via *f*, fermata *f*, albero *m*, panchina *f*, ufficio *m*, medico *m*, commerciante *m*).

3. Поставьте существительные и прилагательные во множественное число, следуя образцам:

Il medico è bravo.— I medici sono bravi.

Il ragazzo è russo.
Lo studente è italiano.
Lo sconosciuto è fiorentino.

L' amica è cara. — Le amiche sono care.

La ragazza è russa.
La sconosciuta è veneziana.
La piazza è grande.

4. Поставьте словосочетания во множественное число:

а) la mia macchina, la mia casa, la mia borsa, la mia mano;
б) il mio quaderno, il mio studio, il mio gatto, il mio vaso.

5. Соедините существительные из правой колонки с соответствующими притяжательными прилагательными:

Io prendo ... Tu prendi ... Lui (lei) prende... Lei prende ... Noi prendiamo ... Voi prendete ... Loro prendono ...	il libro, i libri	Io saluto ... Tu saluti ... Lui (lei) saluta ... Lei saluta ... Noi salutiamo ... Voi salutate ... Loro salutano ...	l'amica, le amiche

6. Поставьте предложения во множественное число, следуя образцам:

È mio fratello. — Sono i miei fratelli.

È mio figlio.
È mio nipote.

È mia figlia. — Sono le mie figlie.

È mia sorella.
È mia nipote.

È tuo fratello. — Sono i tuoi fratelli.

È tuo cugino.
È tuo zio.

È tua sorella. — Sono le tue sorelle.

È tua cugina.
È tua zia.

È suo fratello. — Sono i suoi fratelli.

È suo cugino.
È suo figlio.

È sua sorella. — Sono le sue sorelle.

È sua cugina.
È sua figlia.

È nostro fratello. — Sono i nostri fratelli.

È nostro figlio.
È nostro cugino.

È nostra sorella. — Sono le nostre sorelle.

È nostra figlia.
È nostra cugina.

È vostro figlio. — Sono i vostri figli.

È vostro fratello.
È vostro zio.

È vostra figlia. — Sono le vostre figlie.

È vostra sorella.
È vostra zia.

È il loro figlio. — Sono i loro figli.

È il loro fratello.
È il loro zio.

È la loro figlia. — Sono le loro figlie.

È la loro sorella.
È la loro zia.

7. Ответьте на вопросы, следуя образцам:

Dov'è il tuo amico? — Ecco il mio amico.

Dov'è il tuo libro?
Dov'è il tuo professore?

Dov'è il vostro amico? — Ecco il nostro amico.

Dov'è il vostro libro?
Dov'è il vostro professore?

Dove sono i tuoi amici? — Ecco i miei amici.

Dove sono i tuoi libri?
Dove sono i tuoi professori?

Dove sono i vostri amici? — Ecco i nostri amici.

Dove sono i vostri libri?
Dove sono i vostri professori?

8. Ответьте на вопросы, следуя образцам:

Dov'è la tua casa? — Ecco la mia casa.

Dov'è la tua macchina?
Dov'è la tua amica?

Dov'è la vostra casa? — Ecco la nostra casa.

Dov'è la vostra macchina?
Dov'è la vostra amica?

Dove sono le tue amiche? — Ecco le mie amiche.

Dove sono le tue sorelle?
Dove sono le tue cognate?

Dove sono le vostre amiche? — Ecco le nostre amiche.

Dove sono le vostre nipoti?
Dove sono le vostre figlie?

9. Ответьте на вопросы, следуя образцам:

Dov'è il tuo amico? (all'università) — Il mio amico è all'università.

Dov'è il tuo libro? (in classe)
Dov'è il tuo professore? (al mare)

Dove sono i tuoi zii? (al Camevale) — I miei zii sono al Carnevale.

Dove sono i tuoi fratelli? (al cinema)
Dove sono i tuoi nonni? (a casa)

10. Ответьте на вопросы, следуя образцам:

Dove sono i tuoi libri? (in classe) — I miei libri sono in classe.

Dove sono i tuoi cugini? (a casa)
Dove sono i tuoi fratelli? (al cinema)

Dove sono i vostri figli? (all'università) — I nostri figli sono all'università.

Dove sono i vostri cugini? (alla festa di Rosetta)
Dove sono i vostri nipoti? (in piazza San Marco)

11. Ответьте на вопросы, следуя образцам:

È tuo padre? — Sì, è mio padre.

È tuo zio?
È tuo nonno?

È tua madre? — Sì, è mia madre.

È tua zia?
È tua nonna?

È vostro padre? — Sì, è nostro padre.

È vostro zio?
È vostro nonno?

È vostra madre? — Sì, è nostra madre.

È vostra zia?
È vostra nonna?

Signora, è suo marito? — Sì, è mio marito.

Signorina, è suo padre?
Signore, è suo fratello?

Signore, è sua moglie? — Sì, è mia moglie.

Signorina, è sua sorella?
Signora, è sua madre?

12. Ответьте на вопросы, следуя образцам:

È il padre di Rosetta? — Sì, è suo padre.

È lo zio di Alfredo?
È il marito di Maria?

È la madre di Rosetta? — Sì, è sua madre.

È la zia di Alfredo?
È la moglie di Mario?

13. Ответьте на вопросы, следуя образцам:

Signore, è la sua macchina? — Sì, è la mia macchina.

Signora, è la sua casa?
Signorina, è la sua sigaretta?

Signor Niccoli, sono le sue figlie? — Sì, sono le mie figlie.

Signora Rossi, sono le sue amiche?
Signorina Simoni, sono le sue sigarette?

14. Ответьте на вопросы, следуя образцам:

È la casa di Alfredo? — Sì, è la sua casa.

È la festa di Rosetta?
È la macchina di Maria?

Sono le sorelle di Pina? — Sì, sono le sue sorelle.

Sono le amiche di Claudia?
Sono le nipoti di Rosa?

15. Ответьте на вопросы, следуя образцам:

È il padre di Anna e Carlo? — Sì, è il loro padre.

È il fratello di Mario e Pina?
È il nonno di Sandra e Maria?

È la madre di Anna e Maria? — Sì, è la loro madre.

È la sorella di Mario e Carlo?
È la nonna di Anna e Pina?

Signori, è il Loro padre? — Sì, è nostro padre.

Signore, è il Loro zio?
Signorine, è il Loro nonno?

Signori, è la Loro madre? — Sì, è nostra madre.

Signore, è la Loro zia?
Signorine, è la Loro nonna?

16. Замените выделенные курсивом имена существительные соответствующими притяжательными прилагательными, следуя образцам:

È l'amico *del fratello.* — È il suo amico.

È il video *del padrone di casa.*
È il telefono *del medico.*
È lo stadio *della città.*

È l'amica *della sorella.* — È la sua amica.

È la mano *del padrone.*
È la casa *della signora.*
È la macchina *del banchiere.*

Sono gli amici *del fratello.* — Sono i suoi amici.

Sono i film del *padrone di casa.*
Sono gli studenti *dell'Università.*
Sono i fratelli *dell'amico.*

Sono le amiche *della sorella.* — Sono le sue amiche.

Sono le nipoti *della signora.*
Sono le macchine *del signore.*
Sono le parole *dello sconosciuto.*

17. Замените выделенные курсивом имена существительные притяжательными прилагательными, следуя образцам:

È lo sport *dei giovani.* — È il loro sport.

È l'amico *dei genitori.*
È lo zio *degli amici.*
È il medico *degli zii.*

È l'amica *dei genitori.* — È la loro amica.

È la zia *delle amiche.*
È la macchina *delle signore.*
È la casa *degli amici.*

18. Раскройте скобки, поставьте сочлененный предлог, переведите на русский язык:

di + articolo (determinativo)

а) È il libro di (il fratello). È la macchina di (lo zio). È la casa di (la sorella). È il vestito di (la madre). È uno studente di (l'università). È la figlia di (la signora). È il fratello di (l'amica). È il padre di (l'amico);

б) Sono i libri di (i fratelli). Sono le macchine di (gli zii). Sono le case di (gli amici). Sono gli amici di (i genitori). Sono le sorelle di (gli amici).

a + articolo

а) Do il libro a (l'amica). Do un cioccolatino a (il nipote). La nonna racconta una storia a (la nipotina). Parlo a (la sorella) di Mario. Domando la strada a (il fratello);

б) Do i libri a (le amiche). Do i cioccolatini a (i nipotini). Parlo a (le sorelle) di Mario. Racconto una storia a (gli amici). Offriamo i biscotti a (gli zii).

in + articolo

а) In (lo scaffale) ci sono molti libri. In (la città di Mosca) ci sono molti parchi. In (il corridoio) ci sono pochi studenti. In (la stanza) di Maria ci sono molti amici;

б) In (gli scaffali) ci sono molti giornali. In (le città italiane) ci sono molti monumenti. In (i corridoi) dell'università ci sono molti studenti.

da + articolo

а) Torniamo da (l'amica). Torno da (l'amico). Tornano da (il cinema). Tornate da (l'università). Torni da (la pizzeria);

б) Torniamo da (gli amici). Gino torna da (i genitori). Tornano da (le amiche). I turisti tornano da (i teatri).

su + articolo

а) Su (il tavolo) ci sono molti cioccolatini. Su (il tetto) c'è un gatto. Su (la scrivania) ci sono molti libri;

б) Su (i tavolini) ci sono molti dolci. Su (i tetti) ci sono molti gatti. Su (le scrivanie) ci sono molti giornali.

19. Вставьте недостающие артикли и притяжательные прилагательные в соответствующем лице и числе (io — mio, tu — tuo и т.д.):

Vado all'università	con ... ... amico.
	con ... ... amica.
	con ... ... amici.
	con ... ... amiche.
Vai all'università	con ... ... amico.
	con ... ... amica.
	con ... ... amici.
	con ... ... amiche.
Va all'università	con ... ... amico.
	con... ... amica.
	con ... ... amici.
	con ... ... amiche.
Andiamo all'università	con ... ... amico.
	con ... ... amica.
	con... ... amici.
	con... ... amiche.
Andate all'università	con ... ... amico.
	con ... ... amica.
	con ... ... amici.
	con ... ... amiche.
Vanno all'università	con ... ... amico.
	con ... ... amica.
	con ... ... amici.
	con ... ... amiche.

20. Употребите соответствующие сочлененные предлоги:

1. Li aspettiamo a ... uscita di ... cinema (*m*). 2. A ... età di 18 anni si iscrive a ... università (*f*). 3. Ricevo un bel regalo da ... zii. 4. Siamo invitati da ... studenti (*m*) di ... università di Mosca. 5. Cerco il mio vestito da festa in ... armadio (*m*). 6. Trovo il mio libro preferito in ...

scaffale (*m*). 7. Il gatto è su ... tetto (*m*). 8. La madre di ... signorina (*f*) è una donna molto simpatica. 9. Vedo in ... nostra stanza tre lampade che sono appese a ... soffitto (*m*); la scrivania è davanti a ... sedia (*f*) la scrivania e la sedia stanno davanti a ... porta (*f*) che dà in ... corridoio (*m*).

ОБЗОРНЫЕ УПРАЖНЕНИЯ

21. Вставьте недостающие глаголы:

1. Pantalone e sua moglie ... di casa. 2. Loro ... il Dottore e suo figlio. 3. Pantalone ... ad Alfredo sua moglie. 4. La moglie di Pantalone ... Maria. 5. Pantalone e Maria ... in piazza San Marco. 6. Rosetta ...

22. Вставьте недостающие артикли:

а) 1. Oggi è ... Carnevale. 2. Rosetta saluta ... genitori e ... zii. 3. Arriva ... sconosciuto. 4. Ci sono anche ... fratello di Pantalone e ... sorella di Maria. 5. Io chiedo ... mano di Rosetta. 6. ... fidanzato di Rosetta è mio figlio.

б) 1. Oggi è ... grande festa! 2. Ecco ... bello e elegante signore. 3. Rosetta ha ... fidanzato. 4. È ... Casanova. 5. Sono filgio di ... banchiere fiorentino.

23. Вставьте недостающие предлоги:

1. Loro escono ... casa. 2. Sono vestiti ... festa. 3. Andiamo ... piazza San Marco. 4. Rosetta corre ... piazza San Marco. 5. Lei è ... Venezia? 6. Lo sconosciuto cerca la ragazza ... la folla. 7. La sorella ... Maria è cognata ... Pantalone. 8. Il Dottore presenta suo figlio ... Rosetta.

24. Вставьте недостающие притяжательные прилагательные:

а) 1. Il Dottore presenta ... figlio. 2.... marito sta benissimo. 3. È ... figlio pratica lo sport? 4. ... figlia Rosetta è in piazza San Marco. 5. Sono ... padre. 6. Sono ... madre. 7. Sono ... zio.

б) Pantalone presenta ... parenti al Dottore. 2. Gli zii domandano dove è ... nipote Rosetta.

25. Составьте предложения из следующих слов и словосочетаний:

1. Rosetta, piazza San Marco, in, nostra figlia, è;
2. di Maria, cognato, il fratello, è, di Pantalone;
3. al figlio, Rosetta, piace, del Dottore;

4. è, di Venezia, di Firenze, ed, sono, io, Casanova;
5. figlio, fiorentino, banchiere, di un, sono;
6. lontano, va, sano, va, chi, piano, va, e.

26. Продолжите предложения:

1. Oggi è il Carnevale, oggi ...
2. Il figlio del Dottore si chiama Alfredo, ...
3. Nostra figlia Rosetta è in piazza San Marco. Allora ...
4. Lo sconosciuto domanda a Rosetta ...
5. Benissimo! Signori! ...
6. Non sono un Casanova! ...

27*. Переведите на итальянский язык:

Марк: Здравствуй, Петр! Познакомься с моей женой Анной и братом Павлом.

Петр: Очень приятно! Марк, а где твоя сестра?

Марк: Моя сестра дома.

Петр: Анна! Как здоровье ваших родителей?

Анна: Спасибо, неплохо. А как чувствуют себя ваши родители?

Петр: Мои родители чувствуют себя хорошо. Марк, а как поживают твои дядя и тетя?

Марк: Мой дядя нездоров, у него температура, болит голова. А тетя чувствует себя отлично.

Петр: А где твой племянник?

Марк: Мой племянник едет в Москву изучать русский язык. А твоя племянница?

Петр: Моя племянница ходит на стадион, занимается спортом: легкой атлетикой, плаванием. Друзья! А где ваш сын? Он студент?

Марк, Анна: Да, наш сын студент.

Петр: У него есть невеста?

Марк: Да, его невесту зовут Мария. Ее шурин — друг нашего сына. У нее много двоюродных братьев и сестер.

Петр: Павел! Как чувствует себя ваша бабушка?

Павел: Моя бабушка чувствует себя неплохо.

Петр: А дедушка?

Павел: Дедушка серьезно болен, он уже старый и не встает с постели.

Петр: Ничего не поделаешь! До свидания, друзья.
Марк, Анна, Павел: До свидания.

УПРАЖНЕНИЯ ПО СОДЕРЖАНИЮ ТЕКСТА

1. Прочитайте и переведите текст.

2. Выучите новые слова и выражения.

3. Найдите в тексте ответы на вопросы:

1. Come sono vestiti Pantalone e sua moglie? 2. Chi incontrano Pantalone e sua moglie? 3. Cosa domanda lo sconosciuto a Rosetta? 4. Che cosa risponde Rosetta? 5. Chi cerca lo sconosciuto? 6. Com'è piazza San Marco? 7. Chi è la cognata di Pantalone? 8. Chi è il cognato di Maria? 9. Che cosa domandano gli zii? 10. Chi saluta Rosetta? 11. Perché ride Colombina? 12. Che cosa chiede lo sconosciuto? 13. Perché Alfredo ha paura? 14. Cosa dice Pantalone? 15. Chi è lo sconosciuto? 16. Che cosa risponde Rosetta allo sconosciuto?

4*. Задайте вопросы к выделенным курсивом членам предложения, следуя образцу:

Sono vestiti *a festa*. — Come sono vestiti?

1. *Pantalone e sua moglie* escono di casa. 2. Pantalone presenta *ad Alfredo* sua moglie. 3. Il figlio del Dottore *è studente*. 4. Il Dottore sta *benissimo*. 5. Tutti vanno *in piazza San Marco*. 6. Gli zii domandano *dove è la loro nipote Rosetta*. 7. Lo sconosciuto è figlio *di un banchiere fiorentino*.

5. В соответствии с содержанием текста соедините левую и правую части:

Scusi, signorina!	È molto bella e grande.
Ecco Rosetta.	Non c'è male.
San Marco è la piazza centrale della città.	Lei è di Venezia?
Che orrore!	Chi va piano va sano e va lontano.
Ma non c'è fretta.	Che cosa facciamo?

Papà! Mi piace la figlia di Pantalone. Alfredo ha paura.
Coma sta? Rosetta saluta i genitori e gli zii.

6. Опишите ситуацию, следуя образцу:

Il figlio del Dottore si chiama Sergio. — No, non è vero, si chiama Alfredo.

Pantalone e Maria tornano a casa.
Il fratello del Dottore è il cognato di Maria.
Il Dottore presenta suo figlio allo sconosciuto.
Lo sconosciuto ha paura.
Casanova è di Firenze.

7*. Ответьте на вопросы, переведите вопросы на русский язык, а ответы на итальянский:

1. Chi esce di casa? — Панталоне и его жена выходят из дома, они одеты по-праздничному.
2. Chi è Alfredo? — Альфредо — сын Доктора, он студент.
3. Dove vanno tutti? — Все идут на площадь Святого Марка.
4. Dove corre Rosetta? — Она бежит по направлению к площади Святого Марка.
5. Chi inconfra Rosetta? — Она встречает красивого и элегантного господина.
6. Cosa dice lo sconosciuto a Rosetta? — Очень приятно! Коломбина! Какое красивое имя!
7. Cosa fa Rosetta? — Она убегает.
8. E lo sconosciuto? — Незнакомец ищет девушку в толпе.
9. Chi incontra Pantalone in piazza San Marco? — Он встречает своих родственников: своего брата и свояченицу, сестру своей жены.
10. Cosa domandano gli zii di Rosetta? — Они спрашивают, где их племянница Розетта.
11. Chi saluta Rosetta? — Розетта здоровается со своими родителями, с дядей и тетей.
12. Cosa fa lo sconosciuto? — Незнакомец просит руки Розетты у ее родителей.
13. Cosa risponde Rosetta? — Розетта отвечает сыну флорентийского банкира: «Нечего спешить».

8. Перескажите текст: а) кратко; б) подробно.

9. Ответьте на вопросы:

1. Oggi è una grande festa? Lei esce di casa o resta a casa? 2. Come è vestito? 3. Chi incontra per la strada? 4. Ha i genitori, i fratelli, i figli, i cugini, un fidanzato o una fidanzata? 5. Cosa fanno i suoi parenti? 6. Le piace qualcuno/a?

10*. Переведите на итальянский язык:

Сегодня большой праздник. Все одеты по-праздничному. Сергей с женой выходят из дома и встречает своего друга Петра. Петр знакомит его со своей невестой Кларой и со своими родителями. Клара знакомит Петра со своим братом и своей сестрой. Брат Клары — студент, сестра Клары — врач. Они занимаются спортом и чувствуют себя хорошо. Все идут на центральную площадь города.

1. Джино, где твоя сестра? — Моя сестра в библиотеке. — А где твои братья, Джанни? — Мои братья дома.
2. Синьора, чем занимается ваш сын? — Мой сын — врач. — А ваша внучка? — Моя внучка учится в школе.
3. С кем ваш племянник идет в кино? — Наш племянник идет в кино со своими родителями.
4. Мама, тебе нравятся мои подруги? — Да, дорогая, очень нравятся. —Тогда я познакомлю тебя с их друзьями.
5. Откуда идет твой старший брат? — Он идет от врача. — А твой младший брат? — Он идет со стадиона.
6. Что просит у тебя этот незнакомец? — Он ничего не просит. Он только спрашивает, как пройти в центр города.
7. Какая красивая площадь! — Это центральная площадь города? Да, это центральная площадь, но в этом городе много других красивых площадей.
8. Какой хороший врач, правда? — Да, здесь много хороших врачей.

11. Ползуясь словарем учебника, переведите на русский язык следующие записочки из конфет «Бачи Перуджина»:

1. Fra due cuori che si amano non occorrono parole. (*Anonimo*)
2. Temere l'amore è temere la vita. (*B. Russel*)

3. Quando non si ama troppo non si ama abbastanza. (*B. Rabitin*)

4. Il cuore sente, la testa confronta. (*V. Hugo*)

5. Che cos'è il piacere, se non un debole straordinariamente dolce. (*Anonimo*)

12. Следуя образцу, образуйте итальянские слова из букв прилагательного *carnevalesco* (*карнавальный*). Пользуясь словарем учебника, переведите на русский язык слова приводимого образца.

carnevale (*карнавал*) — carne, neve, cane, lacca, cena, renna, arena, cara, rara, vera, caverna, lava, ave, vela...

RISATE A DENTI STRETTI — СМЕХ СКВОЗЬ СЛЕЗЫ

Прочитайте и переведите на русский язык анекдоты:

Lui: Cara, ti chiedo la mano!
Lei: Ma tu conosci mia madre?
Lui: Sì, ma ti amo lo stesso.

conoscere *vt* знать, быть знакомым
amare *vt* любить
ti тебя
lo stesso *зд:* все равно

— Desiderate bere qualcosa?

— Vedi quel signore? È un uomo che butta i soldi dalla finestra.
— Dove abita?

buttare *vt* бросать, выбрасывать
soldi *pl* деньги
finestra *f* окно
dalla finestra из окна
abitare *vi* жить

Запомните поговорки, найдите русские эквиваленты:

Figli piccoli, guai piccoli, figli grandi, guai grandi.

guaio *m* беда

I grandi dolori sono muti.

dolore *m* боль, печаль **muto** *agg* немой

Седьмой урок — Lezione settima

IL SEGRETO DI PULCINELLA – СЕКРЕТ ПУЛЬЧИНЕЛЛЫ

Il Carnevale è finito ma il Fiorentino, figlio di un banchiere fiorentino, non torna a casa. Decide di restare a Venezia. Perché? Perché a Venezia c'è Rosetta. Il giovane non ha parenti a Venezia e perciò va in un albergo. L'albergo si'chiama «Rialto».

Fiorentino: Buon giorno!

Portiere: Buon giorno, signore!

Fiorentino: Una camera, per favore!

Portiere: Una singola o una doppia, signore?

Fiorentino: Una doppia.

Portiere: Va bene, signore, una doppia... Ecco! Numero cinque, bella e grande. Un documento, per favore!

Fiorentino: Un documento? Prego!

Portiere: Grazie. Ecco la chiave! Primo piano, signore!

Fiorentino: Grazie.

Portiere: Prego, signore!

Il Fiorentino prende la chiave e sale al primo piano. Pulcinella porta la sua valigia.

Pianterreno. La hall dell'albergo. Entra il figlio del Dottore. Alfredo prende una camera singola. La camera è al secondo piano. Alfredo sale in camera.

La camera del Fiorentino. Il giovane banchiere scrive qualcosa. Pulcinella posa la valigia, aspetta la mancia.

Fiorentino: Sei di Venezia?

Pulcinella: No, signore! Sono di Napoli!

Fiorentino: Ma che cosa fai a Venezia?

Pulcinella: Cerco lavoro, signore!

Fiorentino: Ma a Venezia non c'è lavoro!

Pulcinella: Ma io sono fortunato. Chi cerca trova!

Fiorentino: Come ti chiami?

Pulcinella: Mi chiamo Pulcinella. Sono un povero, poveretto, senza casa, senza tetto. Vorrei scambiare i miei calzoni per un bel piatto di maccheroni!

Fiorentino: Bravo! Bravo! Tu mi piaci!... Cerchi lavoro?

Pulcinella: Sì, signore! Cerco lavoro!

Fiorentino: Bene! Devi portare questa lettera!

Finalmente Pulcinella ha un lavoro. Deve portare una lettera e poi la risposta. A chi deve portare questa lettera? L'indirizzo c'è: piazza San Marco, ma il nome non c'è. Deve portare questa lettera a una signorina. Chi è la signorina? È la figlia del signor Pantalone. Ma è un segreto! Pulcinella prende la mancia, la lettera e va via. Fuori incontra il figlio del Dottore. Anche Alfredo dà a Pulcinella una lettera. Anche questa lettera è per Rosetta. Ma è un segreto! Pulcinella prosegue la strada e incontra Arlecchino. Dove? Su un ponte. Sul Ponte dei Sospiri? Ma nooo!!! Su un piccolo ponte veneziano.

Arlecchino: Oh! Pulcinella! Ciao! Dove vai!

Pulcinella: Devo portare queste lettere e poi portare la risposta, due risposte!

Arlecchino: A chi devi portare queste lettere?

Pulcinella: Arlecchino! È un segreto!

Arlecchino: Ma io sono un amico! A chi devi portare queste lettere?

Pulcinella: Sì, sei un amico, ma è un segreto!

Allora Arlecchino strappa a Pulcinella le lettere che poi finiscono nel canale. Che disgrazia! Pulcinella è arrabbiatissimo! Arlecchino non è un amico! Pulcinella picchia Arlecchino. Arlecchino ripete: «Mi dispiace, mi dispiace...».

Pulcinella: Ti dispiace, ti dispiace, Arlecchino! Ma io devo portare la risposta! Due risposte!

Arlecchino: Dobbiamo scrivere noi le risposte! Scriviamo noi le risposte!

Dunque, Arlecchino propone a Pulcinella di scrivere le risposte. Appare Colombina che sente le ultime parole degli amici. La ragazza domanda che cosa devono scrivere. È un segreto, va bene. Ma lei è un'amica. Poi Colombina dice che oggi è il compleanno di Rosetta. Arlecchino propone di scrivere: «Vieni stasera!»

Colombina: Ma avete una penna? La carta? Le buste?

Pulcinella: Una penna? La carta? Nooo !

Colombina: Bravi! Dovete scrivere, ma la carta non c'è, la penna non c'è! Scusate! Ho fretta!

Pulcinella: No! Colombina! Un momento!

Pulcinella compra una penna, due buste e la carta. Colombina scrive le due risposte: «Vieni stasera!». Pulcinella prende le risposte, saluta gli amici e corre verso l'albergo.

Colombina: Arlecchino! Chi è la signorina? Come si chiama?

Arlecchino: Colombina! Mi dispiace ma è un segreto!

Colombina: Ma io sono un'amica!

Arlecchino: È Rosetta! La figlia del signor Pantalone!

Colombina: Oh!... È i signori?

Arlecchino: Boh!...

C'è la risposta! Ci sono le risposte! Pulcinella consegna le lettere agli innamorati.

VOCABOLARIO — СЛОВАРЬ

tornáre *vi* возвращаться
decìdere *vt* решать, принимать решение
restáre *vi* оставаться
gióvane *agg, m, f* молодой, -ая; молодой человек, девушка
albérgo *m* гостиница
portiére *m* портье
cámera *f* номер
cámera sìngola одноместный номер
cámera dóppia двухместный номер
documénto *m* документ
piáno *m зд.:* этаж
chiáve *f* ключ
pianterréno *m* первый этаж
salìre *vi* подниматься
portáre *vt* нести
posáre *vt* класть, ставить
valìgia *f* чемодан
súo *agg, pron* его
hall *f* холл, вестибюль
scrìvere *vt* писать
qualcósa *pron* что-то, что-нибудь
méttere *vt* ставить
aspettáre *vt* ждать
máncia *f* чаевые
fortunáto *agg* счастливый
Chi cérca tróva. Кто ищет, тот найдет.
póvero *agg, m* бедный, бедняк
senza *prep* без
tétto *m* крыша
scambiáre *vt* менять
calzóni *m pl зд.:* штаны
maccheróni *m pl* макароны
dovére *vi* долженствовать
léttera *f* письмо
finalménte *avv* наконец
rispósta *f* ответ
rispóndere *vi* отвечать
indirìzzo *m* адрес
nóme *m* имя

segréto *m* секрет, тайна
fuóri *avv* снаружи, на улице
pónte *m* мост
proseguìre *vt* продолжать
stráda *f* дорога, улица
strappáre *vt* вырывать
canále *m* канал
disgrázia *f* несчастье
ripétere *vt* повторять
Mi dispiáce. Я сожалею.
dúnque *avv* итак
propórre *vt* предлагать
apparìre *vt* появляться
sentìre *vt* слышать; чувствовать
último *agg* последний
paróla *f* слово
compleánno *m* день рождения
venìre *vi* приходить
staséra *avv* сегодня вечером
pénna *f* ручка
bústa *f* конверт
compráre *vt* покупать
consegnáre *vt* вручать
innamoráto *m* влюбленный
piátto *m* тарелка

ПОЯСНЕНИЯ К ТЕКСТУ

1. Наряду с существительным **albergo** — *гостиница* употребляется слово **hotel** *m* — *отель*.

2. В Венеции есть знаменитый мост Риальто — **Ponte di Rialto,** а также не менее знаменитый «Мост вздохов» — **Ponte dei Sospiri,** проходя по которому узники, препровождаемые в тюрьму, в последний раз видели венецианскую лагуну и небо над ней.

3. Итальянское слово **pianterreno** или **piano terra** означает *первый этаж* (буквально *этаж на земле).* **Primo piano** соответствует русскому *второй этаж,* **secondo piano** — *третий этаж* и т.д. Обратите внимание: в вывесках, таблицах, указателях артикль не употребляется, например: **Primo piano; Albergo** и т.д.

4. Наряду со словом **hall** — *холл, вестибюль* употребляется слово **atrio** *m*.

5. Сравните: salire **in** camera — *подняться в комнату;* salire **al** primo piano — *подняться на первый (второй) этаж.*

6. **Cercare lavoro** — *искать работу* — устойчивое сочетание, употребляется без артикля. Соответствующая отрицательная форма — также без артикля: non **c'è** lavoro — *нет работы.* Сравните:

Non **ha** parenti. — У *него нет родственников* (отсутствие артикля при полном отрицании). Возможна конструкция с артиклем: cerco un lavoro — *ищу **какую-нибудь** работу.* Соответствующая отрицательная форма: non c'è **nessun** lavoro — *нет никакой работы.*

7. **Stasera = questa sera** — *сегодня вечером;*
stannotte = questa notte — *сегодня ночью;*
stamattina = questa mattina — *сегодня утром.*

8. Глагол **andare** — *идти* в сочетании с **venire** — *приходить* указывает на противоположно направленное движение: **Lui va e viene.** — *Он уходит и приходит.*

9. **Una (camera) doppia, singola = una doppia, singola** — *двухместный, одноместный номер.* В этой конструкции наглядно виден процесс субстантивации, когда прилагательные, употребляемые с артиклем, переходят в разряд существительных (субстантивируются) и ведут себя как существительные: **veneziano** *(agg)* — *венецианский* (прил.); **il (un) veneziano** *(nome)* — *венецианец* (сущ.); **fiorentino** *(agg)* — *флорентийский* (прил.); **il (un) fiorentino** *(nome)* — *флорентиец* (сущ.); **innamorato** *(agg)—влюбленный* (прил.); **l'(un) innamorato** *(nome)* — *влюбленный* (сущ.).

ГРАММАТИКА

Особенности употребления личных местоимений в функции подлежащего

Итальянский язык отличается разнообразием личных местоимений 3-го лица, выступающих в функции подлежащего.

Общая схема личных местоимений в функции подлежащего

Единственное число		
io tu lui, egli lei, ella	*я* *ты* *он* *она*	лица
esso essa	*он* *она*	животные и предметы (редко люди)
Lei	*Вы*	вежливая форма при обращении к одному лицу

Множественное число		
noi voi loro essi esse	*мы* *вы* *они* *они* *они*	 лица м.р. } (они) одушевленные и неодушевлен- ж.р. } ные имена существительные
Loro	*Вы*	особо вежливая форма при обращении ко многим лицам

io — я

Местоимение 1-го л. ед. числа **io** (я) может занимать только позицию подлежащего. За исключением конструкции: **Io non sono io.** — *Я не я.* **Tu non sei tu.** — *Ты не ты* (при одном и том же субъекте). При однородных подлежащих личное местоимение **io** (из соображений такта) нередко ставится последним, например: **Mio padre ed io.** — *Мой отец и я.* **Maria ed io.** — *Мария и я.* По аналогии с этим, русской конструкции типа *Я с женой* (с *братом, с моим другом* и т.п.) соответствует итальянская конструкция: **Mia moglie (il fratello, un mio amico) ed io.**

В официальном и полуофициальном языке нередко вместо личного местоимения **io** употребляются формы, относящиеся к 3-му лицу типа:

chi vi paria — *обращающийся к вам с речью (тот, кто с вами говорит);* **chi vi scrive = il sottoscritto** — *пишущий эти строки (обращающийся к вам)* и т.п.

tu — ты

Местоимение **tu** (ты) также выступает в качестве подлежащего. В Италии обращение на *ты* (среди коллег, друзей, знакомых) гораздо распространеннее, чем в России.

lui — он, lei — она, loro — они

В итальянском языке имеется несколько видов местоимений 3-го л., отличающихся как своими функциями, так и частотностью употребления. Это объясняется неоднородностью лингвистической ситуации в Италии, обусловленной своеобразием исторического развития итальянского языка.

В настоящее время не только в разговорном, но и в письменном языке, отражающем реальные факты коммуникации, наибольшее распространение получили формы **lui** — *он,* **lei** — *она,* **loro** — *они,* относящиеся к лицам.

По отношению к животным (особенно если при описании они наделяются человеческими чертами) также возможно употребление этих местоимений.

В отличие от других местоимений 3-го л., **lui, lei, loro** могут употребляться также и в функции прямого беспредложного и косвенного (предложного) дополнения: **Vedo lui e non lei.** — *Я вижу его, а не ее.* **Parliamo a lei e non a lui.** — *Мы говорим ей, а не ему.*

noi — мы

Местоимение 1-го л. мн. числа **noi** (мы) в итальянском языке может занимать как позицию подлежащего, так и дополнения.

В итальянском языке в докладах, статьях, научных исследованиях и т.п., имеющих одного автора, вместо формы скромности *мы* обычно используются различные неопределенно-личные и пассивные конструкции.

voi — вы

Форма **voi** (вы) является местоимением 2-го л. мн. числа, а также наиболее распространенной формой вежливости при обращении ко многим лицам:

Voi, signori, siete italiani? — *Вы, синьоры, итальянцы?*

В отличие от русского языка, форма вежливости **voi** при обращении к одному лицу в современном итальянском языке мало употребительна; она вытеснена формой **Lei** (Вы).

Loro — Вы

Кроме совпадающей с русской формой обращения на *вы* — **voi** ко многим лицам, в итальянском языке существует еще одна, более изысканная форма вежливости на **Loro** (местоимение 3-го л. мн. числа), которая согласуется с глаголами 3-го л. мн. числа, причем именная часть сказуемого согласуется также и в роде:

Loro, signori, sono italiani? — *Вы, синьоры, итальянцы?*
Loro, signorine, sono italiane? — *Вы, синьорины, итальянки?*

Однако, если при вежливом обращении к одному лицу наиболее употребительной формой является **Lei,** то во множественном числе, то есть при обращении ко многим лицам, ей чаще всего соответствует форма **voi,** а не **Loro.** Поскольку форма **Loro** считается более церемонной, изысканной, носящей торжественно-официальный характер, она нередко используется официантами, продавцами как знак особого уважения к клиенту:

Desiderano, signori? Che cosa desiderano, signori? — *Чего желаете (желают), синьоры?*

Повелительное наклонение

Повелительное наклонение употребляется для выражения приказа, призыва, совета, запрета, просьбы. В повелительном наклонении (Imperativo) правильные глаголы имеют следующие окончания:

-are	**-ere**	**-ire**
I спряжение	**II спряжение**	**III спряжение**
raccontare —*рассказывать*	**scrivere** — *писать*	**partire** — *уезжать*
(tu) Raccónt**a**!	Scrìv**i**!	Párt**i**!
(Lei) Raccónt**i**!	Scrìv**a**!	Párt**a**!
(noi) Raccontì**amo**!	Scrivì**amo**!	Partì**amo**!
(voi) Raccont**áte**!	Scriv**ète**!	Part**ìte**!
(Loro) Raccónt**ino**!	Scrìv**ano**!	Párt**ano**!

В отличие от русского, в итальянском языке в Imperativo многие формы совпадают с формами настоящего времени изъявительного наклонения. Сравните формы 1-го и 2-го лица мн. числа: **Raccontiamo!** — *Расскажем! Давайте расскажем* и **Raccontiamo.** — *Мы рассказываем.* **Raccontate!** — *Расскажите!* и **Raccontate.** — *Вы рассказываете.*

Совпадают также формы 2-го л. ед. числа глаголов II и III спряжения: **Scrivi!** — *Пиши!* **Scrivi.** — *Ты пишешь.* **Parti!** — *Уезжай!* **Parti.** — *Ты уезжаешь.*

Одной и той же итальянской форме Imperativo в русском языке могут соответствовать (в зависимости от контекста) простая и сложная формы повелительного наклонения, то есть глаголы как совершенного, так и несовершенного вида: **Canta!** — *Пой! Спой! Давай пой!* **Cantiamo!** — *Поём! Споём! Давайте споём!*

Русской частице **-ка,** часто сопровождающей формы в повелительном наклонении, в итальянском языке соответствует наречие **un po'** — *немного:* **Raccontate un po'!** — *Расскажите-ка!* **Guarda un po'!** — *Посмотри-ка!* **Vediamo un po'!** —*Посмотрим-ка!*

Ряд глаголов имеют следующие формы в повелительном наклонении:

Глаголы на:		**tu** 2-е л. ед.ч.	**Lei** 3-е л. ед.ч.	**Loro** 3-е л. мн.ч.
-sc	**finìre**	**Finìsci!**	**Finìsca!**	**Finìscano!**
-care	**cercáre**	**Cérca!**	**Cérchi!**	**Cérchino!**
-gare	**pagáre**	**Pága!**	**Pághi!**	**Pághino!**
-ciare	**comincìare**	**Comìncia!**	**Comìnci!**	**Comìncino!**
-giare	**mangiáre**	**Mángia!**	**Mángi!**	**Màngino!**
-cere	**vìncere**	**Vìnci!**	**Vìnca!**	**Vìncano!**
-gere	**dipìngere**	**Dipìngi!**	**Dipìnga!**	**Dipìngano!**
Исклю-чения	**piacére**	**Piaci!**	**Piáccia!**	**Pìacciano!**
(в 3-м л.):	**tacére**	**Táci!**	**Táccia!**	**Tácciano!**
-scere	**créscere**	**Crèsci!**	**Crésca!**	**Créscano!**
Глаголы с: элементом				
g	**rimanére**	**Rimáni!**	**Rimánga!**	**Rimángano!**
	salìre	**Sáli!**	**Sálga!**	**Sálgano!**
изменением в основе				
	sedére	**Siédi!**	**Siéda!**	**Siédano!**
	uscìre	**Esci!**	**Esca!**	**Escano!**

Особые модели глаголов

avére	**Ábbi!**	**Ábbia!**	**Ábbiano!**
éssere	**Sìi!**	**Sìa!**	**Sìano!**
andáre	**Vài! (Va'!)**	**Váda!**	**Vádano!**
stáre	**Stái! (Sta'!)**	**Stìa!**	**Stìano!**
fáre	**Fái! (Fa'!)**	**Fáccia!**	**Fácciano!**
dìre	**Di'!**	**Dìca!**	**Dìcano!**
sapére	**Sáppi!**	**Sáppia!**	**Sáppiano!**

В остальных лицах (1-м и 2-м л. мн. числа) неправильные глаголы образуют Imperativo по общей схеме.

Отрицательная форма повелительного наклонения

Отрицательная форма повелительного наклонения образуется с помощью отрицательной частицы **non,** которая ставится перед вышерассмотренными формами. Исключение составляет форма 2-го л. ед. числа, образующаяся с помощью частицы **non + инфинитивная форма глагола.** Сравните: **Canta!** — *Пой!* и **Non cantare!** — *Не пой!*

I спряжение	II спряжение	III спряжение
(tu) **Non raccontáre!**	**Non scrìvere!**	**Non partìre!**
(Lei) **Non raccónti!**	**Non scrìva!**	**Non párta!**
(noi) **Non raccontìamo!**	**Non scrivìamo!**	**Non partìamo!**
(voi) **Non raccontáte!**	**Non scrivéte!**	**Non partìte!**
(Loro) **Non raccóntino!**	**Non scrìvano!**	**Non pártano!**

Спряжение неправильных глаголов *dovere*, *venire*

Изъявительное наклонение
(настоящее время)

dovere — *долженствовать*	**venire** — *приходить*
(io) **dévo** — *я должен;*	**véngo** — я *прихожу;*
(tu) **dévi** — *ты должен;*	**vìeni** — *ты приходишь;*
(lui, lei, Lei) **déve** — *он, она (Вы) должен, должна, должны;*	**vìene** — *он, она (Вы) приходит(-те);*

(noi) **dobbìamo** — *мы должны;* **venìamo** — *мы приходим;*
(voi) **dovéte** — *вы должны;* **venìte** — *вы приходите;*
(loro, Loro) **dévono** — *они (Вы) должны;* **véngono** — *они (Вы) приходят (приходите).*

Повелительное наклонение

(tu) **Vieni!** — *Приходи! (Приезжай!)*
(Lei) **Venga!** — *Приходите!*
(noi) **Venìamo!** —*Давайте придём!*
(voi) **Venìte!** — *Приходите!*
(Loro) **Véngano!** — *Приходите!*

Модальный глагол **dovere** не имеет повелительного наклонения.

Употребление глагола venire

Глагол **venire** — *приходить, приезжать* употребляется с предлогами:

— перед названиями городов: **venire a Roma** — *приехать в Рим;*

— перед последующим инфинитивом (предлоги **a** и **per**): **venire a (per) lavorare** — *приходить (приезжать) работать;*

— перед названиями континентов, стран, областей:

in — *движение в:* **venire in Italia, America, Lombardia** — *приезжать в Италию, в Америку, в Ломбардию;*

da (+ арт.) — *движение из, от:* **venire dall'Italia, dall'America, dalla Lombardia** — *приезжать из Италии, из Америки, из Ломбардии;*

da — *направление движения к лицу/от лица;* **venire da Maria** — *приезжать (приходить) к Марии/от Марии;*

— при указании средств транспорта:

in + существительное без артикля: venire in treno (in macchina) — *приезжать на поезде (на машине);*

con + существительное с артиклем: venire col treno, con la metropolitana — *приезжать на поезде (на метро).*

В вопросительных конструкциях с глаголом **venire** используются следующие вопросительные словосочетания:

Da dove? — *Откуда?* **Da dove vieni?** — *Откуда ты идешь (едешь)?*
Da chi? — *К кому? От кого?* **Da chi vieni?** — *К кому (от кого) ты идешь (приезжаешь)?*

Относительные местоимения

Относительные местоимения вводят придаточные определительные предложения, замещая существительные, обозначающие определенный предмет (лицо). К относительным местоимениям относятся:

che — *который (которая, которые)* — не изменяется ни в роде, ни в числе.

Относительное местоимение **che** следует отличать от совпадающего с ним по форме союзного слова **che** — *что:* **Mario dice che loro vanno a casa.** — *Марио говорит, что они едут домой.*

Il quale — *который* изменяется в роде и числе.

Формы относительных беспредложных местоимений
(в функции подлежащего и прямого дополнения)

lo studente	che	= **il quale**	— *студент, который (которого)*
la studentessa		= **la quale**	— *студентка, которая (которую)*
gli studenti		= **i quali**	— *студенты, которые (которых)*
le studentesse		= **le quali**	— *студентки, которые (которых)*

Примеры:

Lo studente **che** parla fa il secondo anno (подлежащее).

Lo studente **che** abbiamo incontrato fa il secondo anno (прямое дополнение).

Местоимения **che, il quale** одинаковы по значению, однако в беспредложной форме, то есть в функции подлежащего и прямого дополнения, предпочтение отдается местоимению **che,** придающему фразе бóльшую легкость. Форма **il quale** характерна в основном для письменного официально-делового стиля речи, причем чаще всего употребляется в придаточных предложениях, служащих приложением. Кроме того, форма **il quale** употребляется в сложных предложениях во избежание повторения уже имеющегося местоимения **che** (часто в других значениях), а также для уточнения, о каком именно существительном идет речь (при наличии нескольких существительных) в предыдущем предложении.

В предложном словосочетании употребляются оба местоимения, причем **che** в сочетании с предлогами принимает неизменяемую форму **cui**:

Предлоги	Местоимения				
	che	**il quale**	**la quale**	**i quali**	**le quali**
di	di cui	del quale	della quale	dei quali	delle quali
a	(a) cui	al quale	alla quale	ai quali	alle quali
da	da cui	dal quale	dalla quale	dai quali	dalle quali
in	in cui	nel quale	nella quale	nei quali	nelle quali
con	con cui	con il quale	con la quale	con i quali	con le quali
per	per cui	per il quale	per la quale	per i quali	per le quali
su	su cui	sul quale	sulla quale	sui quali	sulle quali

Примечание: С формой **cui** предлог **a** может быть опущен. Примеры употребления предложных относительных местоимений:

Lo studente, **di cui (= del quale)** ti ho parlato, non è ancora arrivato. — *Студент, о котором я тебе говорил, ещё не приехал.*

Gli amici, **da cui (= dai quali)** andiamo, abitano a due passi. — *Друзья, к которым мы идём, живут в двух шагах.*

La signora, **con cui (= con la quale)** abbiamo parlato, è una mia vecchia conoscenza. — *Синьора, с которой мы разговаривали, — одна моя старая знакомая.*

Порядковые числительные

В итальянском языке порядковые числительные до 10 имеют формы: **primo, secondo, terzo...**; числительные после 10 образуются от количественных с помощью суффикса ***-esimo***:

1°	primo *(первый)*	14°	quattordic**esimo**
2°	secondo (*второй*)	15°	quindic**esimo**
3°	terzo *(третий)*	16°	sedic**esimo**

4°	quarto	17°	diciassett**esimo**
5°	quinto	18°	diciott**esimo**
6°	sesto	19°	diciannov**esimo**
7°	settimo	20°	vent**esimo**
8°	ottavo	21°	ventun**esimo**
9°	nono	22°	ventidu**esimo**
10°	decimo	23°	ventitre**esimo**
11°	undic**esimo**	30°	trent**esimo**
12°	dodic**esimo**	100°	cent**esimo**
13°	tredic**esimo**		

Порядковые числительные обладают грамматическими признаками прилагательных[1], т.е. согласуются с именем существительным в роде и числе: **la prima volta** — *первый раз,* **il primo esame** — *первый экзамен,* **i primi fiori** — *первые цветы,* **le prime rondini** — *первые ласточки,* **l'undicesima lezione** — *одиннадцатый урок.*

Артикль с порядковыми числительными, как правило, сохраняется. Исключение составляют различные надписи, заглавия: **primo piano** — *второй этаж,* **primo anno** — *первый год обучения.*

Порядковые числительные нередко изображаются римскими цифрами:

XX — ventesimo, XXX — trentesimo, XL — quarantesimo, L — cinquantesimo, LX — sessantesimo, LXX — settantesimo, LXXX — ottantesimo, XC — novantesimo, C — centesimo, ... D — cinquecentesimo, ... M — millesimo.

ГРАММАТИЧЕСКИЕ И ЛЕКСИКО-ГРАММАТИЧЕСКИЕ УПРАЖНЕНИЯ

1. Вставьте личные местоимения:

(...) andiamo al cinema. (...) parte domani per Milano. (...) rispondete bene alle domande. (...) finisci la lezione presto. (...) si chiama Maria. (...) è molto bravo. (...) vanno in biblioteca. (...) studio all'università.

---

[1] В итальянских грамматиках числительные рассматриваются в разделе прилагательных.

2. Замените выделенные курсивом существительные-подлежащие соответствующими личными местоимениями:

Mario parte per Roma. *Il libro* è sul tavolo. *Maria e Pietro* vanno al cinema. *Il gatto* è un animale domestico. *Il professore* comincia la lezione. *I signori* sono italiani. *Le signore* sono francesi. *Il bambino* è a casa. *Il vestito* è rosso. *I vestiti* sono belli. *Le signorine* sono brave. *Le lezioni* finiscono tardi. *I libri* sono in biblioteca.

3. Поставьте данные фразы во множественное число, употребив формы *voi* и *Loro*:

Lei, signora, parte per Milano?	— Voi, signore, ... — Loro, signore, ...

Lei, signore, va a casa?
Lei, signorina, è molto brava.

4. Поставьте глаголы в форму повелительного наклонения в соответствующее лицо:

(tu): cantare, ballare, scrivere, partire, dormire, finire;
(Lei): rispondere, andare via, lavorare, cantare, leggere;
(noi): andare, parlare, domandare, partire, salire, dire;
(voi): capire, entrare, uscire, preferire, camminare, sentire;
(Loro): entrare, tornare, aprire, vedere, ascoltare, capire.

5. Переведите на итальянский язык; обратите внимание на формы повелительного наклонения:

Maria! Se tu sei stanca, **riposa**!
Pietro, se tu sei stanco, **vai** a casa!
Maria e Gino, se avete tempo, **andate** al cinema!
Luigi! Se tu hai fretta, **corri**!
Amici! Se avete fame, **mangiate**!
Se tu non hai sonno, **scrivi**!
Se non avete paura, **entrate**!

6. Поставьте глагол в отрицательную форму повелительного наклонения:

Va' a casa! — Non ...
Fai il compito! — Non ...

Dai a Maria il libro! — Non ...
Resta con noi! — Non ...
Leggi il libro! — Non ...
Guarda il mare! — Non ...
Sali da noi! — Non ...
Finisci il lavoro! — Non ...
Parti domani! — Non ...

noi Cantiamo questa canzone! — Non ...
Andiamo al cinema! — Non ...
Finiamo il lavoro! — Non ...
Rispondiamo alla domanda!

voi Cantate questa canzone! — Non ...
Aprite la finestra! — Non ...
State a casa! — Non ...
Finite il compito! — Non ...

Lei Finisca la lezione! — Non ...
Legga questo libro! — Non ...
Scriva questa lettera! — Non ...

Loro Scrivano queste lettere! — Non ...
Leggano questo articolo! — Non ...
Entrino nella sala! — Non ...

7. Вставьте соответствующую форму глагола *dovere*:

Noi ... andare a Roma. Tu ... restare a casa. Loro ... partire per Verona. Io ... cominciare il lavoro. Lei ... venire stasera. Lui ... cantare questa canzone. Maria ... andare a scuola. Piero ... finire la lezione. Mario e Olga ... andare a Riga. Voi, signori, ... restare a Mosca. Loro, signori, ... vedere questo film. Lei, signora, ... aspettare due giorni.

8. Поставьте во множественное число, следуя образцам:

Io non devo scrivere. — Noi non dobbiamo scrivere.

Io non devo partire.
Io non devo aspettare.
Io non devo aver fretta.

Tu non devi aspettare. — Voi non dovete aspettare.

Tu non devi cantare.
Tu non devi aver paura.
Tu non devi rispondere.

Lei, signora, non deve partire. — Loro, signore, non devono partire.

Lei, signore, non deve aspettare.
Lei, signorina, non deve partire.
Lei, signore, non deve aspettare.
Lei, signorina, non deve aver paura.

9. Ответьте на вопросы, следуя образцам:

A che ora devi tornare? (alle otto) — Devo tornare alle otto. В котором часу ты должен вернуться? — Я должен вернуться в 8 часов.

Da chi devi andare? (dal mio amico)
A chi devi telefonare? (al mio banchiere)
Con chi devi partire? (con mia sorella)

Da chi dovete andare? (dal medico) — Dobbiamo andare dal medico. К кому вы должны идти? — Мы должны идти к врачу.

Dove dovete restare? (a casa)
Con chi dovete andare? (con i nostri genitori)
A chi dovete consegnare i documenti? (al portiere)

10. Вставьте недостающую форму глагола *venire*:

Io ... dall'istituto.
Tu ... al cinema?
Lui ... a teatro?
Lei ... in biblioteca.
Lei, signora, ... da Torino?

Noi ... in Africa.
Voi ... da Mario.
Loro ... da Mosca.

11. Поставьте во множественное число, следуя образцам:

Lui viene con me. — Loro vengono con me.

Lei viene da me.
Lui viene a casa.
Lei viene a teatro.

Carlo viene da Londra. — Carlo e Marco vengono da Londra.

Mario viene a Napoli.
Alfredo viene a piedi.
Maria viene con noi.

12. Ответьте на вопросы, следуя образцам:

Con chi vieni stasera? (il nonno) — Stasera vengo col nonno.

Con chi vieni al cinema? (Mario)
Con chi vieni all'università? (un'amica)
Con chi vieni a casa? (un cugino)

Con chi venite al cinema? (i nostri cugini) — Veniamo al cinema con i nostri cugini.

Con chi venite stasera? (i parenti)
Con chi venite alla festa? (gli amici)
Con chi venite a teatro? (le amiche)

Da dove viene Marco? (l'Italia) — Marco viene dall'Italia.

Da quale paese viene questo ragazzo? (il Giappone)
Da quale città viene questa ragazza? (Roma)
Da dove viene il signor Rossi? (la Russia)

Da dove vengono i tuoi cugini? (gli Stati Uniti) — I miei cugini vengono dagli Stati Uniti.

Da dove vengono queste ragazze? (la Francia)
Da quale città vengono i tuoi amici? (Mosca)
Da quale paese vengono le tue amiche? (l'Inghilterra)

13. Ответьте на вопросы, следуя образцам:

Vieni a teatro stasera? — Sì, vengo a teatro stasera. Sì, ci[1] vengo stasera.

Vieni al cinema stasera?
Vieni a lezione stamattina?
Vieni a scuola stamattina?

Venite a teatro con l'autobus? — Sì, veniamo a teatro con l'autobus. Sì, ci veniamo con l'autobus.

Venite a Mosca in aereo?
Venite al cinema in macchina?
Venite alla lezione a piedi?

14. Ответьте на вопросы, следуя образцам:

Vado a teatro, ci vieni anche tu? — Sì, ci vengo anch'io.

Vado al cinema, ci vieni anche tu?
Vado al centro, ci vieni anche tu?
Vado all'università, ci vieni anche tu?

Andiamo al centro, ci venite anche voi? — Sì, ci veniamo anche noi.

Andiamo a teatro, ci venite anche voi?
Andiamo al cinema, ci venite anche voi?
Andiamo all'università, ci venite anche voi?

15. Переведите на русский язык, обратите внимание на употребление глаголов *venire* и *andare*:

Vado all'università. (Ci) vieni anche tu? — Sì, (ci) vengo anch'io. Andiamo a teatro. (Ci) vieni anche tu? — Sì, (ci) vengo anch'io. Vai al

[1]ci — наречная частица, заменяющая обстоятельство места.

cinema? — Sì, io vado al cinema. — (Ci) vengo anch'io. Vieni al cinema? — Sì, (ci) vengo. — No, non (ci) vengo. Lei va alla stazione? — Sì, vado alla stazione. — Ci vado anch'io. Noi andiamo a Mosca. E voi? — E noi andiamo in Italia. Venite stasera? — Sì, veniamo. — E loro? — No, loro non vengono.

16. Преобразуйте второе предложение в придаточное определительное, следуя образцам:

> Ascoltiamo un disco/una canzone. Il disco/la canzone ci piace molto.
> Ascoltiamo un disco/una canzone che (il quale/la quale) ci piace molto.

Entra un professore. Il professore insegna la matematica.
Ecco un treno. Il treno arriva alla stazione.
Conosco una ragazza. La ragazza preferisce la pittura russa.
Vedo una donna. La donna lava la finestra.

> Ascoltiamo i dischi/le canzoni. I dischi/le canzoni ci piacciono molto.
> Ascoltiamo i dischi/le canzoni che (i quali/le quali) ci piacciono molto.

Entrano gli studenti. Gli studenti fanno il quarto anno del Politecnico.
Vedo molti treni. I treni arrivano alla stazione.
Conosco due ragazze. Le ragazze studiano l'italiano.
Mi piacciono le commedie di Eduardo de Filippo. Le commedie sono note in tutto il mondo.

> Mario mi dà un libro/una rivista. Devo restituire il libro/la rivista domani.
> Mario mi dà un libro/una rivista che devo restituire domani.

Entra Gino. Devo invitare Gino a cena.
Vedo un disco. Devo compare il disco.
Entra Maria. Devo invitare Maria al cinema.
Vedo una camicetta. Devo comprare la camicetta.

Mario mi dà un libro e un disco/una rivista e una lettera. Devo restituire il libro e il disco/la rivista e la lettera.
Mario mi dà un libro e un disco/una rivista e una lettera che devo restituire domani.

Entrano Gino e Mario. Voglio invitare Gino e Mario a cena.
Vedo un disco e un giornale. Voglio comprare il disco e il giornale.
Entrano Maria e Gina. Voglio invitare Maria e Gina al cinema.
Vedo una camicetta e una borsa. Voglio comprare la camicetta e la borsa.

Offro un gelato a Mario/a Maria. A Mario/a Maria piace il gelato.
Offro un gelato a Mario/a Maria a cui (al quale/alla quale) piace il gelato.

Regalo un libro a Marco. A Marco piace il libro.
Porto un giocattolo al bambino. Al bambino piace il giocattolo.
Regalo i fiori a Carla. A Carla piacciono i fiori.
Porto una bambola alla bambina. Alla bambina piace la bambola.

Vedo Franco/Franca. Con Franco/con Franca voglio andare al cinema.
Vedo Franco/Franca con cui (con il quale/con la quale) voglio andare al cinema.

Vedo Gino. Con Gino voglio parlare a lungo.
Vedo l'amico. Con l'amico chiacchiero volentieri.
Vedo Gina. Con Gina mi incontro spesso.
Vedo l'amica. Con l'amica torno a casa.

Vado dall'amico/dall'amica. L'amico/l'amica si chiama Mario/Maria.
L'amico/l'amica, da cui (dal quale/dalla quale) vado, si chiama Mario/Maria.

Vado dal medico. Il medico è bravo.
Prendo questa notizia da un giornale. Il giornale è «la Stampa».
Vado da una mia zia. La zia è vecchia.
Vado da una professoressa. La professoressa è brava.

17. Преобразуйте предложения, следуя образцам:

Il problema/la storia, di cui mi interesso, è serio/a. Il problema/la storia, del quale/della quale mi interesso, è serio/a.

L'argomento, di cui discutiamo, è il calcio.
Il ragazzo, di cui parlo, è il mio amico.
La questione, di cui discutiamo, è complessa.
La ragazza, di cui parlo, è la mia amica.

I problemi/le storie, di cui mi interesso, sono seri/serie. I problemi/le storie, dei quali/delle quali mi interesso, sono seri/e.

Gli argomenti, di cui discutiamo, sono il calcio e il nuoto.
I ragazzi, di cui parliamo, sono i miei amici.
Le questioni, di cui discutiamo, sono complesse.
Le ragazze, di cui parliamo, sono le mie amiche.

L'appartamento/la casa, in cui abito, è nuovo/a. L'appartamento/la casa, nel quale/nella quale abito, è nuovo/a.

Il salotto, in cui mi trovo, è piccolo.
L'ufficio, in cui lavoro, è freddo.
La cucina, in cui mi trovo, è piccola.
La stanza, in cui lavoro, è fredda.

Il foglio/la carta, su cui scrivo, è bianco/a. Il foglio/la carta, sul quale/sulla quale scrivo, è bianco/a.

Il tavolo, su cui c'è un vaso di fiori, è piccolo.
Il letto, su cui stai seduto, è comodo.
La sedia, su cui c'è il tuo vestito, è vecchia.
La bicicletta, su cui stai seduta, è bassa.

ОБЗОРНЫЕ УПРАЖНЕНИЯ

18. Вставьте недостающие глаголы:

1. Il Fiorentino ... la chiave e ... al primo piano. 2. Pulcinella ... la valigia, ... la mancia. 3. Chi cerca ... 4. Pulcinella ... la strada e ... Arlecchino. 5. Allora Arlecchino ... a Pulcinella le lettere che poi ... nel

canale. 6. Arlecchino ... : «Mi ..., mi ...». 7. Arlecchino ... di scrivere: «... stasera!» 8. Pulcinella ... le lettere agli innamorati.

19. Вставьте недостающие артикли:

а) 1. ... Carnevale è finito. 2. ... albergo si chiama «Rialto». 3. Pulcinella porta ... sua valigia. 4. ... sua camera è al secondo piano. 5. Finalmente Pulcinella ha ... lavoro. 6. Scriviamo noi ... risposte! 7. ... ragazza dice che oggi è ... compleanno di Rosetta. 8. Pulcinella saluta ... amici.

б) 1. Il giovane va in ... albergo. 2. Alfredo prende ... camera singola. 3. Sono ... povero, senza casa. 4. Deve portare ... lettera. 5. Sì, sei ... amico, ma è ... segreto. 6. Ma lei è ... amica. 7. Ma avete ... penna?

20. Вставьте недостающие предлоги:

1. Il Fiorentino, figlio ... un banchiere, non torna ... casa. 2. Decide ... restare ... Venezia. 3. Il giovane non ha parenti ... Venezia e perciò va ... un albergo. 4. Alfredo sale ... camera. 5. Vorrei scambiare i miei calzoni ... un bel piatto ... maccheroni. 6. Pulcinella incontra Arlecchino ... un piccolo ponte veneziano. 7. Pulcinella corre ... l'albergo.

21. Вставьте недостающие предлоги и артикли:

1. Il Fiorentino sale ... primo piano. 2. Dove? ... Ponte ... Sospiri? Ma no!!! 3. Le lettere finiscono ... canale. 4. Colombina sente le ultime parole ... amici. 5. Pulcinella consegna le lettere ... innamorati.

22. Закончите предложения, следуя образцам:

Se devi cercare, ... — Se devi cercare, cerca! — Если ты должен искать, ищи!

Se devi restare, ...
Se devi aspettare, ...
Se devi domandare, ...
Se devi parlare, ...
Se devi cantare, ...

Se devi bere, ... — Se devi bere, bevi!

Se devi scrivere, ...
Se devi rispondere, ...

Se devi finire, ... — Se devi finire, finisci!

Se devi salire, ...
Se devi dormire, ...
Se devi partire, ...

23. Закончите предложения, следуя образцу:

Se dobbiamo aspettare, aspettiamo!

Se dobbiamo restare, ...
Se dobbiamo correre, ...
Se dobbiamo scrivere, ...
Se dobbiamo salire, ...
Se dobbiamo partire, ...

24. Закончите предложения, следуя образцам:

Se dovete cominciare, cominciate!

Se dovete andare, ...
Se dovete parlare, ...
Se dovete tornare, ...

Se dovete ripetere, ripetete!

Se dovete leggere, ...
Se dovete rispondere, ...
Se dovete scrivere, ...

Se dovete venire, venite!

Se dovete finire, ...
Se dovete proseguire, ...
Se dovete aprire, ...

25. Переведите предложения из упр. 23 и 24 на русский язык, переведите полученные предложения на итальянский язык; сравните оба варианта.

26. Поставьте глагол во 2-е л. ед. числа повелительного наклонения в отрицательной форме, следуя образцам:

Va'! — Non andare!

Fa'! — Non ...
Da'! — Non ...
Resta! — Non ...

Leggi! — Non leggere!

Scrivi! — Non ...
Corri! — Non ...
Rispondi! — Non ...

Vieni! — Non venire!

Sali! — Non ...
Corri! — Non ...
Parti!—Non ...

27. Поставьте глагол в отрицательную форму, как в упр. 26:

Marco, va' via! — Non ...
Marco, da' il tuo indirizzo a Carlo! — Non ...
Marco, fa' questo lavoro! — Non ...
Marco, sta' a casa! — Non ...
Marco, di' questa cosa a tutti! — Non ...
Marco, vieni qui! — Non ...

28. Соедините два предложения в одно сложноподчиненное, следуя образцу:

Aspetto l'amica. L'amica ritarda. – Aspetto l'amica che (la quale) ritarda. Я жду подругу, которая опаздывает.

Viene il professore. Il professore comincia la lezione.
Appare la ragazza. La ragazza sente la ultime parole del ragazzo.
Chiamo il medico. Il medico arriva.

29. Поставьте сложноподчиненные предложения из упр. 28 во множественное число.

30. Замените цифровые обозначения порядковыми числительными:

Lunedì e il 1° giorno della settimana. Martedì è il 2° giorno della settimana. Mercoledì è il 3° giorno della settimana. Giovedì è il 4° giorno della settimana. Venerdì è il 5° giorno della settimana. Sabato è il 6° giorno della settimana. Domenica è il 7° giorno della settimana. Agosto è l' 8° mese dell'anno. Settembre è il 9° mese dell'anno. Ottobre è il 10° mese dell'anno. Novembre è l' 11° mese dell'anno. Dicembre è il 12° mese dell'anno. Quel giovane ha la camera al 15° piano. È la 13ª lettera che le scrive e lei non risponde.

31*. Переведите на итальянский язык, обращайте внимание:

а*) на употребление повелительного наклонения во 2-м л. ед. числа:

1. Если ты устала, отдыхай. Если ты не устала, продолжай работать. 2. Если ты хочешь пить, пей. Если ты не хочешь пить, не пей. 3. Если ты спешишь, беги. Если ты не спешишь, подожди. 4. Если ты хочешь спать, спи. Если ты не хочешь спать, не спи. 5. Если ты не боишься, входи. Если ты боишься, не входи.

б*) на употребление повелительного наклонения во 2-м л. мн. числа:

1. Если вы должны уезжать, уезжайте. Если вы не должны уезжать, не уезжайте. 2. Если вы должны вернуться домой, возвращайтесь. Если вы не должны возвращаться домой, не возвращайтесь. 3. Если вы должны уходить, уходите. Если вы не должны уходить, не уходите. 4. Если вы должны отвечать, отвечайте. Если вы не должны отвечать, не отвечайте.

32*. Переведите на итальянский язык, обращайте внимание на употребление глаголов *andare — идти, venire — приходить:*

1. Я иду в университет. Ты тоже идешь туда? — Да, я тоже иду туда. 2. Я иду в театр. Ты тоже идешь? — Да, я тоже иду. 3. Ты часто ходишь в кино? — Да. — Я тоже часто хожу в кино. 4. Пойдешь со мной в кино? — Да, я охотно пойду с тобой. 5. Мы едем в Москву. А вы? — А мы уезжаем в Италию. 6. Вы придете сегодня вечером? — Да, придем. — А они? — А они не придут.

33*. Переведите на итальянский язык, обратите внимание на употребление относительных местоимений che, il quale, la quale, i quali, le quali:

а*) 1. Я жду друга, который опаздывает. 2. Он вызывает врача, который быстро приезжает. 3. Она звонит подруге, которая сразу же отвечает ей. 4. Приходит преподаватель, который начинает занятие.

б*) 1. Я жду друзей, которые запаздывают. 2. Приходят преподаватели, которые начинают занятия. 3. Возвращаются мои сестры, которые заканчивают работу.

УПРАЖНЕНИЯ ПО СОДЕРЖАНИЮ ТЕКСТА

1. Прочитайте и переведите текст.

2. Выучите новые слова и выражения.

3. Найдите в тексте ответы на вопросы:

1. È finito il Carnevale? 2. Chi non torna a casa? 3. Perché decide di restare a Venezia? 4. Il giovane ha parenti a Venezia? 5. In quale albergo va il giovane? 6. Che cosa chiede il giovane al portiere? 7. Chi entra nella hall dell'albergo? 8. Quale camera prende Alfredo? 9. Dove sale Alfredo? 10. Che cosa aspetta Pulcinella? 11. Che cosa fa a Venezia? 12. Pulcinella è ricco o povero? 13. Quale scambio vuol fare? 14. Quale lavoro ha Pulcinella? 15. Perché picchia Arlecchino? 16. Che cosa gli propone Arlecchino? 17. Cosa dice Colombina? 18. Che cosa scrive? 19. A chi consegna le lettere Pulcinella?

4*. Задайте вопросы к выделенным курсивом членам предложения:

1. Sono *di Napoli.* 2. Mi chiamo *Pulcinella.* 3. *Cerco* lavoro, signore! 4. *Chi cerca* trova! 5. Il giovane banchiere scrive *qualcosa.* 6. Arlecchino propone a *Pulcinella* di scrivere le risposte. 7. *Oggi* è il compleanno di Rosetta. 8. Colombina scrive *due* lettere.

5. Правильно опишите ситуацию, следуя образцу:

> Il Fiorentino prende una (camera) singola che è al secondo piano. — No, non è vero. Il Fiorentino prende una (camera) doppia che è al primo piano.

Il giovane ha parenti a Venezia e perciò va a casa.
Il fiorentino decide di partire per Firenze.
Pulcinella porta la valigia ad Alfredo, figlio del Dottore.
Pulcinella è di Venezia.
Pulcinella incontra Colombina sul Ponte dei Sospiri.
Pulcinella deve portare le lettere alla moglie di Pantalone.
Pulcinella consegna le lettere a Rosetta.

6. В соответствии с содержанием текста соедините левую и правую части в одно предложение:

Decide di restare a Venezia	e il portiere gli chiede un documento.
Il Fiorentino chiede una camera doppia	ma il nome non c'è.
Il Fiorentino prende la chiave, sale al primo piano	perché non ha parenti a Venezia.
Va in albergo.	perché a Venezia c'è Rosetta.
Arlecchino strappa la lettera a Pulcinella	e Pulcinella gli porta la valigia.
Sono un povero, poveretto, senza casa, senza letto	che poi finiscono nel canale.
A Venezia non c'è lavoro!	Vorrei scambiare i miei calzoni per un bel piatto di maccheroni!
Pulcinella deve portare la lettera a una signorina	Ma io sono fortunato. Chi cerca trova!

7*. Ответьте на вопросы, переведите вопросы на русский язык, а ответы на итальянский:

1. Se il Carnevale è finito, perché il Fiorentino non torna a casa? — Флорентиец решает остаться в Венеции, чтобы увидеть Розетту.

2. Il giovane ha parenti a Venezia? — Нет, у молодого человека нет родственников в Венеции и поэтому он идет в гостиницу «Риальто».

3. Perché Pulcinella aspetta la mancia? — Пульчинелла ждет чаевые, потому что он принес чемодан молодого банкира.

4. Perché Pulcinella è fortunato? — Потому что он ищет и находит работу в Венеции.

5. Che lavoro è? — Он должен отнести письмо банкира Розетте и принести ответ Розетты банкиру.

6. Dove incontra Arlecchino? — Он встречает Арлекина на мосту, не на Мосту Вздохов, а на маленьком венецианском мосту.

7. Cosa fa Arlecchino? — Арлекин вырывает у Пульчинеллы письма, которые затем падают в канал.

8. Perché Arlecchino strappa le lettere a Pulcinella? — Потому что Пульчинелла не говорит ему, кому он должен отнести письма.

9. Che cosa sente Colombina? — Коломбина слышит, что Арлекин предлагает Пульчинелле написать: «Приходи сегодня вечером».

10. Che cosa compra Pulcinella per scrivere la risposta? — Он покупает ручку, бумагу и два конверта.

11. E poi cosa fa Pulcinella? — Он берет письма, прощается с друзьями, бежит в гостиницу и вручает письма влюбленным.

8. Перескажите текст: а) кратко; б) подробно.

9. Задайте вопросы и ответьте на них:

1. Se Lei resta nella città, dove ha parenti, preferisce andare da loro o in un albergo? 2. Se va in un albergo, quale camera prende: una singola o una doppia, al primo piano o all'ultimo piano? 3. Le place scrivere le lettere? 4. Le piace riceverle? 5. Se è molto arrabbiato con il suo amico, lo picchia? 6. Se lo picchia, dopo gli chiede scusa?

10*. Переведите на итальянский язык:

После Карнавала Марио не торопится возвращаться в Рим. Он предпочитает остаться в Венеции. У него нет родственников в Венеции, но здесь его девушка. Ее зовут Пина. Марио не нравится родителям Пины. Тогда Марио решает написать Пине. Он покупает конверт, бумагу, пишет ей записку, которую вкладывает в конверт. Затем он подзывает одного мальчика и просит его отнести Пине это письмо. Но какой-то незнакомец вырывает у мальчика письмо и оно падает в канал. Марио страшно взбешен. Он принимается бить незнакомца, но тот исчезает в толпе.

11. Пользуясь словарем учебника, переведите на русский язык следующие записочки из конфет «Бачи Перуджина»:

1. Non parlare se quello che vuoi dire non è meglio del silenzio. (*proverbio arabo*)

2. L'amore detta, il bacio scrive i segreti del cuore. (*Anonimo*)

3. Quando si scrive delle donne bisogna tingere la penna nell'arcobaleno. (*Anonimo*)

4. Chiunque ami crede nell'impossibile. (*E. Barret Browning*)

5. Ma tu chi sei che avanzando nel buio della notte inciampi nei miei più segreti pensieri. (*W. Shakespeare*)

12. Следуя образцу, образуйте итальянские слова из букв существительного *albergatore* (*владелец гостиницы*). Пользуясь словарем, переведите на русский язык слова приводимого образца:

albergo (*гостиница*) — albero, bere, raro, ora, bello, ballo, largo, borgo, ago, gola, gara, gobbo, lago...

RISATE A DENTI STRETTI — СМЕХ СКВОЗЬ СЛЕЗЫ

Прочитайте и переведите на русский язык анекдот:

Lui: — Lei è molto bella, signorina!
Lei: — Peccato! Ma io non posso dire altrettanto di Lei!
Lui: — Signorina! Faccia come me: dica una bugia!

altrettanto *зд.:* то же самое
posso (potere) могу (мочь)
come me как я
bugia *f* ложь

— Dev'essere lì dentro: sento che respira...

Восьмой урок — Lezione ottava

IL COMPLEANNO DI ROSETTA — ДЕНЬ РОЖДЕНИЯ РОЗЕТТЫ

Oggi è il compleanno di Rosetta! Quanti anni ha? Ha 17 anni. Oggi compie 17 anni. Auguri, Rosetta! Tanti, tanti auguri!

La stanza di Rosetta. Stamattina Rosetta si alza presto, si lava, si veste e si guarda nello specchio. Stasera deve essere bella! Stasera vengono gli ospiti. Ma il padre non c'è. Che peccato! È un commerciante. Viaggia molto! Pazienza... Dunque, che cosa si mette stasera?

Rosetta: Che cosa mi metto stasera? Un vestito rosso? Verde? O questo vestito bianco?

Entra la madre di Rosetta, la signora Maria. Fa gli auguri e poi dà alla figlia un pacco. Ma che cos'è? Oh! È un vestito! È il regalo dei genitori. Che bel vestito! «Grazie, mammina!» Allora, stasera Rosetta si mette questo vestito. È bellissimo!

Suona il campanello della porta. Chi è? Il papà? No! È Pulcinella con fiori per Rosetta. Ma chi manda i fiori? Ah! Ecco! C'è un biglietto da visita: Francesco Alfieri, Banca di Firenze. Oh! Il fidanzato fiorentino! Che bei fiori! Francesco è molto gentile!

Pulcinella fa gli auguri a Rosetta e va via.

Il campanello suona di nuovo. Ma chi è? Sono gli zii. Baci. Abbracci. Auguri.

Zio, zia: Rosetta! Cara! Auguri! Tanti, tanti auguri!

Rosetta: Grazie, zia! Grazie, zio!

Zio: Rosetta, sei bellissima! Quando mangiamo i confetti?

Rosetta: Ma, zio...

Maria: Ma è giovanissima! Ha solo 17 anni.

Suona il campanello. Chi è? Rosetta corre ad aprire. Oh! Il Fiorentino!

Fiorentino: Buona sera, signorina!

Rosetta: Buona sera! Prego! S'accomodi!

Francesco: Buona sera, signora! Buona sera, signori!

Maria: Buona sera! Prego, Francesco! S'accomodi! Oggi è il compleanno di Rosetta!

Francesco: Signorina Rosetta! Auguri! Tanti, tanti auguri!

Rosetta: Grazie, Francesco. E grazie per i fiori. Lei è molto gentile.

Francesco: Prego, signorina.

La signora Maria porta una grande torta.

Zia: Oh! Che bella torta! Brava, Maria!

Maria: Grazie!... Signori! Prego! Accomodatevi!

Tutti si mettono a tavola.

Zio: Rosetta! Tanti auguri a te! Tanti auguri a te!

Tutti: Tanti auguri a Rosetta! Tanti auguri a te!

Zio: Cento di questi giorni!

Rosetta spegne le candele della torta. Applausi. Il Fiorentino canta un'aria.

Rosetta: Grazie! Siete molto gentili!

Maria: Signori! Prego! Servitevi!

Tutti: Grazie! Grazie!

Zio: Maria! Oggi è il compleanno di Rosetta ma Pantalone non c'è. Perché?

Maria: Ma Pantalone è un commerciante! Viaggia molto! Pazienza!...

Zio, Zia: Che peccato! Ci dispiace...

Zio: Rosetta! Quando magiamo i confetti?

Rosetta: Ma, zio!...

Maria: Ma è giovanissima! Ha solo 17 anni!

Fiorentino: Ha solo 17 anni?

Di nuovo suona il campanello. Ma chi è questa volta? Rosetta corre ad aprire. Il papà? No! Che sorpresa! È il figlio del Dottore. Alfredo fa gli auguri e regala a Rosetta il suo trattato. Oddio! Che idea! Regalare alla signorina un trattato! Oh! Questi studenti! Rosetta prende il trattato. Ma è pesantissimo! Il trattato cade per terra. Dal trattato cade una lettera. Il Fiorentino prende la lettera e legge: «Vieni stasera!» Poi tira fuori la sua lettera e legge: «Vieni stasera!» Le lettere sono uguali, la stessa calligrafia. Dunque, anche Alfredo, figlio del Dottore, piace a Rosetta!? Che inganno!

Tutti: Che cosa c'è? Che c'è?

Fiorentino: Brava, Rosetta, bravissima!

Rosetta: Ma, Francesco, che cosa c'è?

Fiorentino: Addio, signorina! Addio, signori!

Maria: Che tragedia!

Il Fiorentino canta l'aria: «Ridi pagliaccio!...» e va via. Il figlio del Dottore ride.

Pulcinella: Ride bene chi ride l'ultimo!

VOCABOLARIO — СЛОВАРЬ

cómpiere (gli anni) исполняться (*о возрасте*)
fáre gli augúri a *qd* поздравлять, желать кому-либо
Augúri! Tánti augúri! Поздравляю (-ем)! С наилучшими пожеланиями!
Tánti augúri a te! Поздравляю (-ем) тебя!
Cénto di quésti giórni! Желаю (-ем) прожить сто лет!
stánza *f* комната
alzársi *rfl* вставать
présto *avv* рано, быстро .
lavársi *rfl* мыться, умываться
vestírsi *rfl* одеваться
vestíto *m* платье; костюм (*мужской*)
guardársi *rfl* смотреться
spécchio *m* зеркало
óspite *m, f* гость, -я; хозяин, -ка
méttersi *rfl* надевать на себя; приниматься за что-либо
rósso *agg* красный
biánco *agg* белый
vérde *agg* зеленый
pácco *m* сверток
regálo *m* подарок
regaláre *vt* дарить
campanéllo *m* звонок
pórta *f* дверь
fióre *m* цветок
mandáre *vt* посылать
bigliétto da vìsita визитная карточка
bánca *f* банк
di nuóvo *avv* снова, опять
abbráccio *m* объятие
abbracciáre *vt* обнимать
Quánti ánni ha? Сколько ему, ей, Вам лет?
úndici *num* одиннадцать
dódici *num* двенадцать
trédici *num* тринадцать
quattórdici *num* четырнадцать
quìndici *num* пятнадцать
sédici *num* шестнадцать
diciassétte *num* семнадцать
diciótto *num* восемнадцать
diciannóve *num* девятнадцать
vénti *num* двадцать
trattáto *m* трактат
pesánte *agg* тяжелый
cadére *vi* падать
tirár fuóri доставать, извлекать
uguále (eguale) *agg* одинаковый, равный
stésso *agg, pron* тот же самый
ingánno *m* обман
ingannáre *vt* обманывать
Addìo! Прощай! Прощайте!
tragédia *f* трагедия
Ride béne chi rìde l'última. Хорошо смеется тот, кто смеется последним.
accomodársi *rfl* устраиваться, располагаться
tórta *f* торт

ПОЯСНЕНИЯ К ТЕКСТУ

1. Существительные **ospite, parente** имеют одну форму для мужского и женского рода в единственном числе и одну форму **ospiti, parenti** во множественном числе.

Слово **ospite** означает и *гость, гостья* и *хозяин, хозяйка.*

2. **Quando mangiamo i confetti?** — *Скоро ли будет свадьба?* Букв.: *Когда мы будем есть конфеты?*

Confetti — овальные драже из миндаля, фисташек, орехов, которыми угощают по случаю крестин, причастий и свадеб.

Запомните, что итальянское слово **confetti** не соответствует русскому слову *конфеты.* Это так называемые «ложные друзья». Сравните: итальянское слово **famiglia** соответствует русскому слову *семья;* русское слово *фамилия* — итальянскому **cognome** (произносится «коньёме»). Русское слово *конфеты* не имеет итальянского эквивалента. В итальянском языке обозначаются лишь разновидности конфет: **cioccolatini** — *шоколадные конфеты,* **caramelle** — *карамель.*

ГРАММАТИКА

Возвратная форма глагола

Возвратные глаголы имеют те же времена и наклонения, что и невозвратные; они также распределяются по группам типового спряжения. В отличие от русского языка, возвратная частица *si* изменяется по лицам и числам:

Настоящее время (Presente)

	I спряжение	**II спряжение**	**III спряжение**
	svegliársi — *просыпаться*	**rádersi** — *бриться*	**vestírsi** — *одеваться*
(io)	**mi svéglio** — *я просыпаюсь*	**mi rádo** — *я бреюсь*	**mi vésto** — я *одеваюсь*
(tu)	**ti svégli**	**ti rádi**	**ti vésti**
(lui, lei, Lei)	**si svéglia**	**si ráde**	**si véste**

(noi)	**ci svegliamo**	**ci radiámo**	**ci vestiamo**
(voi)	**vi svegliate**	**vi radéte**	**vi vestite**
(loro, Loro)	**si svégliano**	**si rádono**	**si véstono**

Возвратная частица *предшествует* личной форме глагола (за исключением отдельных форм повелительного наклонения).

В инфинитиве возвратного глагола, управляемого личной формой другого глагола, также происходит изменение возвратной частицы по лицам и числам:

Mi piace svegliarmi presto.	— *Мне нравится просыпаться рано.*
Io devo svegliarmi presto.	— *Я должен проснуться рано.*
Tu devi raderti.	— *Ты должен побриться.*
Lui prende il caffè per svegliarsi.	— *Он пьет кофе, чтобы проснуться.*
Loro preferiscono coricarsi tardi.	— *Они предпочитают поздно ложиться.*
Vi piace vestirvi alla moda.	— *Вам нравится одеваться по моде.*
Pensiamo di svegliarci presto.	— *Мы рассчитываем рано проснуться.*
Lei decide di mettersi il vestito rosso.	— *Она решает надеть красное платье.*

Отрицательная частица **non** *предшествует* возвратному местоимению: **Non mi alzo, non ti alzi, non si alza, non ci alziamo.**

Возвратные частицы при возвратных глаголах следует отличать от совпадающих с ними по форме безударных личных местоимений. Сравните: **mi** sveglio — я *просыпаюсь,* lei **mi** sveglia — *она меня будит,* io **mi** vesto — *я одеваюсь,* lei **mi** veste — *она меня одевает.*

Повелительное наклонение возвратных глаголов

В повелительном наклонении форма возвратного глагола образуется по общему правилу (как у невозвратных глаголов). Возвратная же частица в зависимости от лица занимает различную позицию:

I спряжение	II спряжение	III спряжение
accomodársi — *распола-гаться, присаживаться*	**rádersi** — *бриться*	**servìrsi** — *угощать-ся, пользоваться*
(tu) Accómoda**ti**!	Ràdi**ti**!	Sérvi**ti**!
(Lei) **Si** accómodi!	**Si** ráda!	**Si** sérva!
(noi) Accomodìamo**ci**!	Radiámo**ci**!	Serviámo**ci**!
(voi) Accomodáte**vi**!	Radéte**vi**!	Servìte**vi**!
(Loro) **Si** accómodino!	**Si** rádano!	**Si** sérvano!

В 1-м и 2-м л. ед. и мн. числа возвратная частица *присоединяется* к глагольной форме, в 3-м л. ед. и мн. числа ставится *перед* ней.

Отрицательная форма возвратного глагола в повелительном наклонении образуется по общему правилу; однако возвратная частица 1-го и 2-го л. может стоять также в *препозиции*, то есть *перед* глаголом:

preoccupársi — *беспокоиться*

(tu)	Non preoccupár**ti**! (= Non **ti** preoccupáre!)	— *Не беспокойся!*
(Lei)	Non **si** preóccupi!	— *Не беспокойтесь!*
(noi)	Non preoccupìamoci! (= Non **ci** preoccupiamo!)	— *Не будем беспокоиться!*
(voi)	Non preoccupátevi! (= Non **vi** preoccupate!)	— *Не беспокойтесь!*
(Loro)	Non **si** preóccupino!	— *Не беспокойтесь!*

Положение безударных личных местоимений относительно глагольной формы повелительного наклонения переходных глаголов аналогично положению возвратных частиц:

(tu)	Raccónta**mi** questa storia!	— *Расскажи мне эту историю!*
(voi)	Raccontáte**gli** questa storia!	— *Расскажите ему эту историю!*
(noi)	Raccontìamo**le** questa storia!	— *Расскажем ей эту историю!*
(voi)	Raccontáte**ci** questa storia!	— *Расскажите нам эту историю!*
(Lei)	**Gli** raccónti questa storia!	— *Расскажите ему/ей эту историю!*
(Loro)	**Gli** raccóntino questa storia!	— *Расскажите им эту историю!*

Отрицательная форма

(tu)	Non raccontár**lo**! (= Non **lo** raccontáre!)	— *Не рассказывай это!*
(Lei)	Non **lo** raccónti!	— *Не рассказывайте это!*
(noi)	Non raccontìamo**lo**! (= Non **lo** raccontìamo!)	— *Не будем рассказывать это!*
(voi)	Non raccontáte**lo**! (= Non **lo** raccontate!)	— *Не рассказывайте это!*
(Loro)	Non **lo** raccóntino!	— *Не рассказывайте это!*

После односложных форм повелительного наклонения (2-го л. ед. числа) безударное местоимение или частица удваивают начальный согласный:

Dá**mmi**! — *Дай мне!*
Dì**mmi**! Dì**cci**! — *Скажи мне! Скажи нам!*
Fá**mmi**! Fá**cci**! — *Сделай мне! Сделай нам!*
Stá**cci**! — *Будь там!*

Настоящее время глагола *compiere*

cómpiere — *завершать, выполнять; исполняться (о возрасте)*

(io) **cómpio**
(tu) **cómpi**
(lui, lei, Lei) **cómpie**
(noi) **compìamo**
(voi) **compìte**
(loro, Loro) **cómpiono**

Например: Oggi compio 27 anni. — *Сегодня мне исполняется 27 лет.* Domani Rosetta compie 17 anni. — *Завтра Розетте исполняется 17 лет.* Oggi Mario compie il piano (il lavoro). — *Сегодня Марио завершает план (работу).*

Прилагательные *bello, quello, buono, grande*

Прилагательные **bello, quello, buono, grande**, в зависимости от рода и числа, а также начальных звуков непосредственно стоящего после них существительного, изменяют свою форму аналогично артиклю.

Существительные с артиклем	Прилагательные			
	bello — *красивый*	**quello** — *тот*	**buono** — *вкусный, хороший*	**grande** — *большой*
Единственное число				
Мужской род				
il libro lo { stadio, zio l'amico	bel libro bello { stadio, zio bell'amico	quel libro quello { stadio, zio quell'amico	buon libro buono { stadio, zio buon amico	gran libro grande { stadio, zio grand'amico
Женский род				
la torta l'amica	bella torta bell'amica	quella torta quell'amica	buona torta buon'amica	gran(de) torta gran(de) amica
Множественное число				
Мужской род				
i libri gli { stadi, zii, amici	bei libri begli { stadi, zii, amici	quei libri quegli { stadi, zii, amici	buoni { libri, stadi, zii, amici	grandi { libri, stadi, zii, amici
Женский род				
le { torte, amiche	belle { torte, amiche	quelle { torte, amiche	buone { torte, amiche	grandi { torte, amiche

Запомните, что если прилагательное следует за существительным, то его форма не изменяется. Сравните:

Che **bel** libro! — Il libro è **bello**.
Che **bei** fiori! — I fiori sono **belli**.
È un **buon** amico. — L'amico è **buono**.
È un **buono** zio. — Lo zio è **buono**.

Конструкция *da* + существительное без артикля

Многие существительные (без артикля) в конструкции с предлогом могут выступать в качестве определения. Существительное с предлогом ***da*** обозначает назначение чего-либо и на русский язык в большинстве случаев переводится *прилагательным*:

biglietto da visita — *визитная карточка;*
stanza da bagno — *ванная комната;*
cane da caccia — *охотничья собака;*
camera da letto — *спальня (спальная комната).*

ГРАММАТИЧЕСКИЕ И ЛЕКСИКО-ГРАММАТИЧЕСКИЕ УПРАЖНЕНИЯ

1. Проспрягайте в настоящем времени возвратные глаголы и словосочетания с возвратным глаголом:

а) в положительной форме; б) в отрицательной форме:

servirsi, vestirsi, alzarsi, sbagliarsi, addormentarsi, mettersi; mettersi a tavola, vestirsi a festa, addormentarsi subito.

2. Поставьте в соответствующие формы возвратные глаголы:

Io (alzarsi) tardi. Tu (vestirsi) bene. Loro (vestirsi) a festa. Lei (addormentarsi) tardi. La mamma (mettersi) il vestito verde. La famiglia (mettersi) a tavola. Voi (mettersi) a lavorare. Mario (sbagliarsi) spesso. Lui (sbagliarsi) sempre. Noi (vestirsi) a festa. Il professore non (sbagliarsi).

3. Употребите в повелительном наклонении:

а) возвратные глаголы:

svegliarsi, addormentarsi, radersi, innamorarsi, sbagliarsi;

б) словосочетания с ними:

mettersi un nuovo vestito; alzarsi tardi; mettersi a tavola.

4. Поставьте глаголы в повелительном наклонении из упр. 3 в отрицательную форму.

5. Поставьте во множественное число, следуя образцам:

Lei si alza alle sette. — Loro si alzano alle sette.

Lui si trova a Milano.
Lei si ferma un giorno.
Lui si accomoda fuori.

Carlo si lava in fretta. (Marco) — Carlo e Marco si lavano in fretta.

Anna si veste bene. (Pina)
Aldo si trova a Roma. (Carlo)
Marco si ferma una notte. (Aldo)

6. Ответьте на вопросы, следуя образцам:

Come ti vesti oggi? (a festa) — Oggi mi vesto a festa.

A che ora ti aizi? (alle otto)
Quanto ti fermi? (un'ora)
Dove ti metti? (a tavola)

Come vi vestite oggi? (a festa) — Oggi ci vestiamo a festa.

A che ora vi alzate? (alle otto)
Quanto vi fermate? (un'ora)
Dove vi mettete? (a tavola)

7. Ответьте на вопросы, следуя образцам:

Signor Rossi, come si trova qui? (molto bene) — Qui mi trovo molto bene. — Синьор Росси, как вы чувствуете себя здесь? — Здесь я чувствую себя очень хорошо.

Signora Filzi, quanto si ferma? (cinque giorni)
Signorina, a che ora si alza? (alle nove)
Dottore, che cosa si mette? (un nuovo vestito)

Signore, come si trovano qui? (benissimo) — Ci troviamo benissimo. Дамы, как вы чувствуете себя здесь? — Мы чувствуем себя здесь отлично.

Signori, quanto si fermano? (tre giorni)
Signorine, a che ora si alzano? (alle otto)
Signori, dove si accomodano? (nel salotto)

8. Поставьте во множественное число, следуя образцу:

Si accomodi pure. — Si accomodino pure.

Si metta a cantare.
Si fermi a Milano.
Si aizi presto.
Si metta a tavola.
Si lavi con acqua fredda.
Si serva pure.
Si trovi all'una all'università.

9. Поставьте глагол в инфинитиве в повелительное наклонение во 2-е лицо ед. и мн. числа, следуя образцам:

Devo svegliarmi alle 6. — Svegliati pure! Я должен проснуться в шесть. — Просыпайся!

Devo fermarmi un giorno in questa città.
Devo trovarmi in albergo all'una.
Devo prepararmi in fretta.

Dobbiamo trovarci in albergo alle 3. — Trovatevi pure! Мы должны встретиться в гостинице в три. — Встречайтесь!

Dobbiamo svegilarci presto.
Dobbiamo fermarci a Roma per tre giorni.
Dobbiamo prepararci per stasera.

10. Переведите предложения из упр. 9 на русский язык. Затем переведите полученные предложения на итальянский язык; сравните оба варианта.

11. Поставьте глагол в инфинитиве в повелительное наклонение в 1-е лицо мн. числа, следуя образцу:

Dobbiamo svegliarci presto. — Va bene, svegliamoci presto.

Dobbiamo trovarci in albergo alle 3.
Dobbiamo prepararci per stasera.
Dobbiamo fermarci a Roma per tre giorni.

12. Поставьте глагол в инфинитиве в повелительное наклонение в вежливую форму и замените существительное местоимением, следуя образцам:

Posso mangiare questa pasta? — Certo, la mangi pure! Я могу съесть это пирожное? — Конечно, съешьте его!

Posso invitare la mia amica?
Posso consegnare questa lettera?
Posso suonare la balalaika?

Possiamo mangiare questi dolci? — Certo, li mangino pure! Мы можем съесть эти пирожные? — Конечно, съешьте их!

Possiamo consegnare questi libri?
Possiamo suonare i violini?

13. Поставьте глагол в инфинитиве в повелительное наклонение в вежливую форму, следуя образцам:

Devo mettermi a lavorare. — Va bene, si metta a lavorare! Я должен приниматься за работу. — Хорошо, принимайтесь за работу!

Devo mettermi a scrivere.
Devo mettermi a mangiare.
Devo mettermi a suonare.

Dobbiamo metterci a lavorare. — Va bene, si mettano a lavorare! Мы должны приниматься за работу. — Хорошо, принимайтесь за работу!

Dobbiamo metterci a mangiare.
Dobbiamo metterci a scrivere.
Dobbiamo metterci a suonare.

14. Поставьте глагол в инфинитиве в повелительное наклонение в вежливую форму, следуя образцам:

Devo rispondere alla lettera. — Risponda pure! Я должен ответить на письмо. — Отвечайте!

Devo scrivere subito.
Devo partire per Venezia.
Devo restare a casa.

Dobbiamo aspettare ancora. — Aspettino pure! Мы должны еще подождать. — Ждите!

Dobbiamo telefonare subito.
Dobbiamo scrivere oggi.
Dobbiamo partire stasera.

15. Поставьте указанные в скобках прилагательные в соответствующую форму:

È un (buono) ragazzo. Questo ragazzo è (buono) e bravo.
È una (buona) amica. È un'amica (buona) e bella.
Conosci (quello) ragazzo? — (Quello)? — No.
È un (grande) poeta. È un poeta veramente (grande).
Che (bello) fiore! — Il fiore è (bello).
Che (bello) stadio! — È uno stadio (bello) e (grande).

16. Переведите на русский язык словосочетания с предлогом *da*:

macchina da scrivere, sala da pranzo, legno da costruzione, costume da bagno, stanza da bagno, occhiali da sole, cane da caccia, cavallo da generale, sguardo da eroe, visita da amico, festa da ballo, ferro da cavallo, abito da sera, animale da circo, vestito da festa, crema da barba, biglietto da visita, cavallo da corsa, macchina da presa, tazza da caffè, fazzoletto da naso, vaso da fiori, carta da lettere

ОБЗОРНЫЕ УПРАЖНЕНИЯ

17. Вставьте недостающие глаголы:

1. Stamattina Rosetta ... presto ... e ... nello specchio. 2. Allora, stasera Rosetta ... questo vestito. 3. ... il campanello della porta. 4. Ma chi ... i fiori? 5. Quando ... i confetti? 6. Prego, Francesco! ...! 7. Rosetta ... le candele della torta. 8. Signori! Prego! ...! 9. ... alla signorina un trattato! 10. Dal trattato ... una lettera. 11. Il figlio del Dottore ...

19. Вставьте недостающие артикли:

а) 1. Stasera vengono ... zii. 2. Entra ... la madre di Rosetta ... signora Maria. 3. È ... un regalo dei genitori. 4. Suona ... campanello della porta. 5. Pulcinella fa ... auguri a Rosetta. 6. Rosetta spegne ... candele della torta. 7. Quando mangiamo ... confetti? 8. È ... figlio del Dottore. 9. Fiorentino canta ... aria: «Ridi, pagliaccio».

б) 1. La madre di Rosetta dà alla figlia ... pacco. 2. Ma che cosa c'è? Oh! È ... vestito. 3. C'è ... biglietto da visita. 4. La signora Maria porta ... grande torta. 5. Il Fiorentino canta ... aria. 6. Dal trattato cade ... lettera.

20. Вставьте недостающие предлоги:

1. C'è un biglietto ... visita. 2. Il campanello suona ... nuovo. 3. Rosetta corre ... aprire. 4. E grazie ... i fiori. 5. Tutti si mettono ... tavola. 6. Tanti auguri ... te! 7. Cento ... questi giorni. 8. Alfredo regala ... Rosetta il suo trattato. 9. Il trattato cade ... terra. 10. Dunque, anche Alfredo piace ... Rosetta?

21. Составьте предложения из слов и выражений:

1. di Rosetta, oggi, il compleanno, è; 2. nello specchio, si alza, si guarda, presto, si veste, e Rosetta, stamattina; 3. bella, stasera, deve, Rosetta, essere; 4. gli auguri, fa, va via, e, Pulcinella, a Rosetta; 5. legge, prende, e, la lettera, il Fiorentino, la; 6. uguali, sono, le lettere, la calligrafia, stessa; 7. a Rosetta, piace, del Dottore, figlio, anche, dunque, Alfredo; 8. l'ultimo, ride, chi, bene, ride.

22. Закончите предложения:

1. Entra la madre di Rosetta ... 2. Suona il campanello della porta ... 3. Francesco Alfieri, il fidanzato fiorentino .... 4. La signora Maria porta una grande torta ... 5. Tutti si mettono a tavola ... 6. Oggi è il

compleanno di Rosetta ma ... 7. Rosetta corre ad aprire e ... 8. Il Fiorentino legge le due lettere e ...

23*. Переведите на итальянский язык, обращайте внимание на перевод возвратных глаголов с местоимениями *ты*, *вы*, *Вы*:

1. Марко, как долго ты пробудешь в Риме? — Я пробуду здесь два дня. 2. Альдо, в котором часу ты встаешь? — Я встаю в семь часов. 3. Анна, почему ты не одеваешься? — Сначала я умоюсь, а потом оденусь. 4. Мария, как ты себя чувствуешь? — Я чувствую себя здесь прекрасно. 5. Синьор Росси, как долго вы пробудете в Болонье? – Я пробуду здесь два дня. 6. Синьора Мария, в котором часу вы просыпаетесь? — Я просыпаюсь в шесть часов утра. 7. Синьорина, что вы собираетесь делать? — Я собираюсь читать. 8. Синьор Бьянки, как вы себя здесь чувствуете? — Я чувствую себя здесь прекрасно. 9. Ребята, котором часу вы встаете? — Мы встаем в девять часов. 10. Друзья, как вы чувствуете себя здесь? — Мы чувствуем себя здесь очень хорошо. 11. Девушки, что вы собираетесь делать? — Мы собираемся есть торт. 12. Господа, как долго вы пробудете в Москве? — Мы пробудем здесь пять дней. 13. Господа, как вы чувствуете себя в нашей гостинице? — Мы чувствуем себя хорошо. 14. Господа, в котором часу вы встаете? — Мы встаем рано. 15. Господа, как долго вы пробудете в Милане? — Мы пробудем здесь четыре дня.

24*. Переведите на итальянский язык, обращайте внимание на перевод глаголов в повелительном наклонении в вежливой форме (в 3-м л. ед. числа):

а*) 1. Если вы устали, отдохните. Если вы не устали, продолжайте работать. 2. Если вы хотите пить, пейте. Если вы не хотите пить, не пейте. 3. Если вы голодны, ешьте. Если вы не голодны, не ешьте. 4. Если вы спешите, не ждите моих подруг. 5. Если вы не боитесь, входите. Если вы боитесь, не входите.

б*) 1. Если вы должны уехать, уезжайте. Если вы не должны уезжать, пожалуйста, останьтесь. 2. Если вы должны вернуться домой, возвращайтесь. Если вы не должны возвращаться домой, не возвращайтесь. 3. Если вы должны уходить, уходите. Если вы не должны уходить, пожалуйста, не уходите. 4. Если вы должны отвечать, отвечайте. Если вы не должны отвечать, не отвечайте.

25*. Переведите на итальянский язык, обращайте внимание на употребление возвратных глаголов *coricarsi*, *affrettarsi*, *fermarsi*, *innamorarsi*, *alzarsi*, *vestirsi*, *lavarsi*, *accomodarsi*, *preoccuparsi* в повелительном наклонении:

1. Если ты устал, ложись спать. Если ты не хочешь спать, не ложись. 2. Если ты опаздываешь, поспеши! Если ты не опаздываешь, не спеши! 3. Если ты спешишь, не останавливайся! Если ты не спешишь, остановись! 4. Ольга красивая девушка. Но не влюбляйся с первого взгляда! 5. Вставай, одевайся, умывайся и давай завтракать! 6. Если вы устали, ложитесь спать! Если вы не хотите спать, не ложитесь! 7. Если вы опаздываете, поспешите! Если вы не опаздываете, не спешите! 8. Если вы спешите, не останавливайтесь! Если вы не спешите, остановитесь! 9. Синьора, проходите, пожалуйста, и не беспокойтесь: ваш муж скоро вернётся. 10. Профессор, пожалуйста, не спешите так. Остановитесь на минутку и подождите остальных! 11. Здравствуйте, господа! Пожалуйста, располагайтесь и начинайте ваше представление!

УПРАЖНЕНИЯ ПО СОДЕРЖАНИЮ ТЕКСТА

1. Прочитайте и переведите текст.

2. Выучите новые слова и выражения.

3. Найдите в тексте ответы на вопросы:

1. Quanti anni compie oggi Rosetta? 2. Come dev'essere stasera Rosetta? 3. Chi viene stasera? 4. Che cosa si mette Rosetta? 5. Chi porta i fiori a Rosetta? 6. Chi manda i fiori?

4*. Задайте вопросы к выделенным курсивом членам предложения, следуя образцу:

Stamattina Rosetta *si alza* presto, *si veste e si guarda* nello specchio. — Che cosa fa Rosetta stamattina?

1. Entra *la madre* di Rosetta. 2. Fa gli auguri e poi dà alla figlia *un pacco.* 3. È il regalo *dei genitori.* 4. Suona *il campanello della porta.* 5. Francesco è *motto gentile.* 6. *Rosetta* spegne le candele della torta. 7. Alfredo regala *a Rosetta* il suo trattato. 8. *Dal trattato* cade una lettera.

5. В соответствии с содержанием текста соедините левую и правую части:

Dunque, che cosa si mette stasera?	Ma è pesantissimo!
Ma chi manda i fiori?	Sono gli zii
Ma chi è?	Ecco! C'è un biglietto da visita: Francesco Alfieri.
Di nuovo suona il campanello.	Pulcinella: Ride bene chi ride ultimo.
Rosetta prende il trattato.	Rosetta corre ad aprire.
Il figlio del Dottore ride.	Allora, stasera Rosetta si mette questo vestito.

6. Правильно опишите ситуацию, следуя образцу:

Rosetta compie 20 anni. — No, non è vero. Rosetta compie 17 anni.

Entra Pantalone con fiori per Rosetta.
La signora Maria spegne le candele della torta.
Rosetta fa gli auguri a Francesco.
Francesco regala ad Alfredo il suo trattato.
Alfredo prende la lettera e la legge.
Il Fiorentino si guarda nello specchio.
Il figlio del Dottore canta un'aria.

7*. Ответьте на вопросы, переведите вопросы на русский язык, а ответы на итальянский:

1. Quanti anni compie oggi Rosetta? — Сегодня Розетте исполняется 17 лет.

2. Quali vestiti ha Rosetta? — У Розетты есть белое, красное и зеленое платья.

3. Che cosa fa Rosetta stamattina? — Сегодня утром Розетта рано встает, умывается, одевается и смотрится в зеркало.

4. Perché stasera deve essere bella? — Сегодня вечером Розетта должна выглядеть красивой, потому что придут гости.

5. Che cosa la madre regala alla figlia? — Мать дарит дочери очень красивое платье.

6. Com'è Francesco? — Франческо очень любезен, потому что он посылает цветы Розетте.

7. Chi porta i fiori del Fiorentino a Rosetta e le fa gli auguri? —

Пульчинелла приносит цветы флорентийца Розетте и поздравляет ее.

8. Chi suona alla porta? — Звонят в дверь и входят родственники Розетты.

9. Cosa fanno gli zii? — Дядя и тетя Розетты целуют, обнимают и поздравляют племянницу.

10. Che cosa domanda lo zio a Rosetta? — Дядя спрашивает у Розетты: «Когда будет свадьба?»

11. Che cosa risponde la madre di Rosetta? — Мать Розетты отвечает: «Но ведь она еще очень молода. Ей всего лишь 17 лет».

12. Che cosa dice la madre di Rosetta a Francesco? — Мать Розетты говорит: «Добрый вечер, Франческо! Прошу вас, проходите! Сегодня день рождения Розетты!»

13. Che cosa gli dice Rosetta? — Розетта благодарит Франческо и говорит ему, что он очень любезен.

14. Dove si mettono gli ospiti e cosa mangiano? — Гости садятся за стол и едят большой красивый торт.

15. Che cosa augurano gli ospiti a Rosetta? — Гости желают Розетте еще сто таких дней.

16. Che cosa fa Rosetta? — Розетта гасит свечи на торте.

17. E che cosa fa il Fiorentino? — Молодой флорентиец поет арию для Розетты.

18. Perché Pantalone non c'è alla festa? — Панталоне нет на празднике, потому что он коммерсант и много путешествует.

19. Cosa dicono gli zii alla madre di Rosetta? — Они говорят: «Как жаль! Мы сожалеем...»

20. Qual è la sorpresa? — Неожиданность в том, что приходит Альфредо, сын Доктора.

21. Chi è Alfredo? — Альфредо — студент.

22. Che cosa regala a Rosetta? — Он дарит Розетте свой очень тяжелый трактат.

23. Dove finisce il trattato? — Трактат падает на землю.

24. Che cosa dice la prima lettera? — В первом письме говорится: «Приходи сегодня вечером».

25. Che cosa dice la seconda lettera? — Во втором письме говорится то же самое.

26. Perché il Fiorentino va via? — Он уходит, потому что он зол на Розетту.

8. Перескажите текст: а) кратко; б) подробно.

9. Задайте себе следующие вопросы и ответьте на них:

1. Quanti anni compie? 2. Che cosa fa per il Suo compleanno? 3. Chi invita? 4. Che cosa Le regalano i genitori, i parenti, gli amici, le amiche? 5. È contento(a) della Sua festa?

10*. Переведите на итальянский язык:

Сегодня день рождения Анны. Ей исполняется 19 лет. Она рано встает, умывается и смотрится в зеркало. Сегодня вечером она должна выглядеть очень красивой. Но какое платье ей надеть? Она надевает белое платье, подарок родителей. Звонят в дверь. Анна бежит открывать. Входят гости: друзья и подруги Анны. Они приносят ей много подарков: книги, шоколадные конфеты. Снова звенит звонок. Входят родственники Анны. Они целуют и поздравляют ее. Приходит также молодой итальянец. Его зовут Марио. Он дарит цветы Анне. Она благодарит его. Хозяйка дома приглашает всех за стол. «Проходите, пожалуйста! Угощайтесь!» — говорит она. Все садятся за стол, пьют чай и едят очень вкусный торт. Марио поет итальянские песни. Все довольны праздником.

11. Пользуясь словарем учебника, переведите на русский язык следующие записочки из конфет «Бачи Перуджина».

1. La ragione e l'amore sono nemici giurati. (*P. Corneille*)
2. L'amore che economizza non è mai vero amore. (*H. de Balzac*)
3. Non si desidera ciò che è facile ottenere. (*Ovidio*)
4. L'amore non è guardarsi a vicenda, è guardare insieme nella stessa direzione. (*A. de Saint Exupéry*)
5. Un bacio crea una bellissima storia d'amore ma la poesia la rende infinita. *(Anonimo)*

12. Следуя образцу, образуйте итальянские слова из букв существительного *anniversario* (*годовщина*). Пользуясь словарем, переведите на русский язык слова приводимого образца:

compleanno (*день рождения*) — campo, lana, anno, nonno, manna, canna, pelo, cono, panno, placca, pacco, collo, polo, calo, nolo, poco, cocco

RISATE A DENTI STRETTI — СМЕХ СКВОЗЬ СЛЕЗЫ

Прочитайте и переведите на русский язык анекдот, обращайте внимание на выделенные формы повелительного наклонения:

Moglie: Ti prego, Alberto! **Non andare** in una barca così piccola. È pericoloso!
Marito: Ma no, Emilia!
Moglie: Ho paura per te! C'è pericolo di annegare!
Marito: Sono pratico...
Moglie: Caro! **Lasciami** almeno l'orologio e la catena!

pregare *vt* просить
barca *f* лодка
andare in barca плавать на лодке (кататься на лодке)
piccolo *agg* маленький
pericoloso *agg* опасный
è pericoloso опасно
essere pratico хорошо знать (уметь) что-либо
lasciare *vt* оставлять
almeno по крайней мере
orologio *m* часы
catena *f* цепочка

— Questo fa il lavoro di sei uomini oppure d'una donna...

Запомните пословицу, найдите русский эквивалент:

Il lupo perde il pelo e non il vizio.

lupo *m* волк
perdere *vt* терять
pelo *m зд.:* шкура
vizio *m* порок

Девятый урок — Lezione nona

L'ULTIMA A MORIRE È LA SPERANZA! — ПОСЛЕДНЕЙ УМИРАЕТ НАДЕЖДА!

Che tempo fa a Venezia? Fa bei tempo? Ma no! A Venezia fa brutto tempo! Fa bruttissimo tempo! Fa freddo, piove! Piove a dirotto! Tira un gran vento!

La camera di Rosetta. Rosetta è molto triste! Perché è triste? È triste perché a Venezia fa brutto tempo? Non soltanto... È triste perché non capisce niente... Cosa sono quelle lettere? Perché: «Vieni stasera!»? Perché quella rabbia di Francesco? Perché quella sua partenza improvvisa? Perché «Addio!»?

Entra Colombina.

Colombina: Buon giorno, signorina!

Rosetta: Buon giorno, Colombina...

Colombina: Che brutto tempo fa a Venezia!

Rosetta: Eh!... sì!... A Venezia fa brutto tempo... fa freddo...

Colombina: Rosetta! Cara! Che cosa c'è? Che c'è? Perché sei triste?

Rosetta: Sono triste perché a Venezia fa brutto tempo...

Colombina: Eh! No, Rosetta! Tu sei triste non perché a Venezia fa brutto tempo! Perché sei triste, cara?

Rosetta: Colombina! Non capisco!... Non capisco niente! Francesco!... Perché?

(Rosetta piange.) *Colombina:* Ma no! Rosetta! Cara! Su! Non piangere!

Rosetta: Non capisco... non capisco niente...

Colombina: Rosetta?... È colpa nostra!

Rosetta: È colpa vostra? Di chi? Perché?

Colombina: È colpa mia, di Arlecchino e Pulcinella.

E Colombina confessa tutto... Ma bisogna fare qualcosa! Bisogna scrivere a Francesco! Rosetta deve scrivere a Francesco una lettera! No! Rosetta dice di no. Allora, bisogna telefonare a Francesco! Anche questa volta Rosetta dice di no. Che fare? Colombina ha un'idea. Che idea?

Colombina propone di prendere il... caffè!!! Questa volta Rosetta dice di sì. Colombina va in cucina a preparare il caffè.

La cucina. Colombina si mette a fare il caffè. Oh! Chi è? È Pulcinella. Cerca di entrare dalla finestra. Colombina protesta. Ma invano! E poi fuori fa freddo, piove! Pulcinella ha freddo.

Colombina: Oh! Pulcinella! Perché fai così?

Pulcinella: Devo salutare la bella Colombina! Stasera il mio signore Francesco ed io partiamo per Firenze!

Rosetta: Colombina! Chi è?

Oh! Rosetta non deve vedere Pulcinella! Colombina nasconde Pulcinella dietro la tendina. Entra Rosetta.

Rosetta: Ma chi è?

Colombina: È l'eco, signorina.

Rosetta: L'eco? Non capisco niente!

Colombina: Sì! Sì! È l'eco!... Un momento, signorina! E prendiamo il caffè!

Entra Arlecchino. Saluta le ragazze. Maledice il tempo. Osserva la tristezza di Rosetta e domanda perché lei è triste. Poi canta a Rosetta:

«Cos'è che trema sul tuo visino?
È pioggia o pianto?
Dimmi cos'è?»

Arlecchino: Non drammatizzare, Rosetta!

Dietro la tendina starnutisce Pulcinella.

Arlecchino: Oh! Chi è?

Subito starnutisce anche Colombina: «Eccì!... eccì»! Oggi fa freddo.

Rosetta: Salute! Colombina!

Colombina: Grazie!

(Ride.) *Arlecchino:* E figli maschi!

Colombina: Arlecchino! Quanti gradi fa a Venezia?

Arlecchino prende un giornale e dice: Dunque, vediamo!... A Venezia cinque gradi sopra zero. A Roma 10 gradi. A Napoli 12 gradi.

Pulcinella (dalla tendina): Napoli!

Arlecchino: Chi è?

Colombina: È l'eco!

Rosetta: È l'eco, Arlecchino!

Colombina: Arlecchino! Quanti gradi fa a Firenze?

(Legge aprendo di nuovo il giornale.)

Arlecchino: A Palermo 15 gradi!!! A Verona sette gradi, a Milano tre gradi sottozero!!!

Colombina: No! Arlecchino! A Firenze! Quanti gradi fa a Firenze?

Rosetta: Arlecchino! Che tempo fa a Firenze?

Arlecchino: Firenze! Firenze! Ma perché proprio a Firenze?

Colombina: Perché? Preché?... Perché Francesco è di Firenze!... Rosetta è molto triste! È colpa nostra! Bisogna fare qualcosa!

Arlecchino: È colpa nostra??? Perché?... Nooo! È colpa di Pulcinella!!

A queste parole Pulcinella salta furibondo dalla tendina e si getta su Arlecchino, gridando (indignato-indignatissimo!).

Pulcinella: È colpa mia???... È colpa di Pulcinella???

Spaventato Arlecchino cerca di calmarlo: No! No! Pulcinella! È colpa nostra! È colpa tua, mia e di Colombina! È colpa nostra! Bisogna fare qualcosa!

(Anche Colombina cerca di calmare Pulcinella.)

Colombina: Amici! È colpa nostra! Dobbiamo fare qualcosa!

Colombina ha ragione. È colpa di tutti e tre (di tutti loro). E quindi devono riparare. Devono fare qualcosa. Arlecchino ha un'idea. Che idea? È una buona idea: Pulcinella deve dire tutto a Francesco! Sì! Sì! Deve parlare di tutto al suo padrone! A Pulcinella non piace questa idea, non l'approva. Perché? Perché se dice tutto a Francesco, rischia di perdere il lavoro! E trovare un altro lavoro è difficilissimo! Pulcinella ha paura di perdere il lavoro. È un vigliacco o no?

Arlecchino: Pulcinella! Tu devi dire tutto a Francesco!

Pulcinella: Amici! Io non dico niente a Francesco perché rischio di perdere il lavoro!

Arlecchino (indignato)*:* Pulcinella! Tu sei un vigliacco! Un vigliacco!

Pulcinella: No! Io non sono un vigliacco! Rischio di perdere il lavoro!

Rosetta: Amici! Pulcinella perde il lavoro!

Pulcinella (trionfante)*:* No! Non perdo il lavoro perché non dico niente a Francesco! E poi, stasera il mio padrone ed io partiamo per Firenze! Addio! Addio, amici!

Arlecchino (tra minaccioso e ironico)*:* Addio! Addio, caro amico!

Colombina, Rosetta: Addio, Pulcinella...

Pulcinella va via. La serata è rovinata. Ma non dobbiamo drammatizzare! L'ultima a morire è la speranza!

VOCABOLARIO — СЛОВАРЬ

Che témpo fa? Какая (сегодня) погода?
Fa bel (brutto) témpo. (Сегодня) Хорошая (плохая) погода.
Fa fréddo. Холодно.
Pióve a dirótto. Идет проливной дождь.
ріóvere *vi* идти (*о дожде*)
ріóggia *f* дождь
Tira un vénto. Дует ветер.
trìste *agg* грустный, печальный
tristézza *f* грусть, печаль
niénte ничто, ничего
rábbia *f* ярость, бешенство
parténza *f* отъезд
piángere *vi* плакать
piánto *m* плач
cólpa *f* вина
bisógna нужно
protestáre *vi* протестовать, возражать
protésta *f* протест
Fa cìnque grádi sópra (sotto) zero. Пять градусов тепла (мороза).
zéro *m* ноль
giornále *m* газета
inváno *avv* напрасно
nascóndere *vt* прятать
armádio *m* шкаф
éco *f* эхо
maledìre *vt* проклинать
maledizióne *f* проклятие
tendìna *f* занавеска
osserváre *vt* наблюдать
tremáre *vi* дрожать
vìso *m* лицо
visìno *m* личико
drammatizzáre *vt* драматизировать
Salúte! Будь(-те) здоров(-ы)!
Quánti grádi fa? Сколько градусов?
a quéste paróle при этих словах
saltáre fuóri выскакивать
sálto *m* прыжок
furibóndo *agg* разъяренный, яростный
gettársi *rfl* бросаться
gridáre *vt* кричать
grìdo *m* крик
indignáto *agg* возмущенный
indignazióne *f* возмущение
calmáre *vt* успокаивать
cálma *f* спокойствие
calmánte *m* болеутоляющее средство
avér ragióne быть правым
quìndi *cong* поэтому, следовательно
riparáre *vt* исправлять (*ошибку*), искупать (*вину*)
approváre *vt* одобрять
approvazióne *f* одобрение
rischiáre *vt* рисковать
pérdere *vt* терять
pérdita *f* потеря
trováre *vt* находить
áltro *agg* другой
vigliácco *m* трус
trionfánte *agg* торжествующий
tra minaccióso e irónico полуугрожающе, полуиронично
mináccia *f* угроза
piáno *avv* тихо
seráta *f* вечер, вечернее время

ПОЯСНЕНИЯ К ТЕКСТУ

1. В итальянском языке есть два синонимичных глагола «говорить»: **parlare di** *qc — говорить о чем-то, разговаривать* и **dire** *qc — говорить, сказать, что-то.* Сравните: **Parliamo** a lungo dei nostri affari. — *Мы долго говорим о наших делах.* Lui **dice** la verità. — *Он говорит правду.* **Dicono che** vogliono partire. — *Они говорят, что хотят уехать.*

2. Значение итальянского глагола **salutare** — *приветствовать, здороваться, прощаться* можно понять только из контекста. Сравните Devo **salutare** la bella Colombina. — Я должен *попрощаться* с красавицей Коломбиной (поскольку Пульчинелла уезжает с хозяином во Флоренцию). Entra Arlecchino. Saluta le ragazze. — Входит Арлекин. Он *здоровается* с девушками.

3. Формы вежливости. Если кто-то чихает, итальянцы говорят: **Salute!** — *Будьте здоровы!* В ответ: **Grazie!** — *Спасибо!* Затем может следовать шутливое пожелание: **Figli maschi!** — *Пусть у вас родятся мальчики!*

4. Конструкция «предлог **tra** между двумя прилагательными» обозначает неполноту действия: **tra minaccioso e ironico** — *полуугрожающе, полуиронично;* **tra spaventato e indignato** — *полуиспуганно, полувозмущенно.*

ГРАММАТИКА

Безличные глаголы

В итальянском языке многие атмосферные явления передаются безличными глаголами в 3-м л. ед. числа или безличными конструкциями с глаголом **fare** (также в 3-м л. ед. числа).

Pìovere/Pìove.	— *Идет дождь.*
Nevicáre/Névica.	— *Идет снег.*
Fare / Che tempo fa?	— *Какая погода?*
Fa bel (brutto) tempo.	— *Хорошая (плохая) погода.*
Quanti gradi fa a Mosca?	— *Сколько градусов в Москве?*
A Mosca fa tre gradi sopra (sotto) zero.	— *В Москве три градуса тепла (мороза).*
Tuonáre/Tuóna.	— *Гремит гром.*

Lampeggìare/Lampéggia. — *Сверкает молния.*
Fa caldo (freddo). — *Тепло (холодно).*

Отрицательные конструкции

Если отрицательные наречия, местоимения или прилагательные стоят после глагола-сказуемого, то, как и в русском языке, в итальянской фразе ставится двойное отрицание:

(Io) **non** capisco **niente.** — *Я ничего не понимаю.* **Non** entra **nessuno.** — *Никто не входит.* **Non** mi dice **mai** queste cose. — *Он никогда не говорит мне таких вещей.*

Если же отрицательные слова предшествуют глаголу-сказуемому, то, в отличие от русского языка, отрицательная частица перед глаголом опускается. Сравните: **Nessuno entra**. — *Никто не входит.* **Non entra nessuno**. — *Не входит никто.* **Niente** lo interessa. — *Ничто его не интересует.* **Non** lo interessa **niente**. — *Его не интересует ничто.*

Вопросительная конструкция *di chi?*

Вопросительной конструкции **di chi?** в русском языке соответствуют три вопросительные слова: *чей? чья? чьи?:*

Di chi è il fratello? — *Чей это брат?*
Di chi è la lettera? — *Чьё это письмо?*
Di chi sono le lettere? — *Чьи эти письма?*

В этой итальянской конструкции необходимо обращать внимание на согласование подлежащего и сказуемого в лице и числе.

Настоящее время неправильного глагола *dire*

(io) **dìco**	— *я говорю;*	(noi) **dicìamo**	— *мы говорим;*
(tu) **dìci**	— *ты говоришь;*	(voi) **dìte**	— *вы говорите:*
(lui, lei, Lei) **dìce**	— *он, она (Вы) говорит(-те);*	(loro) **dìcono**	— *они говорят.*

Dico tutto a Mario. — *Я говорю всё Марио.*
Non dico niente a nessuno. — *Я ничего никому не говорю.*
Lui dice che torna domani. — *Он говорит, что вернется завтра.*
Loro dicono stupidaggini. — *Они говорят глупости.*

Личные местоимения в функции прямого дополнения

В итальянском языке личные местоимения в функции прямого дополнения (русский винительный падеж) имеют две формы: *ударную* (логически выделенную) и *безударную* (логически не выделенную).

Ударные формы несут основную смысловую нагрузку во фразе, выделяются интонационно, а нередко и порядком слов.

Общая схема личных местоимений в функции прямого дополнения

Безударные местоимения	Ударные местоимения
mi — *меня* **Mi** vede Mario. — *Меня видит Марио.* Mario **mi** vede. — *Марио меня видит.*	**me** — *меня (именно меня)* Mario vede **me.** — *Марио видит меня (именно меня).*
ti — *тебя* **Ti** vede Mario. — Mario **ti** vede.	**te** — *тебя (именно тебя)* Mario vede **te.** — Vede **te** Mario.
lo — *его* **Lo** vede Mario. — Mario **lo** vede.	**lui** — *его (именно его)* Mario vede **lui.** — Vede **lui** Mario.
'la — *её* **La** vede Mario. — Mario **la** vede.	**lei** — *её (именно её)* Mario vede **lei.** — Vede **lei** Mario.
La — *Вас* **La** vede Mario. — Mario **La** vede.	**Lei** — *Вас (именно Вас)* Mario vede **Lei.** — Vede **Lei** Mario.
ci — *нас* **Ci** vede Mario. — Mario **ci** vede.	**noi** — *нас (именно нас)* Mario vede **noi.** — Vede **noi** Mario.

vi — *вас* **Vi** vede Mario. — Mario **vi** vede.	**voi** — *вас (именно вас)* Mario vede **voi.** — Vede **voi** Mario.
li — *их (м.р.)* **Li** vede Mario. — Mario **li** vede.	**loro** — *их (именно их)* Mario vede **loro.** — Vede **loro** Mario.
le — *их (ж.р.)* **Le** vede Mario. — Mario **le** vede.	**loro** — *их (именно их)* Mario vede **loro.** — Vede **loro** Mario.

Ударные формы местоимения при переводе на русский язык могут передаваться выделительной интонацией, порядком слов, а также лексически: Mario vede **me.** — Марио видит *меня* (именно меня). Noi vediamo **lui** e non **lei.** — Мы видим *его,* а не *её*.

Ударные формы местоимений могут стоять и после глагола-сказуемого, безударные же местоимения располагаются только перед личной формой глагола.

Безударные местоимения **lo, la, li, le** могут замещать также существительные, выражающие конкретные неодушевленные предметы и абстрактные понятия, выступающие в роли прямого дополнения:

Ti piace **questo libro?** — Sì, **lo** leggo volenteri.

Тебе нравится *эта книга?* — Да, я *её* читаю с удовольствием.

Dove sono **i miei occhiali? — Li** trovi sul tavolo.

Где *мои очки?* —Ты *их* найдешь на столе.

Ti piace **questa idea? —** Sì, **la** trovo brillante.

Тебе нравится *эта* идея? — Да, я нахожу *её* блестящей.

Местоимения вежливости **Lei, Loro** совпадают по форме с местоимениями **lei, loro,** но обычно пишутся с прописной буквы, хотя не исключается и строчная буква: Signorina, **La (la)** ringrazio. — Синьорина, я *вас* благодарю; Signori, **Loro (loro)** sono pregati di salire. — Синьоры, *вас* просят подняться.

Безударные личные местоимения с неличными формами глаголы (инфинитив, герундий, причастие) пишутся слитно: È difficile **capirti.** — Трудно понять *тебя.* Prima di **chiamarlo.** — Прежде чем позвать *его.* Bisogna **vederla.** — Надо увидеть *её.* **Vistala.** — Увидев *ее.* **Vedendola** — Видя *её.*

В повелительном наклонении безударные местоимения располагаются аналогично возвратным частицам. Ударные же местоимения ведут себя как прямые дополнения, выраженные существительным. Сравните:

Aspétta**mi**!	— Подожди *меня!*	Aspétta **me**!	— *Меня* подожди! (Подожди *именно меня!)*
Férma**lo**!	— Останови *его!*	Férma **lui**!	— Останови (именно) *его! (Его* останови, а не кого-то другого.)
Prendéte**lo**!	— Возьмите *его (это)!*	Prendéte **lui** (**questo**)!	— Возьмите (именно) *его (это)!*

(tu) Guárda**mi**!	Guárda **me**!
(Lei) **Mi** guárdi!	Guárdi **me**!
(noi) Guardiámo**lo**!	Gurdiámo **lui**!
(voi) Guardáte**la**!	Guardáte **lei**!
(Loro) **Li** guárdino!	Guárdino **loro**!

(tu) Non guardár**mi**! = Non **mi** guardare!	Non guárdare **me**!
(Lei) Non **mi** guárdi!	Non guárdi **me**!
(noi) Non guardìamo**lo**! = Non **lo** guardiamo!	Non guárdiamo **lui**!
(voi) Non guardáte**la**! = Non **la** guardate!	Non guárdate **lei**!
(Loro) Non **li** guardino!	Non guárdino **loro**!

Герундий

Герундий является неличной формой глагола, выражающей второстепенное действие, сопутствующее главному. Герундий имеет две формы: *настоящее* **(Gerundio presente)** и *прошедшее* **(Gerundio passato)** *время.*

Герундий настоящего времени образуется путём добавления к основе глагола окончаний:

-ando I спряжение	-endo II и III спряжение
lavor**ándo** (lavorare) — работая (работать)	legg**éndo** (leggere) — читая (читать)
svegli**ándosi** (svegliarsi) — просыпаясь (просыпаться)	part**éndo** (partire) — уезжая (уезжать)
	vest**éndosi** (vestirsi) — одеваясь (одеваться)

Gerundio presente соответствует русскому деепричастию несовершенного вида: **lavorándo** — *работая,* **partèndo** — *уезжая,* **svegliándosi** — *просыпаясь.*

Gerundio presente употребляется для выражения *одновременного* действия (в прошедшем, настоящем или будущем времени):

Parlándomi lui sorride. — *Разговаривая* со мной, он улыбается.
Lavorándo lui a volte canta. — *Работая,* он иногда поёт.
Ballándo lei canta. — *Танцуя,* она поёт.

Большинство глаголов в итальянском языке образуют Герундий по общей схеме. Ряд глаголов образует эту форму от латинской (полной) основы: **dicéndo** (dire) — *говоря;* **traducéndo** (tradurre) — *переводя;* **facéndo (fare)** — *делая.*

Некоторые неправильные глаголы имеют следующие формы Герундия:

dándo (dare) **esséndo** (essere)
stándo (stare) **avéndo** (avere)

В итальянском языке *все* глаголы могут образовывать форму Герундия. В русском же языке некоторые глаголы не имеют соответствующих форм деепричастий несовершенного вида: *есть, петь, спать, бежать, писать, петь, бить.* В таких случаях итальянские формы обычно передаются личной формой русского глагола:

Scrivendo la lettera lui pensa al giorno della partenza. — Он *пишет* письмо и думает о дне отъезда. (Когда он писал письмо, он думал о дне отъезда); **Cantando** lei dimentica tutti i suoi problemi. — Когда она *поёт,* то забывает все свои проблемы.

ГРАММАТИЧЕСКИЕ И ЛЕКСИКО-ГРАММАТИЧЕСКИЕ УПРАЖНЕНИЯ

1. Ответьте на вопросы, следуя образцам:

A Mosca fa bel tempo. E a Rostov? — Anche a Rostov fa bel tempo.

A Roma fa bel tempo. E a Milano?
A Londra fa bel tempo. E a Parigi?

A Bologna fa brutto tempo. E a Milano? — Anche a Milano fa brutto tempo.

A Firenze fa brutto tempo. E a Roma?
A Madrid fa brutto tempo. E a Londra?

2. Переведите предложения из упр. 1 на русский язык.

3. Ответьте на вопросы, следуя образцам:

A Mosca fa bel tempo. E a Kiev? — A Kiev fa brutto tempo.

A Roma fa bel tempo. E a Genova?
A Firenze fa bel tempo. E a Bologna?

A Smolensk fa brutto tempo. E a Mosca? — A Mosca fa bel tempo.

A Milano fa brutto tempo. E a Roma?
A Bologna fa brutto tempo. E a Firenze?

4. Переведите предложения из упр. 3 на русский язык.

5. Ответьте на вопросы, следуя образцам:

A Mosca fa dodici gradi sotto zero. E a Minsk? (quattordici). — A Minsk fa quattordici gradi sotto zero.

A Parigi fa nove gradi sotto zero. E a Londra? (dieci)
A Madrid fa due gradi sotto zero. E a Mosca? (quindici)

A Kiev fa sei gradi sopra zero. E a Simbirsk? (tre) — A Simbirsk fa tre gradi sopra zero.

A Bologna fa cinque gradi sopra zero. E a Roma? (otto)
A Londra fa quattro gradi sopra zero. E a Parigi? (sette)

6. Переведите предложения из упр. 5 на русский язык.

7. Поставьте глаголы *dire, fare, prendere, nascondere, capire, finire, sentire*:

а) в 1-е л. ед. и мн. числа в отрицательную форму, следуя образцу:

non do niente — niente do non diamo niente — niente diamo

б) в 3-е л. ед. и мн. числа, следуя образцу:

non dà niente — non danno niente

8. Ответьте на вопросы, следуя образцу:

Di chi è questo libro? (mio) — È il mio libro.

Di chi è questo caffè? (tuo)
Di chi è questa lettera? (sua)
Di chi è questo giornale? (loro)
Di chi sono questi libri? (suoi)
Di chi sono queste lettere? (sue)
Di chi sono questi doici? (nostri)
Di chi sono queste proposte? (vostre)

9. Употребите глагол *dire* или *parlare* в соответствующей форме:

1. Devo ... tutto. 2. Cosa (tu) ...? È incredibile. 3. Lei ... italiano? No, non lo ..., ... il russo. 4. Lui ... la verità. 5. Di che cosa (voi) ...? Non capisco niente. 6. Loro ... che partono domani.

10. Замените формы местоимений винительного падежа безударными формами, следуя образцу:

vede me — mi vede

vede te
vede lui

vede lei
vede Lei
vede noi
vede voi
vede loro
vede loro
vede Loro

11. Замените безударные формы местоимений ударными, следуя образцу:

mi nasconde — nasconde me

ti nasconde
lo nasconde
la nasconde
La nasconde
ci nasconde
vi nasconde
li nasconde
le nasconde
Le nasconde

12. Замените выделенные курсивом существительные соответствующими безударными местоимениями винительного падежа, следуя образцам:

Apro *il giornale.* — *Lo* apro.

Vedo *l'amico.*
Offro *il tè.*
Leggo *il libro.*

Vedo *l'amica.* — *La* vedo.

Scrivo *la lettera.*
Apro *la finestra.*
Osservo *la ragazza.*

Vedo *gli amici.* — *Li* vedo.

Apro *i giornali.*
Leggo *i libri.*
Offro *i dolci.*

Osservo *le ragazze.* — *Le* osservo.

Scrivo *le lettere.*
Vedo *le amiche.*
Apro *le finestre.*

13. Подставьте недостающие безударные местоимения винительного падежа:

1. Apro il giornale e ... leggo a te. 2. Scrivo la lettera e ... porto a lui. 3. Osservo i ragazzi e ... saluto. 4. Vede i professori e ... rignrazia. 5. Prende i doici e ... offre algi ospiti. 6. Leggono i testi italiani e non ... capiscono. 7. Invitano le amiche e ... aspettano. 8. Sentono le proposte e ... approvano.

14. Переведите предложения из упр. 13 на русский язык.

15. Замените местоимения в скобках соответствующими безударными местоимениями винительного падежа, следуя образцу:

Voglio vedere (tu). — Voglio vederti.

Posso aspettare (lui).
Devo fermare (lei).
Cerchi di calmare (io)?
Puoi aspettare (noi)?
Devi invitare (loro).
Pensa di chiamare (voi).

16. Замените существительные в скобках соответствующими ударными местоимениями винительного падежа, следуя образцу:

Puoi invitare (l'amico) — Puoi invitarlo. — Ты можешь пригласить его.

Devi scrivere (la lettera).
Si mette a fare (il caffè).

Comincia a mangiare (la torta).
Prega di salutare (gli amici).
Finisce di osservare (le ragazze).
Propone di vedere (i film).
Cerca di capire (le parole).

17. Замените местоимения в скобках соответствующими безударными местоимениями винительного падежа и соедините их с глаголами в повелительном наклонении, следуя образцу:

Aspetta (io)! — Aspettami!

Nascondi (lui)!
Chiama (lei)!
Invita (noi)!
Chiamiamo (loro)!
Ricevete (io)!

18. Замените существительные в скобках соответствующими безударными местоимениями винительного падежа и соедините их с глаголами в повелительном наклонении, следуя образцу:

Chiama (il medico)! — Chiamalo!

Compra (la carta)!
Invita (l'amico)!
Prepara (la risposta)!
Ricevi (gli ospiti)!
Scrivi (le lettere)!
Chiamiamo (i ragazzi)!
Salutiamo (le ragazze)!

19. Переведите предложения из упр. 17 и 18 на русский язык.

20. Поставьте выделенные курсивом глаголы в форму Gerundio, следуя образцу:

Corro e *fischio.* — Corro *fischiando.* — Я бегу, *насвистывая.*

Salgo e *grido.*
Entra e *canta.*

Va via e *maledice* il tempo.
Parla e *prepara* il caffè.
Mangiamo e *beviamo.*
Ci salutate e *partite.*

21. Поставьте выделенные курсивом глаголы и безударные местоимения винительного падежа в форму Gerundio, следуя образцу:

Mi fermo e *lo vedo.* — Mi fermo *vedendolo.*

Entra e *mi saluta.*
Va via e *la invita* a uscire con lui.
Usciamo e *li chiamiamo.*
Tornate e *ci salutate.*
Partono e *vi ringraziano.*

22. Поставьте выделенные курсивом глаголы и безударные местоимения в форму Gerundio, следуя образцу:

Mi metto a tavola e *ti scrivo* una lettera. — Mi metto a tavola *scrivendoti* una lettera.

Vieni e *mi dai* il benvenuto.
Gli telefoni e *gli dici* di aspettarla.
Usciamo e *vi diciamo* di seguirci.
Arrivate da Mosca e *ci portate* i regali.
Si mettono a tavola e *le offrono* i dolci.

23. Поставьте выделенные курсивом глаголы и возвратные местоимения в форму Gerundio, следуя образцу:

Parlo al mio amico e *mi vesto.* — Parlo al mio amico *vestendomi.*

Mi rispondi e *ti pettini.*
Si fa bella e *si guarda* nello specchio.
Entriamo nel salotto e *ci mettiamo* a tavola.
Li salutate e *vi alzate.*
Mangiano e bevono e *si servono* da soli.

24. Переведите предложения из упр. 22 и 23 на русский язык.

ОБЗОРНЫЕ УПРАЖНЕНИЯ

25. Вставьте недостающие глаголы:

1. ... a dirotto. 2. ... un gran vento. 3. Non ... niente. 4. Ma ... fare qualcosa. 5. Rosetta non ... vedere Pulcinella. 6. Arlecchino ... il tempo. 7. Dietro la tendina ... Pulcinella. 8. Quanti gradi ... a Firenze? 9. E quindi ... riparare. 10. A Pulcinella non ... questa idea.

26. Вставьте недостающие артикли:

а) 1. E prendiamo ... caffè! 2. Saluta ... ragazze. 3. Osserva ... tristezza di Rosetta. 4. Legge, aprendo di nuovo ... giornale. 5. Rischia di perdere ... lavoro. 6. ... serata è rovinata. 7. L'ultima a morire è ... speranza.

б) 1. Tira ... gran vento. 2. Rosetta deve scrivere a Francesco ... lettera. 3. Colombina ha ... idea. 4. Arlecchino prende ... giornale. 5. E trovare ... altro lavoro è difficilissimo.

27. Вставьте недостающие предлоги:

а) 1. ... Venezia fa cinque gradi ... zero. 2. Colombina nasconde Pulcinella ... la tendina. 3. ... queste parole Pulcinella si getta ... Arlecchino. 4. Perché Francesco è ... Firenze. 5. È colpa ... loro. 6. Non dico niente ... Francesco. 7. Stasera partiranno ... Firenze.

б) 1. Colombina propone ... prendere il caffè. 2. Colombina va in cucina ... preparare il caffè. 3. Cerca ... entrare dalla finestra. 4. Ha paura ... perdere il lavoro. 5. L'ultima ... morire è la speranza.

28. Составьте предложения из слов и выражений:

1) una lettera, Francesco, scrivere, a, deve, Rosetta;

2) il caffè, in, preparare, cucina, a, va, Colombina;

3) Pulcinella, si getta, dalla tendina, salta, Arlecchino, gridando, a queste parole, furibondo, e, su, indignato;

4) il lavoro, Pulcinella, di, perdere, ha paura;

5) Firenze, per, stasera, il padrone, io, ed, mio, partiamo.

29. Продолжите предложения:

1. Rosetta è triste perché ... 2. Sono triste perché ... 3. Tu sei triste non perché ... 4. Bisogna ... 5. Colombina propone ... 6. Devo salutare la bella Colombina perché ... 7. Colombina nasconde Pulcinella dietro la tendina perché ... 8. Arlecchino osserva la tristezza di Rosetta e ...

9. Arlecchino prende un giornale e legge ... 10. A Pulcinella non piace questa idea perché ... 11. Io non perdo il lavoro perché ...

30*. Переведите на итальянский язык, обращайте внимание:

а*) на перевод безличных глаголов:

1. Какая сейчас погода в Италии? — Сейчас в Италии хорошая погода. Какая температура в Риме? — В Риме жарко, 30°. 2. Какая температура в Москве? — В Москве холодно, 11° ниже нуля, идет снег, дует сильный ветер. 3. Сегодня в Лондоне тепло, 8° выше нуля. Гремит гром, сверкает молния, идет дождь.

б*) на передачу вопроса *чей, чья, чье, чьи:*

1. Чей это подарок? — Это подарок моих родителей.
2. Чья эта книга? — Это его книга.
3. Чье это предложение? — Это его предложение.
4. Чьи это родственники? — Это родственники его жены.
5. Чьи это друзья? — Это друзья его отца.
6. Чьи эти сестры? — Это сестры моей подруги.

в*) на выбор глагола *dire* или *parlare*:

1. Вы говорите по-итальянски? — Нет, я не говорю по-итальянски. 2. Я плохо говорю по-английски и могу сказать только несколько слов. 3. Скажи мне всю правду. 4. Он говорит, что скоро вернется. 5. Она все говорит своему отцу. 6. Они часто говорят о тебе.

г*) на перевод безударных местоимений винительного падежа:

1. Я боюсь потерять работу, потому что ее трудно найти. 2. Ты просишь нас подождать тебя? 3. Он пытается успокоить ее. 4. Он смотрит на меня полуиронично, полуугрожающе. 5. Нам не нравятся эти идеи и мы не одобряем их. 6. Вы рискуете никогда больше не увидеть их.

д*) на перевод безударных местоимений винительного падежа с глаголами в Imperativo:

1. Спрячь меня! 2. Подожди её! 3. Позови его! 4. Поздороваемся с ними! 5. Пригласите нас! 6. Какие молодцы эти женщины! Поблагодарим их!

е*) на перевод Gerundio с безударными местоимениями и возвратными частицами:

1. Одеваясь, я напеваю. 2. Ты одеваешься, смотрясь в зеркало. 3. Она уезжает, прощаясь с ними. 4. Они начинают праздновать его день рождения, садясь за стол. 5. Мы уходим, предлагая им следовать за нами. 6. Они садятся за стол, угощая нас сладостями.

УПРАЖНЕНИЯ ПО СОДЕРЖАНИЮ ТЕКСТА

1. Прочитайте и переведите текст.

2. Выучите новые слова и выражения.

3. Найдите в тексте ответы на вопросы:

1. Che tempo fa a Venezia? 2. Perché Rosetta è triste? 3. Di chi è la colpa? 4. Che cosa propone Colombina? 5. Perché protesta Colombina? 6. Perché Colombina nasconde Pulcinella? 7. Che cosa domanda Arlecchino? 8. Quanti gradi fa a Venezia? 9. Quanti gradi fa a Milano? 10. Perché a Pulcinella non piace l'idea di raccontare tutto al padrone? 11. Perché Pulcinella ha paura di perdere il lavoro? 12. Pulcinella perde il lavoro?

4. В соответствии с содержанием текста соедините левую и правую части в одно предложение:

È triste	perché Colombina propone di prendere il caffè.
Non piangere	non perché a Venezia fa brutto tempo.
Bisogna telefonare a Francesco	perché lui parla della sua colpa.
Cerca di entrare dalla finestra	perché è colpa nostra.
Arlecchino maledice il tempo	ma Rosetta dice di no.
Pulcinella si getta su Arlecchino	perché fuori fa freddo.
Questa volta Rosetta dice di sì	perché lei è triste.

5. Правильно опишите ситуацию, следуя образцу:

A Venezia fa bel tempo. — No, non è vero. A Venezia fa brutto tempo.

Rosetta capisce tutto.
È colpa di Francesco.
Colombina propone di andare a passeggiare.

Colombina si mette a fare il tè.
Colombina nasconde Arlecchino in un armadio.
Arlecchino osserva l'allegria di Rosetta e domanda perché lei è allegra.
Nell'armadio canta Pulcinella.
Arlecchino ascolta la radio e dice...
A Venezia cinque gradi sotto zero.
A Pulcinella piace quest'idea, l'approva.
Pulcinella perde il lavoro perché dice tutto a Francesco.

6*. Задайте вопросы к выделенным курсивом членам предложения:

1. A Venezia *fa brutto tempo*. 2. È colpa *nostra*. 3. Bisogna scrivere *a Francesco*. 4. Colombina nasconde Pulcinella *in un armadio*. 5. Saluta *le ragazze*. 6. Maledice *il tempo*. 7. A queste parole Pulcinella salta furibondo *dall'armadio*. 8. Pulcinella si getta *su Arlecchino*. 9. *Colombina* ha ragione. 10. *Stasera* il mio padrone ed io partiamo per Firenze. 11. Stasera il mio padrone ed io partiamo *per Firenze*. 12. Pulcinella *va via*.

7*. Ответьте на вопросы; переведите вопросы на русский язык, а ответы на итальянский:

1. Che tempo fa a Venezia? — В Венеции очень плохая погода: холодно, льет проливной дождь, дует холодный ветер.

2. Perché è triste Rosetta? — Розетте грустно, потому что она не понимает злости Франческо, его неожиданного отъезда.

3. Perché Rosetta piange? — Розетта плачет, потому что ничего не понимает.

4. Che cosa propone Colombina? — Коломбина предлагает Розетте написать Франческо письмо или позвонить ему.

5. Che cosa risponde Rosetta? — Розетта говорит «нет».

6. Quando Rosetta dice di sì? — Розетта соглашается, когда Коломбина предлагает выпить кофе.

7. Dove va Colombina a fare il caffè? — Коломбина идет на кухню, чтобы сварить кофе.

8. Perché viene Pulcinella? — Пульчинелла хочет попрощаться с красавицей Коломбиной, потому что вместе со своим хозяином уезжает во Флоренцию.

9. Perché Colombina nasconde Pulcinella dietro la tendina? — Коломбина прячет Пульчинеллу за занавеску, потому что Розетта не должна его видеть.

10. Che cosa fa Arlecchino? — Он входит, здоровается с девушками, сетует на плохую погоду, видит, что Розетта грустна, и спрашивает ее, почему она грустит.

11. Come si trova Pulcinella dietro la tendina? — Пульчинелла чувствует себя плохо за занавеской: чихает, затем слышит слова Арлекина, что он виноват.

12. Cosa fa Pulcinella a queste parole? — При этих словах Пульчинелла в ярости выскакивает из-за занавески и с криком бросается на Арлекина.

13. A Pulcinella piace l'idea di raccontare tutto al suo padrone? — Нет, Пульчинелле не нравится эта идея: если он расскажет все своему хозяину, то рискует потерять работу, а найти другую работу очень трудно.

14. Che cosa decide Pulcinella? — Пульчинелла решает ничего не говорить своему хозяину.

8. Перескажите текст: а) кратко; б) подробно.

9. Ответьте на вопросы:

1. Se fa brutto tempo Lei resta a casa o esce di casa? 2. Nella sua città piove spesso? 3. Se piove Lei diventa triste o maledice il tempo? 4. Se Lei sa che il suo amico sta male per colpa sua, Lei ripara la sua colpa? 5. Se rischia di perdere il lavoro drammatizza o no? 6. È facile trovare un altro lavoro nella sua città se uno perde il lavoro?

10*. Переведите на итальянский язык:

1. Какая погода в Ростове? — В Ростове холодно: 10° ниже нуля, идет снег, дует сильный ветер. — А какая погода в Москве? — В Москве хорошая погода: 2° выше нуля.

2. Он не может сказать всю правду своему хозяину, так как рискует потерять работу, а найти другую работу очень трудно.

3. Ольга, не плачь, мама права: нужно что-то делать, нужно написать ему, позвонить, нужно понять его.

4. Если все они виноваты, то должны загладить свою вину, а потом поговорить обо всем со своими родителями.

5. Тебе холодно и ты напрасно возражаешь: сначала я приготовлю тебе кофе, ты выпьешь его, а потом пойдешь домой.

6. Он входит, здоровается с присутствующими, видит замешательство девушки и спрашивает ее, что она прячет за занавеской.

7. Хотя вечер испорчен, не будем драматизировать: ведь надежда умирает последней.

11. Пользуясь словарем учебника, переведите на русский язык следующие записочки из конфет «Бачи Перуджина».

1. L'amore è la più nobile debolezza dello spirito. (*J. Dryden*)

2. L'attesa attenua le passioni mediocri e aumenta le grandi. (*F. de La Rochefoucault*)

3. Mai nessuno è tradito dall'amore puro. (*F. de La Rochefoucault*)

4. Un bacio leggittimo non vale un bacio rubato. (*G. de Maupassant*)

5. Il bacio è un dolce trovarsi dopo esseri a lungo cercati. (*Anonimo*)

12. Следуя образцу, образуйте итальянские слова из букв существительного *speranza (надежда)*. Пользуясь словарем учебника, переведите на русский язык слова приводимого образца.

disperazione (*отчаяние*) — pera, rara, sera, spessa, era, rapa, pepe, pesare, passare, parare, serrare, serra, zanna, zanzara, azione, dazio...

RISATE A DENTI STRETTI — СМЕХ СКВОЗЬ СЛЕЗЫ

Прочитайте и переведите на русский язык анекдот:

All'ospedale militare

Il capitano medico fa la visita.

— Ebbene, numero 7, come va la salute?

— Oh, signor capitano, ho una fame da cavallo!

— Una fame da cavallo? Benissimo! Infermiere, porti una mezza razione di fieno per il numero 7.

ospedale *m* больница, госпиталь
capitano *m* капитан
militare *agg* военный
fame da cavallo лошадиный голод
infermiere *m* медбрат
notare *vt* пометить, отметить
mezza razione полпорции (полрациона)
fieno *m* сено

— Stai tranquilla, cara: qui, tutto bene...

QUIZ — ВИКТОРИНА

Pantalone è di nuovo a casa. La moglie gli ha raccontato tutto. Dunque, Pantalone sa tutto. Che cosa ha fatto? Niente.

La mattina. Pantalone è nel salotto. Sulla tavola ci sono gli scacchi. Pantalone gioca contro se stesso. Non ha ancora fatto colazione, ha preso solo il caffè. Entra sua moglie.

Moglie: Buon giorno, caro!

Pantalone: Oh! Buon giorno, Maria!

Moglie: Come stai, Pantalone? Hai dormito bene?

Pantalone: Sì, grazie... e tu? Hai dormito bene, cara?

Moglie: Non ho dormito stanotte.

Pantalone: Non hai dormito? Ma perché, Maria?

Moglie: Non ho dormito perché nostra figlia è molto triste! Sono sua madre!... Che tragedia, Pantalone!

Pantalone: Ma no! Maria! Non drammatizzare! Rosetta è giovanissima, bella! Speriamo bene! Io sono un ottimista!

Pantalone, tanto per cambiare l'argomento, propone alla moglie di giocare a scacchi, poi a dama. La moglie rifiuta. Preferisce fare colazione e loro si mettono a tavola. Arlecchino porta la colazione. Suona il campanello della porta. Oh! Chi è? Arlecchino va ad aprire. È il Dottore. Gli amici si salutano. Il Dottore ha già fatto colazione e accetta solo il caffè. Arlecchino si mette a servire il Dottore e il caffè finisce sui pantaloni e sulla giacca del Dottore e non nella sua tazza. Oh! Questo disgraziato di Arlecchino! Pantalone lo manda via. La colazione è rovinata. Pantalone propone al Dottore di giocare a scacchi, a dama. Ma il Dottore propone di fare un quiz: rispondere alle domande di un test sulla cultura italiana. Ogni risposta giusta vale dieci punti, cioè il punteggio deve aumentare così: dieci, venti, trenta, quaranta, cinquanta, sessanta, settanta, ottanta, novanta, cento! E il premio? Che premio riceve il vincitore? Il Dottore propone: se vince lui, suo figlio sposa

Rosetta. E se vince il signor Pantalone? Se vince Pantalone, il Dottore lo fa professore honoris causa dell'Università di Bologna. Pantalone accetta le condizioni. Il Dottore gioca contro Pantalone e sua moglie. Arlecchino è pronto a scrivere il punteggio. Il Dottore gli dà la rivista col test e Arlecchino legge la prima domanda:

«Chi ha costruito la cupola di San Pietro?» Pantalone non lo sa. Ma il Dottore lo sa. È Michelangelo. Michelangelo ha costruito la cupola di San Pietro. Arlecchino scrive 10 punti al Dottore. Che peccato! Arlecchino fa il tifo per padrone.

Arlecchino annuncia la seconda domanda: «Chi ha scritto la Divina Commedia?» Pantalone lo sa! Pantalone lo sa! Lo sanno anche i bambini. È Dante! Dante ha scritto la Divina Commedia! Arlecchino scrive 10 punti a Pantalone. 10:10 il pareggio!

Arlecchino: La terza domanda: «Chi ha dipinto la Monna Lisa o Gioconda?»

Pantalone: Maria! Chi ha dipinto la Gioconda? Raffaello o Leonardo da Vinci?

Moglie: Raffaello o Leonardo? Boh! Non lo so...

Suggerisce Arlecchino: Signor Pantalone! Raffaello ha dipinto la Monna Lisa!

Pantalone: È Raffaello!

Dottore: Mi dispiace, Pantalone. Ma non è Raffaello. Leonardo ha dipinto la Monna Lisa! Arlecchino! Scrivimi 20 punti!

Arlecchino, molto confuso, scrive 20 punti al Dottore e legge la quarta domanda: «Chi ha fondato Roma?» E Pantalone, tutto contento, esclama: Lo so! Lo so! Remolo e Remo hanno fondato Roma. E si sbaglia: perché è Romolo. Remolo ha fondato Roma. La signora Maria è disperata! Vince il Dottore! Ma Pantalone non si arrende. Allora Arlecchino propone di fare così: 10 punti al Dottore e 10 punti a Pantalone.

E ora la quinta domanda: «Chi ha composto l'opera «Otello»?

Pantalone: Maria! Chi ha composto l'opera «Otello»?

Maria: Boh!... Non lo so... Ah! No! È Rossini! Rossini ha composto l'opera «Otello»!

Pantalone: Sì! È Rossini che ha scritto la musica di «Otello».

Dottore: No, caro amico! Mi dispiace molto. È Verdi. Giuseppe Verdi ha composto l'opera «Otello».

Arlecchino dà 10 punti al Dottore. Dunque, com'è il punteggio? Oh! Pantalone — 20 punti, il Dottore — 30! Andiamo avanti! La sesta domanda: «Chi ha inventato il pentagramma?» Questa risposta è decisiva: o vince il Dottore, o è il pareggio! Purtroppo Pantalone non lo sa.

Maria: Pantalone! Che cos'è il pentagramma?

Pantalone: Il pentagramma è... è una cosa bellissima!

Maria: Ma che cos'è?

Arlecchino: Dottore! Che cos'è il pentagramma?

Dottore: Il pentagramma è il sistema moderno per scrivere le note musicali.

Arlecchino: E chi ha inventato il pentagramma?

Il Dottore annuncia trionfante: Gli italiani hanno inventato il pentagramma!

Ha vinto il Dottore. Dunque, suo figlio sposa Rosetta. Rosetta e Alfredo sono findanzati. Il Dottore è contentissimo! E il signor Pantalone? Sua moglie? Sono contenti? No! Ma non c'è niente da fare. E come dice il proverbio: Patti chiari, amici cari!

VOCABOLARIO — СЛОВАРЬ

scácchi *m pl* шахматы
dáma *f зд.:* шашки
cóntro против
trìste *agg* печальный
drammatizzáre *vt* сгущать краски, драматизировать
ottimìsta *m* оптимист
cambiáre *vt* менять, изменять
argoménto *m* аргумент
rifiutáre *vt* отказываться
salutáre *vt* здороваться
accetáre *vt* соглашаться
pantalóni *m pl* брюки
giácca *f* пиджак
mandáre via *vt* прогонять
rovináto испорченный, разрушенный
rovináre *vt* портить, разрушать, разорять
quiz *m* конкурс, викторина
test *m* тест, экзамен
cultúra *f* культура
giùsto *agg* правильный, справедливый
valère *vi* стоить
púnto *m зд.:* очко
puntéggio *m* счет
prèmio *m* выигрыш, премия
vìncere *vt* побеждать
vittória *f* победа
sposáre *vt* жениться
onorário *agg* почетный
rivìsta *f* журнал
costruìre *vt* строить
cùpola *f* купол
fàre il tifo болеть за кого-л.
annunciàre *vt* объявлять
annunciatòre *m* диктор
Divìna Commèdia *f* Божественная Комедия

dipìngere *vt* рисовать
dipìnto *m* картина
pittòre *m* художник
segnàre *vt* отмечать; забивать *(спорт.)*
confúso *agg* смущенный
fondàre *vt* основывать
fondatòre *m* основатель
contènto *agg* довольный
esclamàre *vt* восклицать
disperàto *agg* отчаявшийся
disperaziòne *f* отчаяние
arrèndersi *rfl* сдаваться
inventàre *vt* изобретать
inventòre *m* изобретатель
pentagràmma *m* пентаграмма
compòrre *vt* сочинять
compositòre *m* композитор
fidanzàta *f* невеста
decisìvo *agg* решающий
parèggio *m* ничья
Non c'è niènte da fàre. Ничего не поделаешь.
provèrbio *m* пословица
Pàtti chiàri, amici càri. Уговор дороже денег.

ПОЯСНЕНИЯ К ТЕКСТУ

1. **Stanotte = questa notte** — *сегодня ночью.*

2. **Questo disgraziato di Arlecchino!** — *Этот растяпа Арлекин!* Такая конструкция служит для отрицательной характеристики человека: вместо Арлекина можно поставить любое другое имя.

3. **Honoris causa** *(лат.) — зд. почетный доктор.*

4. È ... che — синтаксическая выделительная конструкция; в русском языке она, как правило, передается лексическими средствами — словами *именно, это* и т.д.:

È Rossini **che** ha scritto la musica.	— *Это (именно) Россини написал музыку.*
È Verdi **che** ha composto l'opera «Otello».	— *Это (именно) Верди сочинил оперу «Отелло».*
È Michelangelo **che** ha costruito la cupola di San Pietro.	— *Это (именно) Микеланджело построил купол собора Св. Петра.*

5. Местоимение **lo** — *это* является безударным логически невыделенным эквивалентом местоимения **questo.** Сравните:

Pantalone **lo** sa.	— Панталоне *это* знает.
Pantalone sa **questo.**	— Панталоне знает *это* (именно это).
Pantalone non lo **sa.**	— Панталоне *этого* не знает.
Pantalone non sa **questo.**	— Панталоне не знает *этого* (именно этого).

ГРАММАТИКА

Причастие

Причастие является неличной формой глагола, сочетающей все признаки глагола с признаками имени прилагательного. В итальянском языке имеются две формы причастия: Participio presente и Participio passato.

Эти две формы значительно отличаются друг от друга по своим свойствам и употребительности в качестве неличной формы глагола.

Причастие настоящего времени — Participio presente

Participio presente образуется путем прибавления к основе глагола следующих окончаний:

-ante	**-ente**	**-ente**
I спряжение	**II спряжение**	**III спряжение**
voláre — *летать*	scrìvere — *писать*	partìre — *уезжать*
vol**ánte** — *летящий*	scrìv**ente** — *пишущий*	part**énte** — *уезжающий*

Употребление Participio presente

Participio presente (за исключением редких случаев) практически утратило свои глагольные свойства, перейдя в разряд прилагательных и существительных:

а) **прилагательные:** un'aria **trionfante** — *торжествующий* вид, un paesaggio **ridente** — *радостный* пейзаж;

б) **существительные: uno studente** — *студент,* **un cantante** — *певец,* **un insegnante** — *преподаватель* и др.

В качестве глагольной формы **Participio presente** употребляется довольно редко и в основном встречается в языке делового и научного стилей.

Русские причастия настоящего времени несовершенного вида передаются на итальянский язык в основном следующими способами:

а) **придаточными определительными предложениями:** *проезжающая машина* — la macchina **che passa,** *плачущий ребенок* — un bambino **che piange;**

б) **конструкцией *in + сущ.* (без артикля):** *прибывающий/отправляющийся поезд* — **un treno in arrivo/in partenza,** *ожидающие клиенты* — **clienti in attesa,** *пылающий дом* — **una casa in fiamme.**

Причастие прошедшего времени — Participio passato

Participio passato образуется путем прибавления к основе глагола следующих окончаний:

-ato	-uto	-ito
I спряжение	**II спряжение**	**III спряжение**
arriv**áre** — *приезжать*	ricév**ere** — *получать*	fin**ìre** — *заканчивать*
arriv**áto** — *приехавший*	ricev**úto** — *полученный*	fin**ìto** — *законченный*

Participio passato некоторых неправильных глаголов:

aprire — **aperto**	fare — **fatto**
avere — **avuto**	leggere — **letto**
bere — **bevuto**	mettere — **messo**
chiedere — **chiesto**	prendere — **preso**
chiudere — **chiuso**	proporre — **proposto**
comporre — **composto**	ridere — **riso**
dare — **dato**	rispondere — **risposto**
decidere — **deciso**	scrivere — **scritto**
dire — **detto**	vedere — **visto** (veduto)
essere — **stato**	vincere — **vinto**

В отличие от причастия настоящего времени (Participio presente), итальянское причастие прошедшего времени (Participio passato) широко употребляется в качестве глагольной формы, передавая не только временные значения, но и ряд других признаков (активность, пассивность):

il treno **arrivato** — *прибывший* поезд;
la nave **partita** — *отплывший* корабль;
il libro **letto** — *прочитанная* (читаемая) книга;
un problema **risolto** — *решенная* проблема.

Participio passato нередко выступает и в функции прилагательного: **libri usati** — *подержанные букинистические книги;* легко субстантивируется, переходя в разряд существительных: **un malato** — *больной*. Participio passato образует все сложные времена и формы глагола.

Ближайшее прошедшее время (с глаголом *avere*)

Passato prossimo (Ближайшее прошедшее время) обозначает прошедшее действие, законченное к моменту речи, но связанное с настоящим. Оно употребляется в разговорной речи, в деловой и частной переписке, в прессе, при сообщении о недавних и актуальных событиях. На русский язык в большинстве случаев передается глаголами совершенного вида в прошедшем времени.

Passato prossimo образуется при помощи **Presente** вспомогательного глагола ***avere*** (или ***essere***) **+ Participio passato** спрягаемого глагола.

Образование Passato prossimo с глаголом avere

I, II, III спряжения

(io) **ho** (tu) **hai** (lui, lei, Lei) **ha** (noi) **abbiamo** (voi) **avete** (loro) **hanno**	guardáto (ricevúto, capìto)	— *я посмотрел (получил, понял)* — *ты посмотрел (получил, понял)* и т.д.

Со вспомогательным глаголом ***avere*** спрягаются:

а) **переходные глаголы: Ho fatto** il mio lavoro. — Я *сделал* свою работу. Lui **ha letto** questo libro. — Он *прочитал* эту книгу. Noi **abbiamo visitato** Firenze. — Мы *посетили* Флоренцию. **Hanno capito** tutto. — Они всё *поняли*. Lei **ha scritto** una lettera. — Она *написала* письмо. Tu **hai detto** la verità. — Ты *сказал* правду.

б) **некоторые непереходные глаголы: lavorare, bussare** и др., а также глаголы, обозначающие психо-физические состояния, действия человека типа: **piangere** — *плакать,* **dormire** — *спать,* **ridere** — *смеяться* и др.: **Ha dormito** bene. — Он хорошо *выспался*. Ci **hanno sorriso.** — Они нам *улыбнулись*.

в) **глаголы, обозначающие атмосферные явления** (когда акцентируется само действие, его продолжительность): **Ha piovuto** tutta la notte. — Дождь *шёл* всю ночь. **Ha lampeggiato.** — *Сверкнула* молния. Stamattina **ha nevicato.** — Сегодня утром *шёл снег.*

г) **модальные глаголы: volere** — *хотеть,* **potere** — *мочь,* **dovere** — *долженствовать* (при акценте на их лексическом значении, то есть на «долженствовании, возможности, желании»): Lui **non ha voluto** rispondere. — Он *не захотел* отвечать. Non **ho potuto** venire. — Я *не смог* прийти. **Hanno dovuto** partire. — Они *должны* были уехать.

д) **сам глагол *avere*:** Non **ho avuto** tempo. — У меня *не было* времени. Ieri **ha avuto** molti impegni. — Вчера у него *было* много дел. **Abbiamo** avuto una lezione. — У нас *было* одно занятие.

Употребление Passato prossimo

Passato prossimo употребляется:

а) для обозначения действия (или ряда законченных действий) в недавнем прошлом, связанном с настоящим:

Ieri **ho ricevuto** una lettera. — Вчера я *получил* письмо. Questo mese **ho ricevuto** molte lettere. — В этом месяце я *получил* много писем.

Passato prossimo часто употребляется с обстоятельствами времени:

ieri — *вчера,* **l'altro ieri** — *позавчера,* **un mese (una settimana, un anno) fa** —*месяц (неделю, год) тому назад,* **domenica** — *в воскресенье,* **lunedì**— *в понедельник,* **sabato scorso** — *в прошлую субботу,* **la settimana scorsa** — *на прошлой неделе* и т.п.

б) для обозначения действия продолжительного, но ограниченного по времени:

Ho passato tre giorni a Milano. — *Я провел три дня в Милане.* **Hanno lavorato** cinque ore. — *Они проработали пять часов.* **Avete parlato** a lungo. — *Вы долго говорили.* **Ho bussato** tre volte. — *Я постучал* три раза.

в) для обозначения действия, непосредственно предшествующего настоящему времени:

Prendi un caffè? — No, grazie, **ho** già **fatto** colazione. — *Выпьешь кофе? — Нет, спасибо, я уже позавтракал.* Lui dice che **ha** già **visto** questo film. — *Он говорит, что он уже видел этот фильм.*

Использование **Passato prossimo** при сообщении исторических фактов делает повествование более живым, актуальным. Сравните: Chi ha scoperto l'America? — Colombo ha scoperto l'America. — *Кто открыл Америку? — Колумб открыл Америку.* Chi ha costruito la cupola di San Pietro? — Michelangelo ha costruito la cupola di San Pietro.— *Кто построил купол Святого Петра? — Микеланджело построил купол Святого Петра.*

Согласование Participio passato с avere

При спряжении с глаголом ***avere*** дополнение и Participio passato не согласуются:

Ho **letto** un libro (molti libri). — Я *прочитал книгу* (много книг).

Hai **letto** un libro (molti libri). — Ты *прочитал книгу* (много книг).

Abbiamo **letto** un libro (molti libri). — Мы *прочитали книгу* (много книг).

Однако если прямое дополнение выражено безударными местоимениями[1] **lo, la, li, le,** стоящими перед глагольной формой, согласование причастия с местоимением в роде и числе обязательно. Сравните:

Ho **letto un libro**. — **L'**ho letto. **(Lo** ho letto**).** — *Я прочитал книгу. — Я её прочитал.*

Ho **letto una rivista.** — **L'**ho letta. **(La** ho **letta).** — *Я прочитал журнал. — Я его прочитал.*

Ho **letto** molti **libri.** — **Li** ho letti. — *Я прочитал много книг. — Я их прочитал.*

Ho **letto** molte **riviste.** — **Le** ho lette. — *Я прочитал много жуналов. — Я их прочитал.*

Неизменяемые существительные

Во множественном числе *не изменяются* существительные, оканчивающиеся:

а) на ударный гласный:

la città (le città) — *город (города),* l'università italiana (le università italiane) — *итальянский университет (итальянские университеты),*

[1]Безударные местоимения **lo, la** перед формами глагола **avere** обычно апострофируются, то есть имеют форму **l'** (**l'**abbiamo letto, **l'**avete letta).

un caffè (due caffè) — *один кофе (два кофе),* questa virtù (queste virtù) — *эта добродетель (эти добродетели).*

Показателем множественности служат артикли, определения, числительные:

Questa città è bella. — **Queste** città sono belle. **Questa** università è moderna. — **Queste** università sono moderne. **Questo** caffe è buono. — **Questi** caffè sono buoni.

б) на согласный (в основном слова иностранного происхождения):

Il **film** è divertente. — I **film** sono divertenti.

Lo **sport** è utile. — Gli **sport** sono utili.

в) сокращенные имена существительные:

È una vecchia **foto.** — Sono vecchie **foto.** (la foto = la fotografia);

Il **cinema** è chiuso. — I **cinema** sono chuisi. (il cinema = il cinematografo).

г) односложные существительные:

Questo **tè** è buono. — Questi **tè** sono buoni (редко).

ГРАММАТИЧЕСКИЕ И ЛЕКСИКО-ГРАММАТИЧЕСКИЕ УПРАЖНЕНИЯ

1. Образуйте Participio presente от глаголов:

amare, aspirare, nascere, parlare, ricevere, vivere

2. Переведите эти причастия.

3. Проспрягайте в Passato prossimo глаголы:

capire, chiedere, fare, dire, dormire, scrivere, studiare, vedere

4. Закончите фразу, вставив недостающую форму Participio passato, следуя образцу:

Ho ... il suo numero di telefono (chiedere). — Ho *chiesto* il suo numero di telefono.

Stamattina ho ... una bella sorpresa (avere).
Tu hai ... di partire (decidere).
Tu hai ... a lungo (ridere).
Mario ha ... il premio (vincere).

Anna ha ... alla sua lettera (rispondere).
Noi abbiamo ... un test (comporre).
Abbiamo ... di fare un quiz (proporre).
Voi non avete ... il caffè (prendere).
Non avete ... la porta (chiudere).
Loro hanno ... le finestre (aprire).
Hanno ... i fiori nel vaso (mettere).

5. Переведите предложения из упр. 4 на русский язык.

6. Поставьте инфинитив в форму Passato prossimo, следуя образцу:

Stanotte dormire bene (io, noi). — Stanotte *ho dormito* bene. Stanotte *abbiamo dormito* bene.

Stamattina fare colazione (io, noi).
Ieri invitare gli amici (io, noi).
Fare il tifo per lui (io, noi).
Ricevere il premio (io, noi).
Accettare le loro condizioni (io, noi).
Scrivere la lettera (io, noi).
Dire tutto (io, noi).

7. Задайте все возможные вопросы к предложениям из упр. 6, следуя образцу:

Mario, stanotte hai dormito bene? Professore, stanotte ha dormito bene? Amici, stanotte avete dormito bene? Signori, stanotte hanno dormito bene?

8. Поставьте предложения в Passato prossimo со вспомогательным глаголом *avere*:

1. Compio 19 anni. 2. Vedi il pacco? 3. Qualcuno bussa alla porta. 4. Mario sposa la figlia del medico. 5. Cantiamo il famoso inno studentesco. 6. Rispondete subito. 7. I professori salutano gli studenti e cominciano le lezioni. 8. I portici riparano i turisti dalla pioggia. 9. Devono riparare.

9. Переведите предложения из упр. 8 на русский язык.

10. Ответьте на вопросы, следуя образцам:

Ho comprato l'ultimo numero del giornale. E tu? — Anch'io l'ho comprato.

Ho visto il suo ultimo film. E tu?
Ho letto il suo ultimo racconto. E tu?
Ho preso il caffè. E tu?

Ho comprato una busta. E tu? — Anch'io l'ho comprata.

Ho visto la famosa cupola. E tu?
Ho letto questa commedia. E tu?
Ho preso una pasta. E tu?

Ho comprato gli ultimi numeri del giornale. E tu? — Anch'io li ho comprati.

Ho visto i suoi ultimi film. E tu?
Ho letto i suoi ultimi racconti. E tu?
Ho salutato i professori. E tu?

Ho comprato le buste. E tu? — Anch'io le ho comprate.

Ho visto le sue amiche. E tu?
Ho letto queste riviste. E tu?
Ho scritto le lettere. E tu?

11. Ответьте отрицательно на вопросы упр. 10, следуя образцу:

Ho comprato l'ultimo numero del giornale. E tu? — Ed io non l'ho comprato.

12. Ответьте утвердительно на заданные вопросы, следуя образцу:

Hai già visto il film? — Sì, l'ho già visto.

Hai già portato la risposta? Hai già letto la rivista? Dottore, ha già preso il caffè? Professore, ha già fatto colazione? Avete già guadagnato molti punti? Avete già accettato le loro condizioni? Avete già rifiutato le loro proposte?

13. Ответьте отрицательно на заданные вопросы, следуя образцу:

Hai già letto la rivista? — No, non l'ho ancora letta.

14. Переведите предложения из упр. 10 на русский язык.

15. Закончите предложения, ответив отрицательно на заданный вопрос (см. упр. 13):

Paolo, hai già fatto colazione? — No, ...
Maria, hai già letto la sua lettera? — No, ...
Giorgio, hai già salutato il professore? — No, ...
Gina, hai aperto la finestra? — No, ...
Signore, ha preso il caffè? — No, ...
Signora, ha chiuso la porta? — No, ...
Amici, avete chiesto tutti gli indirizzi? — No, ...
Ragazze, avete accettato queste condizioni? — No, ...
Signori, hanno guadagnato tutti i punti necessari? — No, ...
Signore, hanno capito le domande?— No, ...

16. Поставьте глаголы в Passato prossimo, добавьте соответствующие предлоги и притяжательные прилагательные:

Anna, ieri hai visto una commedia italiana alla televisione? — No, ... E perché? — Perché ... L'hai preparata? — Sì, ... Che altro hai fatto ieri? — ... — Che brava! ... tante cose!

17. Составьте самостоятельно диалог, используя следующие наречия, существительные, предложные конструкции и глаголы; поставьте глаголы в Passato prossimo:

ieri, bene (male), a scacchi, colazione, giornale, dormire, fare, giocare, leggere

18. Поставьте во множественное число выделенные курсивом неизменяемые имена существительные, согласуя с ними выделенные курсивом прилагательные:

— Bologna ha la più vecchia *università* d'Europa. L'Italia ha *molt... vecchi...* ...
— Oggi ho preso *un caffè!* Invece ieri ho preso *molt...* ...
— Mosca è una bella *città*. In Russia ci sono *molt... altr... bell...* ...
— Non ho visto il suo ultimo *film*. Però ho visto *molt... altr... su...* ...

— Il nuoto è il suo *sport* preferito. Però gli piacciono *tant... altr...* ...
— Che bella *foto!* Ho ancora *tant... bell...* ... di Riga.
— È il *cinema* più grande della città anche se ce ne sono *molt... altr...*
— È una moderna e potente *moto.* Ma in vendita ci sono *altr...* ... *modern...* e *potent...*

19. Переведите предложения из упр. 18 на русский язык.

ОБЗОРНЫЕ УПРАЖНЕНИЯ

20. Вставьте недостающие глаголы:

1. La moglie gli ... raccontato tutto. 2. Che cosa ... fatto? 3. Non ... fatto ancora colazione, ... preso solo il caffe. 4. Come stai, Pantalone? ... dormito bene? 5. Non ... dormito perché nostra figlia è molto triste. 6. Chi ... costruito la cupola di San Pietro? 7. Dante ... scritto la Divina Commedia. 8. Leonardo ... dipinto la Monna Lisa. 9. Chi ... inventato il pentagramma? 10. ... vinto il Dottore.

21. Вставьте недостающие артикли:

а) 1. ... mattina Pantalone è nel salotto. 2. Sulla tavola ci sono ... scacchi. 3. Arlecchino porta ... colazione. 4. Suona ... campanello alla porta. 5. ... amici si salutano. 6. ... Dottore accetta solo ... caffè. 7. Che premio riceve ... vincitore? 8. Pantalone accetta ... condizioni. 9. Il Dottore gli dà ... la rivista col test. 10. Arlecchino fa ... tifo per ... padrone.

б) 1. Il Dottore propone di fare ... quiz: rispondere alle domande di ... test sulla cultura italiana. 2. Il pentagramma è ... cosa bellissima.

22. Вставьте недостающие предлоги:

1. Pantalone è ... nuovo ... casa. 2. Pantalone gioca ... se stesso. 3. Pantalone propone alla moglie ... giocare ... scacchi, poi ... dama. 4. Loro si mettono ... tavola. 5. Arlecchino va ... aprire. 6. Arlecchino si mette ... servire. 7. Questo disgraziato ... Arlecchino! 8. Arlecchino è pronto ... scrivere il punteggio. 9. Arlecchino fa il tifo ... il padrone. 10. Non c'è niente ... fare.

23. Составьте предложения из слов и выражений:

1) il Dottore, si mette a servire, Arlecchino;

2) finisce il caffè, sulla giacca, sui pantaloni, e, del Dottore, nella sua tazza, e, non;

3) lui, vince, se, Rosetta, suo figlio, sposa;

4) molto confuso, 20 punti, Arlecchino, al Dottore, dà, la quarta domanda, legge, e;

5) scrivere, le note musicali, per, è, il pentagramma, il sistema moderno.

24. Продолжите предложения:

1. Il Dottore ha già fatto colazione e ... 2. Se vince il Dottore ... 3. Questa risposta è decisiva ... 4. Il Dottore annuncia trionfante ... 5. E come dice il proverbio ...

25*. Переведите на итальянский язык:

а*) Здравствуй, Нина! Это мама. Ты еще дома? Как ты себя чувствуешь? Как ты спала? — Спасибо, мама. Я чувствую себя хорошо. Я хорошо спала этой ночью. Я еще дома, потому что сегодня воскресенье, и я не спешу уходить. — Ты уже позавтракала? — Да, я уже позавтракала. Я выпила кофе с печеньем. — Что ты собираешься делать потом? — Я уже позвонила моей подруге Ольге и предложила ей пойти на выставку современных художников. Я пригласила также одного моего знакомого. — Они согласились пойти с тобой? — Да, они согласились. — А что ты делаешь сегодня вечером? — Сегодня вечером я иду в оперу. — На что ты идешь? — На «Отелло» Верди. — Какая ты счастливая! Верди — мой любимый композитор, а «Отелло» — моя любимая опера. Ты знаешь, что он сочинил ее, уже будучи старым и больным? — Да, я знаю это. — Всего тебе хорошего, доченька! — Спасибо, мамочка! Целую тебя!

б*)
1. Это Марио стучит в дверь? — Да, это он стучит в дверь.
2. Это Марина боится войти? — Да, это она боится войти.
3. Это Олег и Игорь поют русские песни? — Да, это они поют русские песни.
4. Это твои родители уезжают? — Да, это мои родители уезжают.
5. Это Россини написал оперу «Травиата»? — Нет, это не он. Это Верди написал «Травиату».
6. Это Микеланджело написал «Мону Лизу» или «Джоконду»? — Нет, это не он. Это Леонардо да Винчи написал «Мону Лизу» или «Джоконду».

в*)1. Иван, ты видел последнюю картину этого художника? — Нет, я не видел ее. — А почему? — Потому что мне не нравится живопись. Я предпочитаю спорт.
2. Таня, ты видела знаменитый купол Микеланджело? — Нет, я его не видела, но надеюсь увидеть.
3. Друзья, вы согласились с их условиями? — Да, согласились. — А почему? — Потому что никто нам не предложил ничего другого. — Вы довольны этими условиями? — Нет, но ничего не поделаешь.
4. Девушки, вы набрали необходимое количество очков? — Нет, не набрали. — Значит, вы проиграли? — Да, проиграли. Этот конкурс очень трудный для нас. — Тогда зачем вы играли? Ну, знаете, уговор дороже денег.
5. Ты открыл дверь? — Закрой её!
6. Ты пригласил своих друзей? — Тогда жди их!
7. Этот недотепа Игорь испачкал мои брюки. — Ничего! Постирай их!
8. Мы купили цветы. Пожалуйста, поставьте их в вазу.
9. Вы одобряете эти предложения? — Да, мы их одобряем. — Тогда приступайте к их осуществлению.

УПРАЖНЕНИЯ ПО СОДЕРЖАНИЮ ТЕКСТА

1. Прочитайте и переведите текст.

2. Выучите новые слова и выражения.

3. Найдите в тексте ответы на вопросы:

1. Dov'è Pantalone? 2. Contro chi gioca Pantalone? 3. Che cosa fanno Pantalone e sua moglie? 4. Che cosa accetta il Dottore? 5. Chi si mette a servire Arlecchino? 6. Il caffè finisce nella tazza del Dottore? 7. Che quiz propone di fare il Dottore? 8. Come deve aumentare il punteggio? 9. Che premio riceve il vincitore? 10. Che cosa fa Arlecchino per il padrone? 11. Chi ha scritto la Divina Commedia? 12. Chi ha fondato Roma? 13. Perché è disperata la signora Maria? 14. Che cosa è il pentagramma? 15. Che cosa annuncia trionfante il Dottore? 16. Chi ha vinto? 17. Come dice il proverbio?

4*. Задайте вопросы к выделенным курсивом членам предложения:

1. Non ho dormito *stanotte.* 2. La moglie gli ha raccontato *tutto.* 3. *Sulla tavola* ci sono gli scacchi. 4. Pantalone propone *alla moglie* di giocare a scacchi. 5. Hai dormito *bene?* 6. Preferisce *fare colazione.* 7. Gli amici *si salutano.* 8. Pantalone *lo* manda via. 9. Ogni risposta giusta vale *dieci punti.* 10. Arlecchino annuncia *la seconda* domanda. 11. *Pantalone* accetta le condizioni. 12. Arlecchino fa il tifo *per il padrone.* 13. Il Dottore gioca *contro Pantalone* e *sua moglie.* 14. E si sbaglia: *perché* è Romolo. 15. Mi dispiace *molto.* 16. Il figlio *del Dottore* sposa Rosetta.

5. В соответствии с содержанием текста соедините левую и правую части в одно предложение:

Non ha fatto ancora colazione	e accetta solo il caffè.
Non ho dormito	se vince lui suo figlio sposa Rosetta.
Il Dottore ha già fatto colazione	il Dottore lo fa professore honoris causa dell'Università di Bologna.
Il Dottore gli dà la rivista col test	ha preso solo il caffè.
E ora la quinta domanda:	o vince il Dottore o è il pareggio.
Il Dottore propone:	perché nostra figlia è triste.
Questa risposta è decisiva:	e Arlecchino legge la prima domanda.
Se vince Pantalone	«Chi ha composto l'opera «Otello»?»

6. Правильно опишите ситуацию, следуя образцу:

> Pantalone ha fatto colazione. — No, non è vero. Pantalone non ha fatto colazione, ha preso solo il caffè.

Pantalone propone alla moglie di giocare a tennis e la moglie accetta.
Il caffè finisce sui pantaloni e sulla giacca di Pantalone.
Il Dottore propone a Pantalone di giocare a dama.
Ogni risposta giusta vale cento punti.
Se vince Pantalone Rosetta sposa il figlio del Dottore.
Pantalone sa chi ha costruito la cupola di San Pietro.
Raffaello ha dipinto la Monna Lisa.
Rossini ha composto l'opera «Otello».
Pantalone vince ma il Dottore non si arrende.

7*. Ответьте на вопросы; переведите вопросы на русский язык, а ответы на итальянский:

1. Pantalone ha saputo tutto? — Да, он все узнал, но ничего не сделал.
2. Ha già fatto colazione? — Нет, он еще не завтракал, он только выпил кофе.
3. Perché la moglie di Pantalone non ha dormito di notte? — Она не спала ночью, потому что их дочь очень грустна.
4. Che cosa le risponde Pantalone? — Он говорит, что ей не надо устраивать трагедии, потому что их дочь молода и красива. Панталоне — оптимист.
5. Perché il Dottore accetta solo il caffè? — Доктор соглашается выпить только кофе, потому что он уже позавтракал.
6. Perché la moglie di Pantalone rifiuta di giocare a scacchi o a dama? — Жена Панталоне отказывается играть в шахматы или шашки, потому что она хочет есть и предпочитает позавтракать.
7. Perché la colazione è rovinata? — Завтрак испорчен, потому что по вине Арлекина кофе попал на брюки и на пиджак Доктора.
8. Il Dottore accetta la proposta di Pantalone? — Нет, Доктор не соглашается с предложением Панталоне и предлагает устроить конкурс.
9. Che premio riceve il vincitore? — Если выиграет Доктор, то его сын женится на Розетте. Если выиграет Панталоне, то Доктор сделает его почетным профессором Болонского университета.
10. Per chi fa il tifo Arlecchino? — Арлекин болеет за хозяина.
11. Perché è disperata la signora Maria? — Она в отчаянии, потому что выигрывает Доктор. Но Панталоне не сдается.
12. A quante domande Pantalone ha dato una risposta giusta? — Панталоне правильно ответил только на один вопрос.
13. Come è finito il quiz? — Выиграл Доктор. Он очень доволен: его сын женится на дочери Панталоне.
14. Sono contenti anche i genitori di Rosetta? — Нет, родители Розетты не довольны, но ничего не поделаешь. Как гласит пословица: уговор дороже денег.

8. Перескажите текст: а) кратко; б) подробно.

9. Ответьте на вопросы:

1. Di mattina prima di uscire di casa Lei fa colazione? 2. Che cosa prende a colazione? 3. Preferisce giocare a scacchi o a dama o a domino? 4. Ha già fatto un quiz? 5. Se perde si arrende subito? 6. Ha mai vinto un quiz? 7. Che premio ha ricevuto? 8. Lei sa chi è Leonardo da Vinci, Michelangelo, Raffaello? 9. Ha visto le riproduzioni della Gioconda di Leonardo da Vinci e della Madonna Sistina di Raffaello? 10. Perché Dante è famoso in tutto il mondo? 11. Quali opere di Verdi conosce? 12. Le piace l'opera di Rossini «Il barbiere di Siviglia»?

10*. Переведите на итальянский язык:

Чтобы сменить тему, хозяин дома предложил сыграть в шахматы. Гости согласились. Когда они начали играть, кто-то позвонил в дверь. Хозяин дома открыл дверь и увидел своего друга с букетом цветов. Друг поздоровался с хозяевами и преподнес цветы хозяйке дома. Друг отказался играть в шахматы и стал рассказывать о своем участии в конкурсе «Знаете ли вы Италию?». Он ответил только на три вопроса из десяти: кто написал «Джоконду» и «Сикстинскую мадонну» и кто написал оперу «Севильский цирюльник». Поскольку он не набрал нужного количества очков, то не получил никакого приза. Но все равно он остался доволен, так как углубил свои знания по итальянской культуре.

11. Пользуясь словарем учебника, переведите на русский язык следующие записочки из конфет «Бачи Перуджина».

1. Un vero amico riesce a non farti essere nessuno. (*Anonimo*)
2. Ad un amico nulla è in prestito, tutto in regalo. (*M. Gaudio*)
3. Riprendi l'amico in segreto e lodalo in palese. (*L. da Vinci*)
4. A chi più amiamo meno dire sappiamo. (*proverbio inglese*)
5. Amore guarda non con gli occhi ma con l'anima. (*Anonimo*)

12. Следуя образцу, образуйте итальянские слова из букв прилагательного *culturale* (*культурный*). Пользуясь словарем, переведите на русский язык слова приводимого образца.

cultura (*культура*) — lacca, cura, rara, calcare, turca, cucù, culla, cattura...

RISATE A DENTI STRETTI — СМЕХ СКВОЗЬ СЛЕЗЫ

Прочитайте и переведите на русский язык анекдоты, обратите внимание на употребление Passato prossimo, а также на безударные местоимения:

Il sarto: Come! Il suo padrone non è in casa? Ma io l'ho visto alla finestra!

La domestica: Anche lui L'ha visto.

sarto *m* портной
alla finestra в окно
domestica *f* домработница, служанка

Il medico: Gli avete messo il termometro?

La domestica: Sì, dottore, lo ha dall'altro ieri, ma continua a tossire lo stesso.

mettere il termometro ставить градусник
dall'altro ieri с позавчерашнего дня, т.е. уже два дня
continuare *vi* продолжать
tossire *vt* кашлять
lo stesso *зд.:* всё равно

— Hai qualche sigaretta? Ho fumato l'ultima prima di addormentarmi...

Одиннадцатый урок | Lezione undicesima

UNA LEZIONE A BOLOGNA – ЛЕКЦИЯ В БОЛОНЬЕ

Oggi andiamo a Bologna, all'Università di Bologna. Il Dottore fa una lezione. Il tema della lezione: «Che cos'è un anno?»

Sapete perché? Perché fra un anno Rosetta compie 18 anni e Alfredo, figlio del Dottore, può finalmente sposarla. Vi ricordate? Sono fidanzati.

Ecco, siamo a Bologna. È un'antica città italiana. Il centro storico è tutto sotto i portici (è una città «sotto i portici») che riparano dal sole e dalla pioggia. L'architettura della città è molto bella. Oh! Che bellissima torre! È la Torre degli Asinelli.

Bene. Abbiamo fatto un piccolo giro della città e ora siamo all'Università di Bologna. È una delle più antiche del mondo.

Suona il campanello e il Dottore entra nell'aula. L'insegnante saluta gli studenti e gli studenti si mettono a cantare il famoso inno studentesco «Gaudeamus igitur...» Ma perché lo cantano oggi? Questo inno non si canta tutti i giorni. È vero. Ma oggi è il primo aprile! È possibile tutto.

Il Dottore comincia la lezione. Dunque, che cos'è un anno? Un anno è molto o poco? — Dipende. «È una domanda filosofica», — risponde Alfredo che è presente alla lezione. La lezione continua. Come lo sanno tutti: un anno ha dodici mesi. Quali sono? Il Dottore si mette a scrivere sulla lavagna i nomi dei mesi: gennaio, febbraio, aprile... Ecco! Avete notato uno sbaglio? Anche Alfredo ha notato lo sbaglio e cerca di suggerire al padre. Il bravo professore corregge lo sbaglio. Dunque, gennaio, febbraio, marzo, aprile... Qualcuno bussa alla porta. Avanti, avanti! — dice il Dottore. Oh! È venuto Arlecchino: ha portato un pacco al Dottore ed è subito andato via. Ma che cos'è? Cosa c'è nel pacco? — Dopo, dopo la lezione... Pazienza...

La lezione continua: maggio, giugno, luglio... Gli studenti si annoiano a morte. Uno si mette a miagolare: miao, miao! Il Dottore lo sente, gli tira un orecchio e dice: Sei di Venezia? Giusto? A Venezia ci sono molti gatti. Perché? A Venezia ci sono molti gatti perché c'è il mare, e dove c'è il mare c'è il pesce. E dove c'è il pesce ci sono i gatti. Ecco perché a Venezia ci sono molti gatti. Bella spiegazione! Vero? È tipica del nostro Dottore.

Ma bisogna continuare la lezione. Dunque, andiamo avanti: agosto, settembre, novembre e dicembre. In questo momento, dalla strada attraverso la finestra, arriva la voce di un venditore: Aranciata, coca-cola, pizza! Aranciata, coca-cola, pizza! Tutti hanno un po'di fame. Il Dottore si mette a parlare della pizza napoletana... Ma, ahimè... suona il campanello. La lezione è finita. Il Dottore cerca di aprire il pacco. Ma non è facile: c'è molta carta! Tanta carta! Troppa carta! Ecco, finalmente un bigliettino che dice: «Caro amico! Sto benissimo. Salutoni. Pantalone.» Ma che cos'è? Forse un pesce d'aprile? Quanti ne abbiamo oggi? Oggi è il primo aprile. Eh, sì! È il pesce d'aprile di Pantalone. Bravo Pantalone! Ma anche il Dottore ha un'idea! Che idea? Pazienza, amici!

Pantalone è uscito di casa ed è andato alla posta per ritirare un pacco. Ma come è pesante il pacco! È pesantissimo. Bisogna chiamare Arlecchino. Pantalone lascia il pacco in mezzo alla strada e va a cercare Arlecchino.

Arlecchino passa vicino alla posta e vede il pacco. Ma di chi è? Non c'è nessuno! Allora, è suo! Il nuovo padrone del pacco cerca di prenderlo, ma ... invano: è pesantissimo! Arriva Colombina. Chiede del pacco. Arlecchino dice che il pacco è suo e si mette a inventare una storia incredibile:

Arlecchino: Dunque, ascolta! Stamattina mi son svegliato presto...

Colombina: Va bene, ti sei svegliato presto. E poi?

Arlecchino: Dunque, mi sono svegliato presto, mi sono alzato...

Colombina: Ti sei alzato...

Arlecchino: Mi sono lavato...

Colombina: Ti sei lavato. E poi?

Arlecchino: Mi sono pettinato...

Colombina: Ma Arlecchino! Come sei lento!

Arlecchino: Va bene, va bene. Faccio presto! Mi sono vestito... poi ho fatto colazione e sono uscito di casa.

Colombina: Dove sei andato?

Ma, oh! Che sorpresa! Arriva Pantalone: «Il mio pacco! Il mio pacco!» Ma Arlecchino dice che il pacco è suo. Ognuno cerca di tirare il pacco dalla sua parte e il pacco cade e si rompe. Che cosa c'è dentro? Un macigno! Un grande macigno e un piccolo bigliettino. Che cosa dice il bigliettino? Leggete! «Caro Pantalone, questa pietra mi è caduta dal cuore quando ho saputo che stai bene. Cordialmente. Dottore.»

Avete capito? Ma certo! Anche questo è un pesce d'aprile. Bravo Dottore! Ma a Pantalone non è piaciuto. Sapete che cosa ha detto? Ha detto: «Poco spiritoso».

VOCABOLARIO — СЛОВАРЬ

fàre una lezióne читать лекцию
tèma *m* тема
ànno *m* год
fra (un anno) через (год)
finalmènte *avv* наконец
antìco *agg* старинный
cèntro *m* центр
sbagliàrsi *rfl* ошибаться
notàre *vt* замечать, отмечать
suggerìre *vt* подсказывать
corrèggere *vt* исправлять
annoiàrsi *rfl* скучать
a mòrte смертельно
miagolàre *vi* мяукать
stòrico *agg* исторический
pòrtico *m* портик, колоннада
riparàre *vt* защищать
architettùra *f* архитектура
tòrre *f* башня
fàre il giro (della città) совершить экскурсию (по городу)
àula *f* аудитория
professòre *m* преподаватель, профессор
famòso *agg* знаменитый
ìnno *m* гимн
studentèsco *agg* студенческий
si cànta поется
possibile *agg* возможный
possibilità *f* возможность
dipèndere *vi* зависеть
filosòfico *agg* философский
filosofìa *f* философия
èssere presènte присутствовать
presènte *agg* настоящий
lavàgna *f* школьная доска
gennàio *m* январь
febbràio *m* февраль
màrzo *m* март
aprìle *m* апрель
màggio *m* май
giùgno *m* июнь
lùglio *m* июль
agòsto *m* август
settèmbre *m* сентябрь
ottòbre *m* октябрь
novèmbre *m* ноябрь
dicèmbre *m* декабрь
tiràre l'orècchio дергать за ухо
gàtto *m* кошка
màre *m* море
pèsce *m* рыба
spiegazióne *f* объяснение
spiegàre *vt* объяснять
tìpico *agg* типичный
bisognàre *vi* нужно
finèstra *f* окно
attravèrso *prep* через

venditòre *m* продавец
vèndere *vt* продавать
fàcile *agg* легкий
pèsce d'aprile первоапрельская шутка
pòsta *f* почта
ritiràre *vt зд.:* получать
lasciàre *vt* оставлять
in mèzzo a в середине, посреди
passàre *vi* проходить, проводить
vicìno *prep* рядом
nessùno *pron* никто
invàno *avv* напрасно
inventàre *vt* изобретать
incredìbile *agg* невероятный
ascoltàre *vt* слушать
pettinàrsi *rfl* причесываться
lènto *agg* медленный
ognùno *pron* каждый
dalla sua pàrte на свою сторону
rómpersi *rfl* ломаться, рваться
macìgno *m* булыжник, камень
spiritòso *agg* остроумный
Rùssia *f* Россия

ПОЯСНЕНИЯ К ТЕКСТУ

1. **Insegnante** *m, f — преподаватель, -ница*. В зависимости от типа учебного заведения понятие «преподаватель» конкретизируется: в начальной школе **maestro, -a** — *учитель, -ница;* в средней школе и в университете — **professore, -essa** — *преподаватель, -ница; профессор.*

2. **«Gaudeamus igitur»** *(лат.) — «Итак, будем веселиться!»* Начало, старинной студенческой песни.

3. «Первоапрельская шутка» по-итальянски **pesce d'aprile** — дословно *апрельская рыба.*

4. Увеличительный суффикс **-one:**

Saluto (salut**one**) — *Привет (большущий привет).*

Как правило, суффикс **-one** меняет женский род существительного на мужской:

donna *f* — женщина, **donnone** *m* — бабище; **bottiglia** *f — бутылка,* **bottiglione** *m — бутылище.*

5. Глаголы **passare, scendere, salire** могут употребляться со вспомогательными глаголами **avere** или **essere** в зависимости от ситуации так же, как и глаголы **cominciare, finire:**

Ho passato bene la vacanze. — *Я хорошо провел каникулы.* Le vacanze **sono** passate in fretta. — *Каникулы быстро пролетели.*

Lui **è** sceso (salito) di corsa. — *Он спустился (поднялся) бегом.* Lui **ha** sceso, (salito) la scala. — *Он спустился (поднялся) по лестнице.*

6. Безличный глагол **bisognare** — *надо, нужно* употребляется только в 3-м л. ед. числа. Он предшествует инфинитиву, не требует после себя предлога и не имеет формы Passato prossimo:

Bisogna rispondergli subito. — *Нужно немедленно ответить ему.*

7. Русскому глаголу *писать* в разных ситуациях соответствуют разные итальянские глаголы: *писать музыку* — **comporre la musica;** *писать картину* — **dipingere un quadro;** *писать роман* — **scrivere un romanzo;** *писать сочинение* — **svolgere un tema.**

8. Русские существительные, обозначающие домашних животных женского рода: *кошка, собака, лошадь* (как видовые понятия), соответствуют итальянским именам существительным мужского рода: **gatto, cane, cavallo.** Поэтому **A Venezia ci sono moiti gatti** переводится *В Венеции много кошек.*

И в итальянском, и в русском языках эти животные различаются по половому признаку: **gatto** *m* — *кот;* **gatta** *f* — кошка; **cane** *m* — *пес, кобель;* **cagna** — *собака, сука;* **cavallo** *m* — *конь, жеребец;* **cavalla** *f* — *лошадь, кобыла.* Им соответствуют личные местоимения единственного числа: **esso** (gatto, cane, cavallo) — *он,* **essa** (gatta, cagna, cavalla) — *она;* личные местоимения множественного числа: **essi** *m* (gatti, cani, cavalli) — *они,* **esse** *f* (gatte, cagne, cavalle) — *они.* Эти местоимения служат также для замены неодушевленных имен существительных:

il compleanno, i compleanni — esso, essi; la festa, le feste — essa, esse.

Однако в разговорном языке именам существительным, обозначающим животных, могут соответствовать личные местоимения **lui, lei, loro.**

9. Вопросительная конструкция **Quanti ne abbiamo oggi?** — *Какое сегодня число?* предполагает ответ: **Oggi ne abbiamo due (tre, quattro,** ecc.) **gennaio.** — *Сегодня второе (третье, четвертое и т.д.) января.* В данном ответе употребляются количественные числительные.

Если же речь идет о 1-м числе месяца, то ставится порядковое числительное: Oggi è il **primo** gennaio. — *Сегодня первое января.*

ГРАММАТИКА

Ближайшее прошедшее время (с глаголом *essere*)

Passato prossimo с вспомогательным глаголом **essere** образуется при помощи **Presente** этого вспомогательного глагола + **Participio passato спрягаемого глагола:**

I, II, III спряжение

(io) **sóno**	**tornáto(-a), partito(-a)**	— *я вернулся(-лась), уехал(-ла);*
(tu) **séi**		— *ты вернулся(-лась), уехал(-ла);*
(lui, lei, Lei) **è**		— *он (она) вернулся(-лась), Вы вернулись;*

(noi) **sìamo**	**tornáti(-e), partiti(-e)**	— *мы вернулись, уехали;*
(voi) **siéte**		— *вы вернулись, уехали;*
(loro) **sóno**		— *они вернулись, уехали.*

Запомните **Participio passato** некоторых неправильных глаголов, спрягающихся с **essere**:

apparire — **apparso;**	rimanere — **rimasto;**
essere — **stato;**	scendere — **sceso;**
morire — **morto;**	stare — **stato;**
nascere — **nato;**	venire — **venuto.**

Ближайшее прошедшее время модальных глаголов

Модальные глаголы **potere**, **volere**, **dovere** в **Passato prossimo** в функции служебных глаголов чаще всего спрягаются с вспомогательным глаголом **avere.** Однако если последующий невозвратный глагол требует вспомогательного глагола **essere,** то иногда в сложных временах с **essere** может спрягаться и модальный глагол:

Mario **ha (è) dovuto** partire. — Марио *должен был* уехать.

В самостоятельном же значении модальные глаголы спрягаются только с **avere:**

Non **ha** voluto (potuto, dovuto). — Он не захотел (не смог, не должен был).

Ближайшее прошедшее время возвратных глаголов

Все **возвратные** (или местоименные) **глаголы в Passato prossimo** спрягаются с **essere**:

(io) **mi sono**	**-alzato(-a)**	— я поднялся(-лась), встал(-ла);
(tu) **ti sei**		— ты поднялся(-лась), встал(-ла);
(lui, lei, Lei) **si è**		— он, она поднялся(-лась), встал(-ла)
		— Вы поднялись, встали;
(noi) **ci siamo**	**-alzati(-e)**	— мы поднялись, встали;
(voi) **vi siete**		— вы поднялись, встали;
(loro) **si sono**		— они поднялись, встали.

Примеры:

Mi sono alzato presto. — *Я встал рано.* **Ci siamo sbagliati.** — *Мы ошиблись.* **Si sono vestite a festa.** — *Они оделись по-праздничному.* **Lei si è fermata a Roma.** — *Она остановилась в Риме.*

В сочетании с **модальными глаголами** возможны **две конструкции:**

	dovuto			**dovuto(-a)**	
Ho	**potuto**	**svegliarmi**	**Mi sono**	**potuto(-a)**	
	voluto			**voluto(-a)**	**svegliare**
	dovuto			**dovuto(-a)**	
Hai	**potuto**	**svegliarti**	**Ti sei**	**potuto(-a)**	
	voluto			**voluto(-a)**	

С глаголом **essere** спрягаются:

а) **большинство непереходных глаголов — stare, rimanere, nascere, morire** и в первую очередь глаголы движения — **andare, partire, uscire, entrare.** Примеры:

È andato a casa. — *Он пошёл домой.* **Sono tornati.** — *Они вернулись.* **Maria è uscita.** — *Мария вышла.* **Siamo andati via.** — *Мы ушли (уехали).*

б) **все возвратные глаголы — alzarsi, svegliarsi, addormentarsi.**

Некоторые глаголы могут употребляться как в переходном, так и в непереходном значении. Выбор вспомогательного глагола зависит от значения, в котором употреблён глагол:

Abbiamo passato bene la vacanza. — *Мы хорошо провели отпуск* (переходное значение). **Siamo passati per Roma.** — *Мы заезжали в*

Рим (непереходное значение). **Ha sceso le scale.** — *Он спустился по лестнице.* **È sceso a Napoli.** — *Он вышел в Неаполе.* **Il maestro ha finito la lezione.** — *Учитель закончил урок.* **La lezione è finita.** — *Урок закончился.* **Lui ha cessato il lavoro.** — *Он прекратил работу.* **La pioggia è cessata.** —*Дождь прекратился.*

в) **некоторые глаголы движения** при указании направления движения:

È corso a casa. — Он *побежал* домой; **È saltato** dalla bicicletta. — Он *спрыгнул* с велосипеда.

С **avere** спрягаются глаголы в «абсолютном» значении движения, то есть когда не указано направление движения, но часто имеются указатели продолжительности движения:

Lui **ha corso** per un'ora. — Он *бегал (пробегал)* один час. **Ha saltato** dalla gioia. — Он *подпрыгнул* от радости.

Сравните также:

L'uccello **è volato** via. — Птичка *улетела* (прочь). **Abbiamo volato** col Jet qualche ora. — Мы *(про)летели* несколько часов на реактивном самолёте.

Глаголы движения, употребленные в переносном значении, спрягаются с вспомогательным глаголом **avere:**

Ha saltato due righe. — Он *пропустил* две строчки. **Hanno corso** un grosso rischio. — Они *подверглись* большому риску.

Согласование Participio passato с essere

С вспомогательным глаголом **essere** согласование в роде и числе подлежащего и Participio passato обязательно:

Sono partit**o** (mi sono vestit**o**).	— *Я уехал (оделся).*
Sono partit**a** (mi sono vestit**a**).	— *Я уехала (оделась).*
Il figlio è partit**o** (si è vestit**o**).	— *Сын уехал (оделся).*
La figlia è partit**a** (si è vestit**a**).	— *Дочь уехала (оделась).*
I figli sono partit**i** (si sono vestit**i**).	— *Сыновья (дети) уехали (оделись).*
Le figlie sono partit**e** (si sono vestit**e**).	— *Дочери уехали (оделись).*

Как видно из примеров, правило распространяется как на возвратные, так и на невозвратные глаголы.

В сочетании модального глагола с возвратным согласование с Participio passato происходит лишь в том случае, если возвратная частица располагается перед личной формой модального глагола. Сравните:

Non ho potut**o** svegliarmi. — *Я не смог (не смогла) проснуться.*
Non mi sono potut**o** svegliare. — *Я не смог проснуться.*
Non mi sono potut**a** svegliare. — *Я не смогла проснуться.*

Местоименный пассив

Возвратная частица **si + переходный глагол в форме 3-го л.** (при неодушевленном подлежащем ед. или мн. числа) может образовывать конструкции с пассивным значением (местоименный пассив): Il ponte **si costruisce** in tempi di record. — Мост *строится* рекордными темпами. I ponti **si costruiscono** in tempi di record. — Мосты *строятся* в рекордные сроки.

Данная конструкция является синтаксическим синонимом аналитического пассива, образующегося с помощью вспомогательного глагола **essere** (или **venire) + Participio passato.** Сравните: Il ponte **si costruisce.** — Il ponte **è (viene) costruito** (*Мост строится*). I ponti **si costruiscono.** — I ponti **sono (vengono) costruiti** (*Мосты строятся*).

В отличие от аналитического пассива, пассивная конструкция с **si** употребляется только в простых временах.

В итальянском языке, в отличие от русского, пассивная конструкция с **si** является двухступенчатой, не включающей агента действия. Считаются неправильными конструкции типа: Questo ponte si costruisce dagli operai, то есть включающие агента действия (dagli operai), поскольку данные конструкции служат для деконкретизации субъекта действия. При необходимости указания действующего субъекта используется обычный (аналитический) пассив со вспомогательными глаголами **essere/venire.**

Другие примеры пассивной конструкции (местоименного пассива):

Questa canzone si canta piano. — *Эта песня поётся тихо.*
Questo piatto si mangia freddo. — *Это блюдо едят холодным.*

Questi libri si leggono in infanzia. — *Эти книги читаются в детстве.*
Queste cose non si dicono. — *Таких вещей не говорят.* (*Эти вещи не говорятся.*)
Così non si fa. — *Так не делается.* (*Так не делают*).
Queste cose non si fanno. — *Таких вещей не делают.* (*Такие вещи не делаются.*)

ГРАММАТИЧЕСКИЕ И ЛЕКСИКО-ГРАММАТИЧЕСКИЕ УПРАЖНЕНИЯ

1. Проспрягайте в Passato prossimo глаголы:

entrare, uscire, arrivare, salire, andare, venire, rimanere, stare, restare, nascere

2. Проспрягайте в Passato prossimo возвратные глаголы:

sbagliarsi, addormentarsi, pettinarsi, svegliarsi

3. Проспрягайте в Passato prossimo глагольные словосочетания:

а) poter capire, dover partire, voler tornare, saper fare;

б) poter vestirsi, dover alzarsi, voler addormentarsi.

4. Закончите фразы, вставив недостающую форму Passato prossimo, следуя образцу:

> Ieri io sono ... a casa tutto il giorno aspettandoti. (essere)
> Ieri io sono *stato* a casa tutto il giorno aspettandoti.

Tu sei ... a vedere il centro storico della città? (venire)
Il gatto è ... miagolando. (apparire)
Lei è ... al mare ancora per un mese. (rimanere)
Tutti e due siamo ... a marzo. (nascere)
Anna e Maria, a che ora siete ... a cena? (scendere)
Lucia è ... un anno fa. (morire)
Oggi loro sono ... male per parecchio tempo. (stare)

5. Переведите предложения из упр. 4 на русский язык.

6. Поставьте инфинитив в форму Passato prossimo, следуя образцу:

> Stamattina svegliarsi alle 8. (io, noi) — Stamattina *mi sono svegliato(a)* alle 8. Stamattina *ci siamo svegliati(e)* alle 8.

Stamattina alzarsi tardi. (io, noi)
Oggi vestirsi a festa. (io, noi)
Stanotte sentirsi male. (io, noi)
Annoiarsi a morte alla lezione. (io, noi)
L'anno scorso fermarsi a lungo a Mosca. (io, noi)
Sbagliarsi tante volte nella vita. (io, noi)
Sposarsi presto. (io, noi)

7. Задайте все возможные вопросы к предложениям из упр. 6, следуя образцу:

Mario, stamattina ti sei svegliato alle 8? Maria, ti sei svegliata alle 8? Professore, si è svegliato alle 8? Professoressa, si è svegliata alle 8? Amici, vi siete svegliati alle 8? Amiche, vi siete svegliate alle 8? Signore, si sono svegliate alle 8? Signori, si sono svegliati alle 8?

8. Поставьте предложения в Passato prossimo со вспомогательным глаголом *essere*:

а) 1. Io passo vicino alla posta. 2. Oggi vai all'università? 3. Un solo studente è presente alla lezione. 4. Vengo presto a casa. 5. In questo momento in piazza appaiono molte turiste. 6. Dalla strada arriva la voce di un venditore. 7 Il pacco cade vicino a un gatto. 8. Maria, a che ora esci di casa? 9. Torniamo a casa tardi. 10. Ragazze, partite in macchina? — Sì, partiamo in macchina.

б) 1. Mi aizo alle 7 di mattina. 2. Anna, perché ti guardi nello specchio per tanto tempo? 3. Andrea si mette a tavola parlando alla padrona di casa. 4. Katja si annoia restando a casa. 5. Ci troviamo bene in questo albergo. 6. Perché vi arrendete subito? 7. I signori si accomodano nel salotto guardando la televisione (TV). 8. Le signore si fermano a Milano per tre giorni.

9. Переведите предложения из упр. 8 на русский язык.

10. Поставьте выделенные курсивом глаголы в форму Passato prossimo, в соответствующее лицо и число, следуя образцу:

> Giuliano, stasera *vai* al cinema? — Sì. E tu? — *Anch'io vado.*
> Giuliano, stasera *sei andato* al cinema? — Sì. E tu? — *Anch'io ci sono andato.*

— Gina, *vieni* a casa presto? — Sì. E tu? — Anch'io *vengo* presto.

— Luigi, *rimani* ancora a lungo in biblioteca? — Sì. E tu? — Anch'io ci *rimango* ancora a lungo.

— Signor Rossi, a che ora *esce* di casa? — Alle 10.—E Lei, signor Bianchi? — Anch'io *esco* alla stessa ora.

— Maria, Lei mi *appare* molto triste. — Sì, lo sono. — E come Le *appaio* io?

— Clara, Lei *scende* tutta contenta. — Sì, infatti, sono contenta di vederla. — Anch'io *scendo* di corsa per abbracciarla.

11. Поставьте выделенные курсивом возвратные глаголы в форму Passato prossimo в соответствующее лицо и число, следуя образцу:

> Maria Pia, *ti innamori* facilmente? — Sì. E tu? — Ed io, invece, non *mi innamoro* mai. — Maria Pia, *ti sei innamorata* facilmente? — Sì. E tu? — Ed io, invece, non *mi sono innamorata* mai.

— Corrado, *ti arrendi* alla prima domanda? — Sì. E tu? — Ed io, invece, non *mi arrendo* fino alla fine.

— Mariangela, *ti trovi* bene dai nostri amici? — Sì. E tu? — Ed io, invece, non *mi trovo* bene.

— Luca, *si ferma* a lungo a Mosca? — Sì. E Lei? — Ed io, invece, *mi fermo* un solo giorno.

— Paola, Lei *si mette* a fare il caffè? — Sì. E Lei, Sabrina? — Ed io, invece, *mi metto* a preparare il tè.

— Giorgio, Lei *si sposa* alla fine del mese? — Sì. E Lei, Franco? — Ed io invece, *mi sposo* ai primi del mese.

12. Переведите предожения из упр. 11 на русский язык.

13. Замените пассивные конструкции конструкцией *si + глагол*, следуя образцам:

Il suo arrivo è previsto tra una settimana. — Il suo arrivo *si prevede* tra una settimana. — Его приезд ожидается через неделю.

Nel Teatro dell'Opera di Roma è messo in scena un nuovo balletto.
La posta è portata tutti i giorni.
La sua visita viene attesa ai primi di dicembre.

Qui vengono comprati libri usati. — Qui *si comprano* libri usati. — Здесь покупают подержанные книги.

I fiori sono regalati per la festa.
I giornali sono venduti in edicola.
Queste cose non vengono dette ad alta voce.
Se vengono invitati gli ospiti, viene messa in ordine tutta la casa.

14. Переведите предложения из упр. 13 на русский язык.

15. В зависимости от ситуации поставьте инфинитив в форму Passato prossimo с вспомогательным глаголом *avere* или *essere* в соответвующем лице и числе:

1. La lezione ... all'una. (cominciare) 2. Quando il professore ... la lezione? (cominciare) 3. Lo spettacolo ... alle undici di sera. (finire) 4. Paolo, Sandro, quando ... il lavoro? (finire) 5. Aldo, come ... le vacanze? (passare) 6. Il nonno ... già ...? (salire) — Sì, lui ... la scala senza fermarsi. (salire) 7. I ragazzi, già ...? (scendere) — Sì, ... la scala di corsa. (scendere)

16. Переведите предложения из упр. 15 на русский язык.

17. Вставьте недостающую форму глагола *bisognare*:

1. ... telefonargli stasera. 2. ... invitarla a casa nostra. 3. ... spiegare tutto a loro. 4. ... chiamarli subito. 5. ... partire di sera. 6. alzarsi presto. 7. Non ... tornare tardi. 8. Non ... affrettarsi quando si tratta di cose serie.

18. Переведите предложения из упр. 17 на русский язык:

19. Замените одушевленные имена существительные местоимениями *lui*, *lei*, *loro*; неодушевленные — местоимениями *esso*, *essa*, *essi*, *esse*:

Marco è tornato tardi? — Sì, ... è tornato tardi.
Maria è partita ieri? — Sì, ... è partita ieri.
I nonni sono rimasti contenti? — Sì,... sono rimasti contenti.
Il gatto ha miagolato a lungo? — Sì, ... ha miagolato a lungo.
I gatti miagolano spesso? — Sì, ... miagolano spesso.
La pioggia è già finita? — Sì, ... è già finita.
I fiori sono già nel vaso? — Sì, ... sono già nel vaso.
Ti sono piaciute le paste? — Sì, ... mi sono piaciute.

20. Переведите предложения из упр. 19 на русский язык.

ОБЗОРНЫЕ УПРАЖНЕНИЯ

21. Вставьте недостающие глаголы *avere* или *essere*:

а) 1. .... fatto un piccolo giro per la città. 2.... notato uno sbaglio? 3. Anche Alfredo ... notato lo sbaglio. 4.... venuto Arlecchino: ... portato un pacco al Dottore. 5. Pantalone ... uscito di casa ed andato alla posta. 6. ... poi ... fatto colazione e ... uscito di casa. 7. Questa pietra mi ... caduta dal cuore quando ... saputo che stai bene. 8. ... capito? 9. Ma a Pantalone non ... piaciuto. 10. Sapete che cosa... detto?

б) 1. Stamattina mi ... svegliato presto, mi ... alzato. 2. Ti ... alzato. 3. Mi ... pettinato. 4. Mi ... vestito.

22. Вставьте недостающие возвратные частицы:

1. Il Dottore ... mette a scrivere sulla lavagna i nomi dei mesi. 2. Gli studenti ... annoiano a morte. 3. Dunque, ... svegliato presto, ... sono alzato. 4. ... sei lavato. E poi? 5. Il pacco cade e ... rompe.

23. Вставьте недостающие предлоги:

а) 1. Oggi andiamo ... Bologna, all'Università ... Bologna. 2. Perché ... un anno Rosetta compie 18 anni. 3. Il centro storico è tutto ... i portici. 4. ... Venezia ci sono moiti gatti. 5. ... questo momento ... la finestra arriva la voce di un venditore. 6. Pantalone è uscito ... casa ... ritirare il pacco. 7. Arlecchino passa ... alla posta. 8. Ma anche questo è un pesce ... aprile.

б) 1. I portici di Bologna riparano ... sole e ... pioggia. 2. È la Torre ... Asinelli. 3. Abbiamo fatto un piccolo giro ... città e ora siamo ... Università di Bologna. 4. È una ... più antiche ... mondo. 5. Il Dottore entra ... aula. 6. Alfredo è presente ... lezione. 7. Qualcuno bussa ... porta. 8. Arlecchino porta un pacco ... dottore. 9. In questo momento ... strada arriva la voce di un venditore. 10. Arlecchino passa vicino ... posta. 11. Colombina chiede ... pacco. 12. Ognuno cerca di tirare il pacco ... sua parte. 13. Questa pietra mi è caduta ... cuore.

24. Составьте предложения из слов и словосочетаний:

1) finita, è, la lezione, cerca il Dottore, aprire, di, il pacco;

2) il pacco, Pantalone, strada, alla strada, in mezzo, lascia, Arlecchino, cercare, a, va, e;

3) si rompe, ognuno, il pacco, tirare, cerca, cade, di, e, parte, sua, dalla, il pacco.

25. Закончите предложения:

Il tema della lezione è «Che cosa è un anno» perché...

Il centro storico è tutto sotto i portici perché...

Gli studenti si mettono a cantare il famoso inno studentesco perché...

Uno studente si mette a miagolare perché...

A Venezia c'è il pesce perché...

Il pacco è pesante perché...

Il pacco cade e si rompe perché...

A Pantalone non è piaciuto il pesce d'aprile del Dottore perché...

26*. Переведите на итальянский язык:

Здравствуйте, друзья! Мы не виделись уже месяц. Где вы были? Мы были в Италии. — Вы летели в Италию самолетом или ехали поездом? — Мы ехали поездом. — Когда вы выехали в Италию из Москвы? — Мы выехали из Москвы в начале мая. — Сколько времени вы провели в Италии? — Мы провели в Италии почти месяц. — Значит, вы вернулись в Москву в конце мая. В какой итальянский город вы приехали в начале вашей поездки? — Вначале мы приехали в Венецию. — Какие другие города вы еще посетили? — Еще мы посетили Рим и Флоренцию.

27*. Переведите на итальянский язык:

— Альдо, какое сегодня число? — Сегодня 12 декабря. — Ты ходил вчера в университет? — Да. — Расскажи, как ты провел вчерашний день. — Вчера мне пришлось рано встать. Я умылся, оделся, причесался, позавтракал и пошел в университет. — В котором часу начались занятия? — Занятия начались в 9 часов утра и закончились в час. — Что ты делал на занятиях? Ты не скучал? — Нет, хотя занятия продолжались четыре часа, они быстро пролетели. Я посмотрел документальный фильм о жизни студентов в России, читал и писал по-русски, отвечал на вопросы преподавателя. — Преподаватель остался доволен твоими ответами? — Да. Преподавателю понравились мои ответы и он предложил мне написать сочинение на тему «Дружба студентов России и Италии». — Ты согласился? — Да, я согласился. После обеда я сразу же пошел в библиотеку и начал работать.

УПРАЖНЕНИЯ ПО СОДЕРЖАНИЮ ТЕКСТА

1. Прочитайте и переведите текст.

2. Выучите новые слова и выражения.

3. Найдите в тексте ответы на вопросы:

1. Perché il tema della lezione del Dottorre è «Che cos'è un anno»? 2. Com'è l'università di Bologna? 3. Perché gli studenti si mettono a cantare il famoso inno studentesco? 4. Quanti mesi ha un anno? 5. Come si chiamano i mesi dell'anno? 6. Perché a Venezia ci sono molti gatti? 7. Cosa c'è nel pacco che Arlecchino ha portato al Dottore? 8. Che cosa c'è dentro il pacco che Pantalone ha ritirato alla posta?

4*. Задайте вопросы к выделенным курсивом членам предложения:

1. Rosetta compie 18 anni *tra un anno*. 2. Il centro storico è tutto sotto i portici che riparano *dal sole* e *dalla pioggia*. 3. L'insegnante saluta *gli studenti*. 4. Il bravo professore *corregge* lo sbaglio. 5. *Qualcuno* bussa alla porta. 6. Arlecchino ha portato un pacco *al Dottore*. 7. Gli studenti si annoiano *a morte*. 8. II Dottore si mette a parlare *della pizza napoletana*. 9. Il Dottore cerca di aprire *il pacco*. 10. Pantalone lascia il pacco *in mezzo alla strada*. 11. Arlecchino si mette a inventare una storia *incredibile*.

5. В соответствии с содержанием текста правильно соедините левую и правую части в одно предложение:

Il centro storico è tutto sotto i portici	perché c'è il mare.
Abbiamo fatto un piccolo giro della città	e va a cercare Arlecchino.
A Venezia ci sono molti gatti	e si mette a inventare una storia incredibile.
Pantalone lascia il pacco in mezzo alla strada	il pacco cade e si rompe.
Arlecchino dice che il pacco è suo	e ora siamo all'Università di Bologna.
Ognuno cerca di tirare il pacco dalla sua parte,	che riparano dal sole e dalla pioggia.

6. Правильно опишите ситуацию, следуя образцу:

> Rosetta fra tre anni compie 17 anni. — No, non è vero. Rosetta tra un anno compie 18 anni.

L'Università di Bologna è una delle più giovani del mondo.
Il primo aprile è impossibile tutto.
Come lo sanno tutti, un anno ha quindici mesi.
Gli studenti si divertono moltissimo.
A Venezia ci sono pochi gatti perché non c'è il mare.
Pantalone si mette a inventare una storia incredibile.
Dentro il pacco c'è una lettera di Alfredo.

7*. Ответьте на вопросы; переведите вопросы на русский язык, а ответы на итальянский:

1. Quando Alfredo può sposare Rosetta? — Альфредо сможет жениться на Розетте через год, когда ей исполнится 18 лет.
2. Com'è l'architettura di Bologna? — Архитектура города очень красивая: весь исторический центр находится под портиками, которые защищают его от солнца и дождя.
3. Che cosa sanno tutti? — Все знают, что в году 12 месяцев.
4. Che cosa fa il Dottore? — Доктор принимается писать на доске названия месяцев.

5. Perché il Dottore tira l'orecchio a uno studente? — Доктор дергает за ухо одного студента, потому что он начинает мяукать на лекции.
6. Da dove arriva la voce di un venditore? — Голос торговца доносится с улицы.
7. È facile aprire il pacco? — Нет, открыть сверток нелегко, так как в нем слишком много бумаги.
8. Quanti ne abbiamo oggi? — Сегодня 1 апреля.
9. Perché oggi è possibile tutto? — Сегодня все возможно, потому, что сегодня 1 апреля.
10. Qual è il pesce d'aprile del Dottore? — Первоапрельская шутка Доктора — большой камень и маленькая записка.
11. Che cosa dice il bigliettino? — В записке говорится: «Дорогой Панталоне, этот камень свалился у меня с сердца, когда я узнал, что ты хорошо себя чувствуешь».
12. È piaciuto a Pantalone? — Нет, шутка не понравилась. Он сказал: «Неостроумно».

8. Перескажите текст: а) кратко; б) подробно.

9. Ответьте на вопросы:

1. Quanti anni compie tra un anno? 2. Si sposa tra un anno? 3. Com'è il centro storico della Sua città? 4. È stato(a) all'Università di Mosca? 5. Cosa fa il primo aprile? 6. Quali sono i mesi dell'anno? 7. Lei ha un gatto? 8. Cosa mangia il Suo gatto? 9. Le piace la pizza napoletana? 10. Che cosa le piace ancora?

10*. Переведите на итальянский язык:

1. Через год ей исполнится 18 лет, и он сможет жениться на ней. 2. Портики защищают исторический центр Болоньи от солнца и дождя. 3. Это один из старейших университетов мира. 4. Зазвенел звонок, преподаватель вошел в аудиторию и поздоровался со студентами. 5. Затем преподаватель принялся писать на доске названия городов. Он сделал ошибку, но сразу же исправил ее. 6. Все немного проголодались, но нужно продолжать занятие. 7. Она пытается открыть дверь, но это нелегко: дверь очень тяжелая. 8. Какое сегодня число? Сегодня 1 апреля, и вполне возможна первоапрельская шутка. 9. Он рано

проснулся, встал, оделся, вышел из дома и пошел искать работу. 10. Он выдумал невероятную историю, но никто ему не поверил. 11. Каждый попытался потянуть посылку в свою сторону, но посылка упала и разорвалась.

11. Пользуясь словарем учебника, переведите на русский язык следующие записочки из конфет «Бачи Перуджина».

1. È il ben pensare che conduce al ben dire. (*Anonimo*)
2. La semplicità è la forma della vera gradezza. (*F. De Sanctis*)
3. Siamo fatti per intenderci. Siamo fatti per l'amore. (*J. Prévert*)
4. Il vero mistero del mondo è quello visibile, non invisible. (*O. Wilde*)
5. Tre sono i volti del bene: l'amore, l'affetto, l'amicizia. (*Anonimo*)

12. Следуя образцу, образуйте итальянские слова из букв существительного *collezione (коллекция)*. Пользуясь словарем, переведите на русский язык слова приводимого образца.

lezione (урок) — zio, zoo, ozio, nono, neo, lei, nozione, zelo, lino...

RISATE A DENTI STRETTI — СМЕХ СКВОЗЬ СЛЕЗЫ

Прочитайте и переведите на русский язык анекдот:

In un'osteria di campagna.
— Quest'acqua è sporca. — dice il cliente.
— Me ne rincresce, signore, ma io non posso lavare l'acqua.

— Dove sei stata?

Ключи к упражнениям

Первый урок — Lezione prima

3

una lingua, una parola, una lezione, uno studente, un libro, un'arte, un paese, una città, un mare, un porto, una pace, una canzone, un'idea, un amico, una commedia, una tragedia, un'università, uno stadio, uno sport, un giorno, una fabbrica, uno sciopero, un'automobile, una pizza, un signore, una signora, un ingegnere, uno zio

12

È una città italiana. È una tragedia greca. È una commedia francese. È una gondola veneziana. È uno scultore francese. È un pittore spagnolo. È uno scrittore inglese. È un ingegnere tedesco. È uno scrittore russo. È un porto portoghese. È una fabbrica americana. È una statua romana. È una simpatica persona. È un bravo medico. È una bella città. È una brava (buona) maestra.

15

в) Luigi lavora. Pietro parla russo. Anna parla italiano. Noi aspettiamo un medico. Lei, signorina, canta? Maria ascolta un disco. Mario ascolta un disco italiano. Io aspetto Giovanni. Io aspetto un'amica. Noi studiamo. Antonio e Paolo cantano una canzone. Loro cantano una canzone italiana. Cantano in italiano. Franco ascolta Celentano. Signore, Lei aspetta Maria? Signora, Lei parla spagnolo? Lei, signorina, parla russo? Antonio! Tu aspetti Pietro? Noi parliamo italiano.

Второй урок — Lezione seconda

2

lo spettacolo, lo scolaro, la scolara, lo studente, la studentessa, la piazza, la lezione, la sceneggiatura, il teatro, l'amico, l'amica, l'idea, la carta, la capitale, la visita, la città, la guida, la pizza, l'anfiteatro, la sorpresa, la pazienza, l'acqua, il gelato, la fame, la sete, l'appetito, il caldo, la paura, il sonno, il freddo, la bocca, la mano, il panino, l'aranciata, la verità, il problema, il poeta, il telegramma, il dramma, il poema, il pianeta

5

1. È una bella piazza. Come si chiama la piazza? È Piazza Majakovskij. 2. È la metropolitana di Mosca. 3. È il Colosseo. 4. È il Cremlino. 5. È un teatro? Come si chiama il teatro? È il Bolscioi. 6. È il Campidoglio. 7. È il Museo Pushkin? — Sì, è il Museo Pushkin. 8. È piazza Pushkin. 9. È via Tverskaja. È una bella via. 10. È la Piazza Rossa. 11. È la guida di Roma. 12. Come si chiama la via? — È via Garibaldi.

7

б) 1. Pietro compra una pizza e un caffè. Il caffè è caldo. 2. Mario compra un gelato. Il gelato è buono. 3. Gino mangia un panino. Il panino è grande. 4. Io compro un'acqua minerale. L'acqua si chiama Narzan. 5. Lei compra un'aranciata. L'aranciata (la bevanda) si chiama Fanta. 6. Chi compra l'acqua minerale Sanpellegrino? L'acqua è fresca (fredda).

15

б) Anch'io parlo italiano. Maria parla anche italiano. Anche Mara va a Roma. Noi aspettiamo anche Gigi. Anche Kiev è una bella città. Loro visitano anche Firenze. Noi aspettiamo anche Giorgio. Anche noi ascoltiamo una canzone. Anche Chiara studia l'italiano (la lingua italiana). Anche lei chiama Luigi. Sì, vanno anche a Napoli.

18

а) 1. Mario canta una canzone italiana. Come si chiama la canzone? 2. Gino studia una poesia. La poesia si chiama «L'autunno». 3. La delegazione visita un museo. Che museo? 4. Noi ascoltiamo un'opera. La musica è bellissima. 5. Avete una guida? Come si chiama la guida? 6. Io guardo una trasmissione. La trasmissione è interessante? 7. Chi è il fondatore di Mosca? 8. Chi è il fondatore di Roma? 9. È Piazza San Pietro. È una piazza bella e grande. 10. È un amico di Giuseppe. 11. Il bambino mangia il gelato.

б) 1. È un poeta. Il poeta si chiama Petrarca. 2. È un dramma. Come si chiama il dramma? Il dramma si chiama «Edipo». 3. È un pianeta. Il pianeta si chiama Nettuno. 4. È un telegramma. Che telegramma? 5. Abbiamo un problema. Il problema è difficile. 6. È un teorema. Che teorema?

в) Ho un libro. Hai un amico. Lui ha un'amica. Mario ha una buona idea. Noi abbiamo un disco italiano. Voi avete il telefono. Loro hanno una guida. Ho sete. Hai sonno. Lui ha paura. Lei ha freddo. Lei ha caldo. Lui ha paura. (Noi) abbiamo tempo. Avete (ha) freddo. (Loro) hanno fame.

г) Che cosa fai? Noi facciamo uno spettacolo. Loro fanno una visita. Che cosa fa Francesco? (Io) faccio una traduzione. Che cosa facciamo? Voi fate uno spettacolo? Lui fa la guida. Lei fa l'interprete. Gino fa l'ingegnere. Che cosa fa lui?

д) Visitate Roma! Cantate una canzone italiana! Ascoltate una canzone italiana! Aspettate Maria! Mangiate il gelato! Comprate il caffè! Cantiamo una canzone! Aspettiamo Pietro! Ascoltiamo Mario! Compriamo la pizza!

е) Anch'io visito Roma. Anche lui ha sete. Anche lei ha caldo. Anche loro cantano una canzone. Anche voi aspettate Gino? Anche loro comprano il gelato. Anche noi ascoltiamo una canzone italiana.

Третий урок — Lezione terza

3

в) Pietro non insiste. Chi insiste? Mario cede il posto a una signora. Noi crediamo a Gino. Chi piace a Giovanna? Che cosa prende? — Lui prende il libro. A Chiara piace il film. Io insisto. Che cosa prendete? — Prendiamo il gelato. Chi vedi? — Vedo Maria e Olga. Vedi bene? — Io vedo bene. Mario prende il tassì.

5

в) Io vado a Milano in treno. Chi va a Mosca? Lui va a Kiev in aereo. Loro vanno a Roma in treno. Lei va a Milano. Noi andiamo a Verona. Io vado in treno: chi va piano, va sano e va lontano!

7

Loro non vanno a Mosca. Lui non ha paura. Io non ho fame. Non ti crediamo. Lui non va in aereo. Non mi piace il film. Non vedi Maria? La città è grande? — No, la città non è grande. Gina è bella? — No, Gina non è bella. Io non suono la chitarra. Alessio non insiste. Lui non va a Roma. Noi non abbiamo paura. Loro non cedono. Non mi piace la musica di jazz.

9

в) Mario, ascolta la canzone! Antonio, canta! Pietro, suona la chitarra! Maria, aspetta! Alessandro, parla! Gino, credi a Giovanna! Gigi, prendi il libro! Chiara, insisti! Francesco, cedi il posto! Piero, mangia il gelato! Luigi, prendi il disco! Scusa, Pietro!

10

б) Noi parliamo di musica. Mario parla di sport. Parliamo di jazz! Pietro, parliamo di pittura! Signorina, parla di moda. Antonio parla di arte. Perché parlano di matematica? Voi parlate di politica? Signora, Lei parla di arte? Luigi parla molto di fisica. Chi parla di chimica?

22

а) Lui parla bene italiano. Lei lavora molto. Loro cantano poco. Noi studiamo bene. Tu ascolti male. Lei, signore, parla bene (il) russo. Lui parla male (l') inglese. Loro cantano bene.

в) Parla piano! Ascolta la musica! Prendi l'autobus! Prendi il libro! Guarda lo spettacolo! Canta! Canta una canzone italiana! Prendi il treno! (Vai in treno!) Mangia! Non parlare molto! Non prendere il caffè! Non fumare! Non cominciare la lezione! Non scrivere!

г) È una bella canzone! È una bella casa! È un bello spettacolo! Che bel libro! Che bella giornata! (Che bel giorno!) Che bella ragazza! Che bell'amica! Che bell'albero!

Четвертый урок — Lezione quarta

16

A Roma ci sono molti turisti. A Mosca ci sono molti monumenti. A Milano ci sono molte fabbriche. A Venezia ci sono molti ponti. A Firenze ci sono molti musei. A San Pietroburgo ci sono molti canali. In questa città ci sono molti parchi. A Roma c'è il Colosseo. In Italia ci sono molte belle città. A Mosca ci sono molte belle piazze. A Milano c'è la metropolitana (il metrò). Qui ci sono molte fabbriche. Qui ci sono molti studenti. Qui c'è la metropolitana. Qui ci sono molti cioccolatini. Qui c'è il gelato. Qui ci sono molti libri. Qui ci sono molti attori. Qui c'è Mario. Qui ci sono molti amici. Qui ci sono Pietro e Lucia. Qui ci sono Antonio, Giovanni e Clara.

19

Nel salotto ci sono Mario e Pietro. Mario e Pietro sono nel salotto. Pietro è nel salotto. Sul tavolo ci sono molti cioccolatini. Il libro è sul tavolo. Il Direttore c'è oggi? — Il Direttore oggi non c'è. Chi c'è? — Qui ci sono molti studenti. A Venezia ci sono molti turisti.

37

1. Lui prende il tè. E tu? — Ed io prendo il caffè. 2. Noi prendiamo il tram. E voi? — E noi prendiamo la metropolitana. 3. Io prendo il metrò. E tu? — Anch'io prendo il metrò. 4. Loro prendono il treno. E voi? — Anche noi prendiamo il treno. 5. Per che cosa lei ti ringrazia? — Mi ringrazia per un souvenir di Roma. 6. Le offro il caffè e lei mi offre i dolci. Siamo molto contente. 7. Gli piace leggere e a lei piace andare al cinema. 8. A te piace invitare gli amici e a lui no. 9. A loro piace andare in Russia e a noi piace andare in Italia.

Упражнения по содержанию текста

4

1. Cosa fa Pantalone? 2. A chi piace il cinema? 3. Chi ha molti film? 4. Che cosa c'è? 5. Chi vede il signor Pantalone? 6. Che cosa dà Colombina ad Arlecchino? 7. Quante matrioske ci sono? 8. Perché Colombina ha paura?

7

1. Ci sono Colombina ed Arlecchino. 2. Pulcinella è a casa a Napoli. 3. No, il Dottore non è a casa, è all'Università. 4. Pantalone è in Russia a Mosca. 5. Perché il padrone di casa non c'è. 6. Perché lui è un commerciante. 7. Le piace andar al cinema. 8. Le dà una matrioska. 9. Lui prende un tè. 10. Perché è tardi. 11. Anche lei ha sonno.

10

Anna viaggia molto. Lei va a Roma. A Roma ha un'amica. Non le piace viaggiare. Anna va a casa dell'amica. Ma che sorpresa! La padrona di casa non c'è. Dov'è lei? All'Università. Anna è delusa. Ha paura di non vedere l'amica. Ma arriva l'amica. Lei è contenta di vedere Anna. Le ragazze entrano nel salotto. Nel salotto c'è il video. Le ragazze guardano un film su Sanremo. Poi si mettono a tavola. Che cosa c'è sul tavolo? Sul tavolo ci sono paste, biscotti, cioccolatini. L'amica offre ad Anna i «Baci Perugina». Anna prende un cioccolatino, lo apre e legge un bigliettino: «Chi va piano va sano e va lontano». Le ragazze sono contente, loro ridono. Anna prende il tè e l'amica prende il caffè. Ma è tardi, Anna ha sonno. Lei ringrazia l'amica, le dà un bacio e va via.

Пятый урок — Lezione quinta

14

1. Sto bene. 2. Stiamo malissimo. 3. Grazie, sto benissimo. 4. La signora Rossi sta bene. 5. Grazie, stiamo benissimo. 6. Le signore stanno male.

27

а) 1. Io finisco le lezioni all'una, e lui? — E lui finische le lezioni alle 3. 2. Preferisco viaggiare, e lui? — E lui preferisce praticare lo sport. 3. Guarisco e vado allo stadio, e lui? — E lui guarisce e va al cinema. 4. Offro le paste all'amica, e lei? — E lei offre i cioccolatini alla sua amica. 5. Parto subito, e lui? — Anche lui parte presto. 6. Capisci il russo, e lui? — E lui non capisce il russo.

б) 1. Gioco a tennis, e lui? — E lui gioca a calcio. — Anche tu giochi a calcio? — No, non gioco a calcio. Mi piace il nuoto. 2. Prego di chiamarmi un medico. — Perché? — Perché ho la febbre. — Anche Aldo prega di chiamare un medico? — No, lui sta bene e pratica lo sport. — E tu, Boris? Anche tu pratichi lo sport? — No, lo sport non mi piace. Io e Carlo vediamo il video e preghiamo di non telefonarci.

в) 1. Il calcio gli piace moltissimo. 2. Lei viaggia moltissimo. 3. Lei ride pochissimo. 4. Lo spettacolo finisce tardissimo. 5. La lezione comincia prestissimo. 6. Stiamo benissimo. 7. Stanno malissimo. 8. Entrano pianissimo.

Упражнения по содержанию текста

4

1. Che cosa ha? 2. Chi è malato? 3. A chi telefona Arlecchino? 4. Chi è il Dottore? 5. Da dove e per dove parte? 6. Perché Pantalone sta male? 7. Che cosa preferisce Arlecchino? 8. A chi piace il calcio? 9. Chi gioca a calcio? 10. Che cosa è lo sport?

7

1. Si sente malissimo, è malato. 2. Ha la febbre, ha mal di testa, mal di gola e di denti. 3. Che peccato! Lei non è in casa. 4. Lui telefona al Dottore che è medico e il Dottore parte subito in macchina per Venezia. 5. Pantalone sta male non perché viaggia molto ma perché non pratica lo sport. 6. Lui preferisce il calcio. 7. Gli piace e non piace. 8. Gli piace il calcio ma lui dice: «Sono vecchio». 9. Lui risponde: «Lei non è vecchio. Andiamo a giocare a calcio». 10. Lui si sente bene perché gioca a calcio. 11. Lui guarisce perché pratica lo sport. Mente sana in corpo sano! 12. Lo sport è salute! Evviva lo sport! Evviva la salute!

10

1. Per star bene bisogna praticare lo sport: nuotare, giocare a calcio, a tennis. 2. Io preferisco il nuoto. E tu, Paolo? — Anch'io preferisco nuotare. — E tu, Pietro? — E a me piace l'atletica leggera. 3. «Il suo amico sta male. Perché non chiama un medico?» — Mario prende il ricevitore e fa il numero del medico. «Pronto! Buon giorno, dottore! Sono Mario Rossi. Il mio amico sta malissimo». — Il medico: «Che cosa ha?» — Mario: «Ha la febbre, ha mal di testa, di gola». — Il medico: «Parto subito». — Mario: «Grazie, dottore!»

Шестой урок — Lezione sesta

27

Marco: Buon giorno, Pietro. Ti presento mia moglie Anna e mio fratello Paolo.

Pietro: Piacere! Marco, dov'è tua sorella?

Marco: Mia sorella è a casa.

Pietro: Anna! Come stanno i suoi genitori?

Anna: Grazie! Non c'è male. E i suoi?

Pietro: Grazie. I miei genitori stanno bene. Marco, come stanno i tuoi zii?

Marco: Mio zio non sta bene, (sta male) ha la febbre, ha mal di testa. Mia zia, invece, sta benissimo.

Pietro: E dove è tuo nipote?

Marco: Mio nipote va a Mosca a studiare il russo. E tua nipote?

Pietro: Mia nipote va allo stadio, pratica lo sport: l'atletica leggera, il nuoto. Amici, dov'è vostro figlio? È studente?

Marco, Anna: Sì. Nostro figlio è studente.

Pietro: Ha una fidanzata?

Marco: Sì! Sua fidanzata si chiama Maria. Suo cognato è amico di nostro figlio. Ha molti cugini e cugine.

Pietro: Paolo, come sta sua nonna?

Paolo: Grazie, mia nonna sta bene.

Pietro: E il nonno?

Paolo: Mio nonno è gravemente malato, è gia vecchio ed è a letto.

Pietro: Pazienza! Arrivederci, amici!

Marco, Anna, Paolo: Arrivederci!

4

1. Chi esce di casa? 2. A chi presenta Pantalone sua moglie? 3. Chi è il figlio del Dottore? 4. Come sta il Dottore? 5. Dove vanno tutti? 6. Che cosa domandano gli zii? 7. Lo sconosciuto è figlio di chi?

7

1. Pantalone e sua moglie escono di casa, sono vestiti a festa. 2. Alfredo è figlio del Dottore, è studente. 3. Tutti vanno in piazza San Marco. 4. Lei corre verso piazza San Marco. 5. Lei incontra un bello ed elegante signore. 6. Piacere! Colombina! Che bel nome! 7. Lei scappa. 8. Lo sconosciuto cerca la ragazza tra la folla. 9. Lui incontra i suoi parenti: suo fratello e sua cognata, la sorella di sua moglie. 10. Loro domandano dove è la loro nipote Rosetta. 11. Rosetta saluta i suoi genitori e gli zii. 12. Lo sconosciuto chiede la mano di Rosetta ai suoi genitori. 13. Rosetta risponde al figlio di un banchiere fiorentino: «Non c'è fretta».

10

Oggi è una grande festa. Tutti sono vestiti a festa. Sergio con sua moglie esce di casa e incontra il suo amico Pietro. Pietro gli presenta la sua fidanzata Clara e i suoi genitori. Clara presenta a Pietro suo fratello e sua sorella. Il fratello di Clara è studente, la sorella di Clara è medico. Loro praticano lo sport e stanno bene. Tutti vanno in piazza centrale della città.

1. Gino, dov'è tua sorella? — Mia sorella è in biblioteca. — E dove sono i tuoi fratelli, Gianni? — I miei fratelli sono a casa.

2. Signora, cosa fa suo figlio? — Mio figlio è medico. — E sua nipote? — Mia nipote va a scuola.

3. Con chi vostro nipote va al cinema? — Nostro nipote va al cinema con i suoi genitori.

4. Mamma, ti piacciono le mie amiche? — Sì, cara. Mi piacciono molto. — Allora ti presento i loro amici.

5. Da dove viene il tuo fratello maggiore? — Lui viene dal medico. — E il tuo fratello minore? — Lui viene dallo stadio.

6. Che cosa chiede lo sconosciuto a te? — Non chiede nulla. Mi domanda soltanto come passare al centro della città.

7. Che bella piazza! È la piazza centrale della città? — Sì, è la piazza centrale ma in questa città ci sono molte altre belle piazze.

8. Che bravo medico, vero? — Sì, qui ci sono molti bravi medici.

Седьмой урок — Lezione settima

31

а) 1. Se sei stanca riposa. Se non sei stanca continua a lavorare. 2. Se hai sete bevi. Se non hai sete non bere. 3. Se hai fretta corri. Se non hai fretta aspetta. 4. Se hai sonno dormi. Se non hai sonno non dormire. 5. Se non hai paura entra. Se hai paura non entrare.

б) 1. Se dovete partire partite. Se non dovete partire non partite. 2. Se dovete tornare a casa tornate. Se non dovete tornare a casa non tornate. 3. Se dovete andare via andate. Se non dovete andare via non andate. 4. Se dovete rispondere rispondete. Se non dovete rispondere non rispondete.

32

1. Vado all'università. Ci vai anche tu? — Sì, ci vado anch'io. 2. Vado a teatro. Ci vai anche tu? — Sì, ci vado anch'io. 3. Vai spesso al cinema? — Sì! — Anchi'io vado spesso al cinema. 4. Vieni con me al cinema? —

Sì, vengo voletieri con te. 5. Noi andiamo a Mosca. E voi? — E noi partiamo per l'Italia. 6. Venite stasera? — Sì, veniamo. E loro? — E loro non vengono.

33

a) 1. Aspetto l'amico che (il quale) ritarda. 2. Lui chiama il medico che (il quale) arriva presto. 3. Lei telefona all'amica che (la quale) risponde subito. 4. Viene il professore che (il quale) comincia la lezione.

б) 1. Aspetto gli amici che (i quali) tardano. 2. Vengono i professori che (i quali) cominciano le lezioni. 3. Ritornano le mie sorelle che (le quali) finiscono il lavoro.

Упражнения по содержанию текста

4

1. Di dove sei? 2. Come ti chiami? 3. Che cosa fai? 4. Chi trova? 5. Che cosa scrive il giovane banchiere? 6. A chi Arlecchino propone di scrivere le risposte? 7. Quando è il compleanno di Rosetta? 8. Quante lettere scrive Colombina?

7

1. Il Fiorentino decide di restare a Venezia per vedere Rosetta. 2. No, il giovane non ha parenti a Venezia e perciò va nell'albergo «Rialto». 3. Pulcinella aspetta la mancia perché porta la valigia del giovane banchiere. 4. Perché cerca e trova un lavoro a Venezia. 5. Lui deve portare la lettera del banchiere a Rosetta e la risposta del banchiere a Rosetta. 6. Incontra Arlecchino su un ponte, non sul Ponte dei Sospiri, ma su un piccolo ponte veneziano. 7. Arlecchino strappa le lettere a Pulcinella che poi finiscono nel canale. 8. Perché Pulcinella non gli dice a chi deve portare le lettere. 9. Colombina sente che Arlecchino propone a Pulcinella di scrivere: «Vieni stasera!» 10. Lui compra una penna, due buste e la carta. 11. Poi prende le lettere, saluta gli amici, corre verso l'albergo e consegna le lettere agli innamorati.

10

Dopo il Carnevale Mario non ha fretta di tornare a Roma. Preferisce restare a Venezia. Non ha parenti a Venezia ma qui c'è la sua ragazza. Si chiama Pina. Mario non piace ai genitori di Pina. Allora Mario decide di scrivere a Pina. Lui compra una busta, la carta e le scrive un biglietto che mette nella busta. Poi chiama un ragazzo e gli chiede di portare la lettera a Pina. Ma uno sconosciuto strappa la lettera al ragazzo e la lettera finisce nel canale. Mario è arrabbiatissimo. Si mette a picchiare lo sconosciuto ma lui scappa tra la folla.

Восьмой урок — Lezione ottava

23

1. Marco, quanto ti fermi a Roma? — Mi fermo due giorni. 2. Aldo, a che ora ti alzi? — Mi alzo alle 7. 3. Anna, perché non ti vesti? — Prima mi lavo e poi mi vesto. 4. Maria, come ti trovi qui? — Mi trovo qui benissimo. 5. Signor Rossi, quanto si ferma a Bologna? — Mi fermo due giorni. 6. Signora Maria, a che ora si sveglia? — Mi sveglio alle 6 del mattino. 7. Signorina, che cosa si mette a fare? — Mi metto a leggere. 8. Signor Bianchi, come si trova qui? — Qui mi trovo benissimo. 9. Ragazzi, a che ora vi alzate? — Ci alziamo alle 9. 10. Amici, come vi trovate qui? — Qui ci troviamo molto bene. 11. Ragazze, che cosa vi mettete a fare? — Ci mettiamo a mangiare la torta. 12. Signori, quanto vi fermate a Mosca? — Ci fermiamo cinque giorni. 13. Signori, come vi trovate nel nostro albergo? — Qui ci troviamo molto bene. 14. Signori, a che ora si alzano? — Ci alziamo presto. 15. Signori, quanto si fermano a Milano? — Ci fermiamo quattro giorni.

24

а) 1. Se Lei è stanco riposi. Se Lei non è stanco continui a lavorare. 2. Se Lei ha sete beva. Se Lei non ha sete non beva. 3. Se Lei ha fame mangi. Se Lei non ha fame non mangi. 4. Se Lei ha fretta non aspetti le mie amiche. 5. Se Lei non ha paura entri. Se Lei ha paura non entri.

б) Se Lei deve partire parta. Se Lei non deve partire, per favore, resti. 2. Se Lei deve tornare a casa torni. Se Lei non deve tornare a casa non torni. 3. Se Lei deve andare via vada via. Se Lei non deve andare via, per favore, non vada via. 4. Se Lei deve rispondere risponda. Se Lei non deve rispondere non risponda.

25

1. Se tu sei stanco coricati. Se non hai sonno non coricarti. 2. Se tu sei in ritardo affrettati! Se non sei in ritardo non affrettarti. 3. Se tu hai fretta non fermarti. Se non hai fretta fermati! 4. Olga è una bella ragazza. Ma non innamorarti a prima vista! 5. Alzati, vestiti, lavati! Facciamo colazione! 6. Se siete stanchi coricatevi! Se non avete sonno non coricatevi! 7. Se siete in ritardo affrettatevi! Se non siete in ritardo non affrettatevi! 8. Se avete fretta non fermatevi! Se non avete fretta fermatevi! 9. Signora, s'accomodi per favore, e non si preoccupi! Suo marito torna presto. 10. Professore, per favore, non s'affretti tanto. Si fermi un attimo e aspetti gli altri! 11. Buon giorno, signori! Per favore, si accomodino e comincino il Loro spettacolo.

Упражнения по содержанию текста

4

1. Chi entra? 2. Che cosa dà alla figlia? 3. Di chi è il regalo? 4. Che cosa suona? 5. Com'è Francesco? 6. Chi spegne le candele della torta? 7. A chi regala Alfredo il suo trattato? 8. Da dove cade una lettera?

7

1. Oggi Rosetta compie 17 (diciassette) anni. 2. Rosetta ha un vestito bianco, un vestito rosso e un vestito verde. 3. Stamattina Rosetta si alza presto, si lava, si veste e si guarda nello specchio. 4. Stasera Rosetta deve essere bella perché vengono gli ospiti. 5. La madre regala alla figlia un vestito molto bello. 6. Francesco è molto gentile perché manda i fiori a Rosetta. 7. Pulcinella porta i fiori del fiorentino a Rosetta e le fa gli auguri. 8. Suonano alla porta ed entrano i parenti di Rosetta. 9. Gli zii di Rosetta baciano e abbracciano la nipote e le fanno gli auguri. 10. Lo zio domanda a Rosetta: «Quando mangiamo i confetti?» 11. La madre di Rosetta risponde: «Ma è ancora molto giovane. Ha soltanto 17 anni». 12. La madre di Rosetta dice: «Buona sera, Francesco! Prego,

si accomodi! Oggi è il compleanno di Rosetta!» 13. Rosetta ringrazia Francesco e gli dice che è molto gentile. 14. Gli ospiti si mettono a tavola e mangiano una gran bella torta. 15. Gli ospiti augurano a Rosetta ancora 100 di questi giorni. 16. Rosetta spegne le candele della torta. 17. Il giovane fiorentino canta un'aria per Rosetta. 18. Pantalone non c'è alla festa perché è un commerciante e viaggia molto. 19. Gli zii dicono: «Che peccato! Ci dispiace...» 20. La sorpresa è che viene Alfredo, il figlio del Dottore. 21. Alfredo è studente. 22. Lui regala a Rosetta il suo trattato molto pesante. 23. Il trattato finisce per terra. 24. La prima lettera dice: «Vieni stasera». 25. La seconda lettera dice la stessa cosa. 26. Lui va via perché è arrabbiato con Rosetta.

10

Oggi è il compleanno di Anna. Lei compie 19 (diciannove) anni. Si alza presto, si lava e si guarda nello specchio. Stasera dev'essere molto bella. Ma che vestito mettersi? Si mette il vestito bianco, il regalo dei genitori. Suonano alla porta, Anna corre ad aprire. Entrano gli ospiti: gli amici e le amiche di Anna. Le portano molti regali: libri, cioccolatini. Di nuovo suona il campanello. Entrano i parenti di Anna. Loro baciano Anna e le fanno gli auguri. Viene anche un giovane italiano. Si chiama Mario. Lui regala i fiori ad Anna. Lei ringrazia Mario. La padrona di casa invita tutti a tavola. «Accomodatevi, per favore! Servitevi!» — dice lei. Tutti si mettono a tavola, bevono il tè e mangiano una buonissima torta. Mario canta le canzoni italiane. Tutti sono contenti della festa.

Девятый урок — Lezione nona

30

а) 1. Che tempo fa in Italia? Ora in Italia fa bel tempo. Quanti gradi fa a Roma? A Roma fa caldo, fa 30 gradi. 2. Quanti gradi fa a Mosca? A Mosca fa freddo, fa 11 gradi sotto zero, nevica, tira un gran vento. 3. Oggi a Londra fa caldo, fa 8 gradi sopra zero. Tuona, lampeggia e piove.

б) 1. Di chi è questo regalo? — È il regalo dei miei genitori. 2. Di chi è questo libro? — È il suo libro. 3. Di chi è questa proposta? — È la sua proposta. 4. Di chi sono i parenti? — Sono parenti di sua moglie. 5. Di chi sono gli amici? — Sono gli amici di suo padre. 6. Di chi sono le sorelle? — Sono le sorelle della mia amica.

в) 1. Lei parla l'italiano? — No, non parlo l'italiano. 2. Parlo male l'inglese e posso dire soltanto alcune parole. 3. Dimmi tutta la verità. 4. Dice che torna presto. 5. Lei dice tutto a suo padre. 6. Parlano spesso di te.

г) 1. Ho paura di perdere il lavoro perché è difficile trovarlo. 2. Ci preghi di aspettarti? 3. Lui cerca di calmarla. 4. Mi guarda tra ironico e minaccioso. 5. Non ci piacciono queste idee e non le approviamo. 6. Rischiate di non vederli mai più.

д) 1. Nascondimi! 2. Aspettala! 3. Chiamalo! 4. Salutiamoli! 5. Invitateci! 6. Come sono brave queste donne! Ringraziamole!

е) 1. Canto vestendomi. 2. Ti vesti guardandoti nello specchio. 3. Lei parte salutandoli. 4. Cominciano a festeggiare il suo compleanno mettendosi a tavola. 5. Andiamo via proponendo a loro di seguirci. 6. Si mettono a tavola offrendoci i dolci.

Упражнения по содержанию текста

6

1. Che tempo fa a Venezia? 2. Di chi è la colpa? 3. A chi bisogna scrivere? 4. Dove Colombina nasconde Pulcinella? 5. Chi saluta? 6. Che cosa maledice? 7. Da dove salta furibondo Pulcinella? 8. Su chi si getta Pulcinella? 9. Chi ha ragione? 10. Quando il mio padrone ed io partiamo per Firenze? 11. Per dove partiamo stasera? 12. Che cosa fa Pulcinella?

7

1. A Venezia fa bruttissimo tempo: fa freddo, piove a dirotto, tira un gran vento. 2. Rosetta è triste perché non capisce la rabbia di Francesco, la sua partenza improvvisa. 3. Rosetta piange perché non capisce niente. 4. Colombina propone a Rosetta di scrivere a Francesco una lettera o di telefonargli. 5. Rosetta dice di no. 6. Rosetta dice di sì quando Colombina propone di prendere il caffè. 7. Colombina va in cucina a fare il caffè. 8. Pulcinella vuole salutare la bella Colombina perché il suo padrone e lui partono per Firenze. 9. Colombina nasconde

Pulcinella dietro la tendina perché Rosetta non deve vederlo. 10. Arlecchino entra, saluta le raggazze, maledice il tempo, vede la tristezza di Rosetta e domanda perché lei è triste. 11. Pulcinella si sente male dietro la tendina: starnutisce, poi sente le parole di Arlecchino che è colpa sua. 12. A queste parole Pulcinella furibondo salta dalla tendina e si getta su Arlecchino gridando. 13. No, a Pulcinella non piace questa idea: se dice tutto al suo padrone rischia di perdere il lavoro e trovare un altro lavoro è molto difficile. 14. Pulcinella decide di non dire niente al suo padrone.

10

1. Che tempo fa a Rostov? — A Rostov fa brutto tempo: dieci gradi sotto zero, nevica, tira un gran vento. — E che tempo fa a Mosca? — A Mosca fa bel tempo: due gradi sopra zero. 2. Non può dire tutta la verità al suo padrone perché rischia di perdere il lavoro e trovare un altro lavoro è difficilissimo. 3. Olga, non piangere, la mamma ha riagione: bisogna fare qualcosa, bisogna scrivergli, telefonargli, bisogna capirlo. 4. Se è colpa di tutti loro devono riparare e poi parlare di tutto ai loro genitori. 5. Hai freddo e protesti invano: prima ti preparo il caffè, lo bevi e poi vai a casa. 6. Lui entra, saluta i presenti, vede la confusione della ragazza e le domanda che cosa lei nasconde dietro la tendina. 7. Anche se la serata è rovinata, non drammatizziamo: l'ultima a morire è la speranza.

Десятый урок — Lezione decima

25

a) Ciao, Nina! Sono la mamma. Sei ancora a casa? Come stai? Come hai dormito? — Grazie, mamma. Mi sento bene. Stanotte ho dormito bene. Sono ancora a casa perché oggi è domenica e non ho fretta di uscire. — Hai già fatto colazione? — Sì, l'ho già fatta. Ho preso il caffè con i biscotti. — Che cosa pensi di fare dopo? — Ho già telefonato alla mia amica Olga e le ho proposto di andare alla mostra dei pittori moderni. Ho invitato anche un mio conoscente. — Hanno accettato di andare con te? — Sì, l'hanno accettato. — E cosa fai stasera? — Stasera vado all'opera. — Che cosa vai a vedere? — L'«Otello» di Verdi. — Come sei fortunata! Verdi è il mio compositore preferito e l'«Otello» è la mia opera preferita. Sai che lui l'ha composta essendo già vecchio e malato? — Sì, lo so. — Buon divertimento, figliola! — Grazie, mammina! Ti bacio!

б) — È Mario che bussa alla porta? — Sì, è lui che bussa alla porta.

— È Marina che ha paura di entrare? — Sì, è lei che ha paura di entrare.

— Sono Oleg e Igor che cantano le canzoni russe? — Sì, sono loro che cantano le canzoni russe.

— Sono i tuoi genitori che partono? — Sì, sono i miei genitori che partono.

— È Rossini che ha composto l'opera la «Traviata»? — No, non è lui. È Verdi che ha composto la «Traviata».

— È Michelangelo che ha dipinto la «Monna Lisa» o «Gioconda»? — No, non è lui. È Leonardo da Vinci che ha dipinto la «Monna Lisa» o «Gioconda».

в) 1. — Ivan, hai visto l'ultimo dipinto di questo pittore? — No, non l'ho visto. — E perché? — Perché non mi piace la pittura. Preferisco lo sport.

2. — Tanja, hai visto la famosa cupola di Michelangelo? — No, non l'ho vista, ma spero di vederla.

3. — Amici, avete accettato le loro condizioni? — Sì, le abbiamo accettate. — E perché? — Perché nessuno ci ha proposto altro. — Siete contenti di queste condizioni? — No, non siamo contenti ma non c'è niente da fare.

4. — Ragazze, avete guadagnato i punti necessari? — No, non li abbiamo guadagnati. — Quindi, avete perso? — Sì, abbiamo perso. — Allora perché avete giocato? — Sapete, patti chiari amici cari.

5. — Hai aperto la porta? — Chiudila!

6. — Hai invitato i tuoi amici? — Allora aspettali!

7. — Questo disgraziato di Igor ha rovinato i miei pantaloni. — Pazienza! Lavali!

8. — Abbiamo comprato i fiori. Per favore, metteteli nel vaso.

9. — Approvate queste proposte? — Sì, le approviamo. — Allora mettetevi a realizzarle.

4

1. Quando non hai dormito? 2. Che cosa gli ha raccontato la moglie? 3. Dove ci sono gli scacchi? 4. A chi Pantalone propone di giocare a scacchi? 5. Come hai dormito? 6. Che cosa preferisce? 7. Che cosa fanno gli amici? 8. Pantalone manda via chi? 9. Quanto vale ogni risposta giusta? 10. Quale domanda annuncia Arlecchino? 11. Chi accetta le condizioni? 12. Per chi fa il tifo Arlecchino? 13. Il Dottore gioca contro chi? 14. Perché si sbaglia? 15. Come mi dispiace? 16. Il figlio di chi sposa Rosetta?

7

1. Sì, ha saputo tutto ma non ha fatto niente. 2. No, non ha fatto ancora colazione, ha preso solo il caffè. 3. Non ha dormito di notte perché la loro figlia è molto triste. 4. Le dice di non drammatizzare, perché la loro figlia è giovane e bella. Pantalone è un ottimista. 5. Il Dottore accetta solo il caffè perché ha già fatto colazione. 6. La moglie di Pantalone rifiuta di giocare a scacchi o a dama perché ha fame e preferisce fare colazione. 7. La colazione è rovinata perché per colpa di Arlecchino il caffè è finito sui pantaloni e sulla giacca del Dottore. 8. No, il Dottore non accetta la proposta di Pantalone e propone di fare un quiz. 9. Se vince il Dottore, suo figlio sposa Rosetta. Se vince Pantalone, il Dottore lo fa professore honoris causa della Università di Bologna. 10. Arlecchino fa il tifo per il padrone. 11. È disperata perché vince il Dottore. Ma Pantalone non si arrende. 12. Pantalone ha dato una risposta giusta a una sola domanda. 13. Ha vinto il Dottore. È contentissimo: suo figlio sposa la figlia di Pantalone. 14. No, i genitori di Rosetta non sono contenti ma non c'è niente da fare. Come dice il proverbio: «Patti chiari, amici cari».

10

Per cambiare l'argomento il padrone di casa ha proposto di giocare a scacchi. Gli ospiti hanno accettato. Quando hanno cominciato a giocare qualcuno ha suonato alla porta. Il padrone di casa ha aperto la porta e ha visto il suo amico con un mazzo di fiori. L'amico ha salutato il padrone e ha offerto i fiori alla padrona di casa. L'amico ha rifiutato di giocare a scacchi e ha cominciato a parlare della sua partecipazione al quiz «Conoscete l'Italia?» Lui ha risposto soltanto a tre domande su dieci: chi ha dipinto la «Gioconda» e la «Madonna Sistina» e chi ha composto l'opera «Il barbiere di Siviglia». Poiché non ha avuto il punteggio necessario non ha ricevuto nessun premio. Ma lui è contento lo stesso perché ha approfondito le sue conoscenze della cultura italiana.

Одиннадцатый урок — Lezione undicesima

26

— Buon giorno, amici! Non ci siamo visti da un mese. Dove siete stati? — Siamo stati in Italia. — Siete andati in Italia con l'aereo o con il treno? — Siamo andati col treno. — Quando siete partiti per l'Italia da Mosca? — Siamo partiti da Mosca ai primi di maggio. — Quanto tempo vi siete fermati in Italia? — Ci siamo fermati in Italia quasi un mese. — Quindi, siete tornati a Mosca alla fine di maggio. In quale città italiana siete arrivati all'inizio del vostro viaggio? — All'inizio siamo arrivati a Venezia. — Quali altre città avete visitato ancora? — Abbiamo visitato ancora Roma e Firenze.

27

Aldo, quanti ne abbiamo oggi? — Oggi ne abbiamo 12 dicembre. — Sei andato ieri all'università? — Sì. — Racconta come hai passato la giornata di ieri. — Ieri ho dovuto alzarmi presto. Mi son lavato, mi son vestito, mi son pettinato, ho fatto colazione e sono andato all'università. — A che ora sono cominciate le lezioni? — Le lezioni sono cominciate alle 9 di mattina e sono finite all'una. — Che cosa hai fatto alle lezioni? Non ti sei annoiato? — No. Anche se le lezioni sono durate quattro ore, sono passate in fretta. Ho visto un documentario sulla vita degli studenti in Russia, ho letto e scritto in russo, ho risposto alle domande del professore. — Il professore è rimasto contento delle tue risposte? — Sì. Al professore sono piaciute le mie risposte e lui mi ha proposto di svolgere il tema «L'amicizia tra gli studenti della Russia e dell'Italia». — Hai accettato? — Sì, ho accettato. Dopo il pranzo sono andato subito in biblioteca e ho cominciato a lavorare.

4

1. Quando Rosetta compie 18 anni? 2. Da che cosa riparano i portici? 3. Chi saluta l'insegnante? 4. Cosa fa il bravo professore? 5. Chi bussa alla porta? 6. A chi ha portato il pacco Arlecchino? 7. Come si annoiano gli studenti? 8. Di che cosa si mette a parlare il Dottore? 9. Che cosa cerca di aprire il Dottore? 10. Dove lascia il pacco Pantalone? 11. Quale storia si mette a inventare Arlecchino?

7

1. Alfredo può sposare Rosetta fra un anno quando lei compie 18 anni. 2. L'architettura della città è molto bella: il centro storico è tutto sotto i portici che riparano dal sole e dalla pioggia. 3. Tutti sanno che un anno ha 12 mesi. 4. Il Dottore si mette a scrivere sulla lavagna i nomi dei mesi. 5. Il Dottore tira l'orecchio a uno studente perché lui si mette a miagolare alla sua lezione. 6. La voce di un venditore arriva dalla strada. 7. No, non è facile aprire il pacco perché dentro c'è troppa carta. 8. Oggi è il primo aprile. 9. Oggi è possibile tutto perché oggi è il primo aprile. 10. Il pesce d'aprile del Dottore è un grande macigno e un piccolo bigliettino. 11. Il bigliettino dice: «Caro Pantalone, questa pietra mi è caduta dal cuore quando ho saputo che stai bene!» 12. No, non è piaciuto. Ha detto: «Poco spiritoso».

10

1. Tra un anno lei compie 18 anni e lui può sposarla. 2. I portici riparano il centro storico di Bologna dal sole e dalla pioggia. 3. È una delle più antiche università del mondo. 4. È suonato il campanello, il professore è entrato nell'aula e ha salutato gli studenti. 5. Poi il professore si è messo a scrivere sulla lavagna i nomi delle città, ha fatto uno sbaglio ma subito l'ha corretto. 6. Tutti hanno un po' di fame ma bisogna continuare la lezione. 7. Lei cerca di aprire la porta ma non è facile: la porta è pesantissima. 8. Quanti ne abbiamo oggi? Oggi è il primo aprile ed è possibile un pesce d'aprile. 9. Si è svegliato presto, si è alzato, si è vestito, è uscito di casa ed è andato a cercare un lavoro. 10. Ha inventato una storia incredibile e nessuno gli ha creduto. 11. Ognuno ha cercato di tirare il pacco dalla sua parte ma il pacco è caduto e si è rotto.

Сводный словарь

A

abbastanza *avv* достаточно, довольно-таки
abbracciare *vt* обнимать
abbraccio *m* объятие
a casa дома
accettare *vt* соглашаться
accomodarsi *rfl* устраиваться, располагаться
acqua *f* вода
acqua minerale минеральная вода
Addio! Прощай! Прощайте!
aereo *m* самолет
in aereo на самолете
aeroporto *m* аэропорт
a festa по-праздничному
ago *m* игла
agosto *m* август
ala *f* (*pl* **le ali**) крыло
albergo *m* гостиница
allora *avv* итак, ну
Alt! *avv* Стой! Стойте!
alto *agg* высокий
altro *agg* другой
alzarsi *rfl* вставать
America *f* Америка
americano *m* американец
americano *agg* американский
amica *f* подруга
amico *m* друг
a morte смертельно
anche *avv* также, тоже
andare *vi* ехать, идти
~ in aereo лететь на самолете
~ in autobus ехать на автобусе
~ in macchina ехать на машине
~ in treno ехать на поезде
andare via *vi* уходить
anfiteatro *m* амфитеатр
anno *m* год
annoiarsi *rfl* скучать
annunciare *vt* объявлять
annunciatore *m* диктор
antico *agg* старинный
apostrofo *m* апостроф
aprile *m* апрель
apparire *vi* появляться
appetito *m* аппетит
Buon appetito! Приятного аппетита!
applauso *m* аплодисменты
approvare *vt* одобрять
approvazione *f* одобрение
a queste parole при этих словах
aranciata *f* апельсиновый напиток
architettura *f* архитектура
arcobaleno *m* радуга
area *f* поверхность, площадь
arena *f* арена
argomento *m* аргумент
aria *f* ария
armadio *m* шкаф
arrabbiato *agg* взбешенный
arrendersi *rfl* сдаваться
Arrivederci! До свидания!
arte *f* искусство
artistico *agg* художественный
ascoltare *vt* слушать
ascoltatore *m* слушатель
ascoltatrice *f* слушательница
aspettare *vt* ждать
aspirina *f* аспирин

assalire *vt* нападать
atletica *f* атлетика
atletica leggera легкая атлетика
attrice *f* актриса
attore *m* актер
attraverso *prep* через
Auguri! Поздравляем!
Tanti auguri! Поздравляю(-ем)!
aula *f* аудитория
auto (automobile) *f* автомобиль, машина
autobus *m* автобус
avanti *avv* вперед
Avanti! Войдите! Проходите!
avanzare *vi* продвигаться
ave *m* предок
avere *vt* иметь
aver appetito хотеть есть
~ **caldo** испытывать жару
~ **fame** испытывать голод
~ **freddo** испытывать холод
~ **fretta** торопиться, спешить
~ **paura** испытывать страх
~ **sete** испытывать жажду
~ **sonno** хотеть спать
~ **ragione** быть правым
aver la febbre температурить
~ **mal di denti** страдать от зубной боли
~ **mal di gola** простудить горло
~ **mal di testa** страдать от головной боли
azione *f* действие
azzurro *agg* голубой

B

bacio *m* поцелуй
«Bacio Perugina» *шоколадная конфета фирмы «Перуджина»*
balalaika *f* балалайка
bambina *f* девочка
bambino *m* мальчик, ребенок
banca *f* банк
banchiere *m* банкир
bastare *vi* хватать, быть достаточным
Basta! Хватит! Достаточно!
bello *agg* красивый, прекрасный
bene *avv* хорошо
beni *m pl* имущество, блага
Bergamo Бергамо
bergamasco *m* житель Бергамо
bergamasco *agg* бергамский
bianco *agg* белый
bìbita *f* напиток
biglietto *m* билет, записка
biglietto da visita визитная карточка
biscotto *m* печенье
bisogna *vi* нужно
bisognare *vi* быть нужным, необходимым
bocca *f* рот
«La bocca della verità» «Уста истины»
Bologna Болонья
bolognese *m* болонец
bolognese *agg* болонский
bravo *agg* отличный, славный
bue *m* бык (**buoi** *m pl* быки)
Buona notte! Спокойной ночи!
buono *agg* хороший, добрый; вкусный
busta *f* конверт

C

cadere *vi* падать
caffè *m* кофе; кафе
capitale *f* столица
capitale *m* капитал
Cairo *m* Каир
calcare *m* известняк

calcio *m* футбол
caldo *m* тепло
caldo *agg* теплый
calma *f* спокойствие
calmare *vt* успокаивать
calmante *m* болеутоляющее средство
calo *m* уменьшение, убыль
calzoni *m pl зд.:* штаны
camera *f* номер (*в гостинице*)
~ **doppia** двухместный номер
~ **singola** одноместный номер
cambiare *vt* менять
campanello *m* звонок
campo *m* поле
canale *m* канал
candela *f* свеча
canna *f* тростник; ствол (*оружия*)
cantante *m, f* певец, певица
cantare *vt* петь
canto *m* пение
canzonare *vt* высмеивать
canzone *f* песня
carne *f* мясо
carnevale *m* карнавал
carta *f* бумага; карта
carta geografica географическая карта
casa *f* дом
castello *m* замок
cattedrale *f* собор
cattura *f* пленение
caverna *f* пещера; полость
cedere *vt* уступать
~ **il posto a** *qd* уступать место
cena *f* ужин
Cento di questi giorni! Желаем(-ю) прожить сто лет!
centrale *agg* центральный, главный
centro *m* центр
cera *f* воск
cercare *vt* искать
che (che cosa) что
Che cos'ha? Что с ним?
Che orrore! Какой ужас!
Che tempo fa? Какая (сегодня) погода?
chi *pron* кто
chiamare *vt* звать, называть
chiamarsi *rft* называться
Mi chiamo... Меня зовут...
Chi cerca trova. Кто ищет, тот найдет.
Chi lingua ha a Roma va. Язык до Рима доведет.
Chi va piano va sano e va lontano. Тише едешь — дальше будешь.
chiave *f* ключ
chiedere la mano di *qd* просить чьей-л. руки
chimica *f* химия
chimico *m* химик
chimico *agg* химический
chiosco *m* киоск, ларёк
chitarra *f* гитара
chiunque *pron* любой, кто бы ни
ci *pron* нам, нас
cicala *f* цикада
ciclo *m* цикл
Cina *f* Китай
cinese *m* китаец
cinese *agg* китайский
cioccolatino *m* шоколадная конфета
cinema *m* кино
cinque *num* пять
città *f* город
classe *f* класс
classico *agg* классический
cocco *m* кокос
cognata *f* золовка; свояченица
cognato *m* деверь; шурин
colla *f* клей
colpa *f* вина
Colosseo *m* Колизей

come как
Come va? Как дела?
cominciare *vt vi* (a fare *qc)* начинать, начинаться
commedia *f* комедия
commerciante *m* коммерсант, торговец
compiere (gli anni) исполняться (*о возрасте*)
compleanno *m* день рождения
comprare *vt* покупать
concerto *m* концерт
confrontare *vt* сравнивать
confuso *agg* смущенный
consegnare *vt* вручать
contento *agg* довольный
continuare *vt* продолжать
contro *prep* против
corpo *m* тело
correggere *vt* исправлять
correre *vi* бежать
corso *m* курс; проспект
costruire *vt* строить
credere 1. *vt* верить, считать верным 2. *vi* (a) верить, веровать
cucù *m* кукушка; ку-ку
cugina *f* двоюродная сестра, кузина
cugino *m* двоюродный брат, кузен
culla *f* колыбель
cultura *f* культура
cuore *m* сердце
cupola *f* купол
cura *f* забота; лечение

D

dalla sua parte на свою сторону
dama *f зд.:* шашки
dare *vt* давать
dazio *m* пошлина
decidere *vt* решать, принимать решение
decisivo *agg* решающий
deluso *agg* разочарованный
deserto *m* пустыня
dettare *vt* диктовать
di *prep* из, о, от
dicembre *m* декабрь
diciannove *num* девятнадцать
diciassette *num* семнадцать
diciotto *num* восемнадцать
dieci *num* десять
difficile *agg* трудный
diga *f* плотина
di nuovo *avv* снова, опять
dipendere *vi* зависеть
dipingere *vt* рисовать
dipinto *m* картина
dire *vt* сказать, говорить
disco *m* пластинка, диск
disgrazia *f* несчастье
disperato *agg* отчаявшийся
disperazione *f* отчаяние
ditta *f* фирма
divertimento *m* развлечение
Divina Commedia *f* Божественная Комедия
documento *m* документ
dodici *num* двенадцать
dolce *m* сладкое, пирожное
dolce *agg* сладкий
domandare *vt* спрашивать
dottore *m* доктор
dovere *vi* долженствовать
dramma *m* драма
drammatizzare *vt* драматизировать, сгущать краски
due *num* два
dunque *avv* итак
durare *vi* (a, e) длиться, продолжаться

E

e *cong* и, а
ecco вот
eco *f* эхо
egli *pron* он
egoismo *m* эгоизм
entrare *vi* входите
era *f* эра
eroico *agg* героический
esclamare *vt* восклицать
essere *vi* быть
~ **presente** присутствовать
~ **tardi** поздно
~ **vestito** быть одетым
essi *pron* они
Evviva (Viva)! Да здравствует!

F

fabbrica *f* фабрика, завод
fa bel (brutto) tempo (сегодня) хорошая (плохая) погода
facile *agg* легкий
Fa cinque gradi sopra (sotto) zero. Пять граусов тепла (мороза).
fa freddo холодно
fame *f* голод
fare *vt* делать
~ **un giro** пройтись
~ **una passeggiata** совершать прогулку
~ **l'operaio** быть рабочим
~ **gli auguri** поздравлять, желать *(что-л. кому-л.)*
~ **il giro della città** совершить экскурсию по городу
~ **il numero di** *qd* набрать чей-либо номер
~ **il tifo** болеть за кого-либо
~ **una lezione** читать лекцию
famoso *agg* знаменитый
favore *m* любезность, услуга
per favore пожалуйста
febbraio *m* февраль
festa *f* праздник
festeggiare *vt* праздновать
festival *m* фестиваль
fidanzata *f* невеста
fidanzato *m* жених
figlia *f* дочь
figlio *m* сын
film *m* фильм
filosofia *f* философия
filosofico *agg* философский
filobus *m* троллейбус
finalmente avv наконец
finestra *f* окно
finire *vt, vi* кончать, кончаться
finito *agg* законченный, завершенный
fiore *m* цветок
Firenze Флоренция
fiorentino *m* флорентиец
fiorentino *agg* флорентийский
fisarmonica *f* аккордеон
fisica *f* физика
fisico *m* физик
fisico *agg* физический
fondare *vt* основывать
fondatore *m* основатель
forte *agg* сильный
forte *avv* сильно
fortunato *agg* счастливый
fra *prep* через
francese *m* француз; французский язык
francese *agg* французский
fratello *m* брат
freddo *m* холод

freddo *agg* холодный
fresco *agg* свежий, прохладный
fretta *f* спешка
fuori *avv* снаружи, на улице
furibondo *agg* разъяренный, яростный

G

gara *f* соревнование
gatta *f* кошка
gatto *m* кот
gelato *m* мороженое
gelosia *f* ревность
geloso *agg* ревнивый
genitori *m,pl* родители
gennaio *m* январь
Genova Генуя
genovese *m* генуэзец
genovese *agg* генуэзский
gentile *agg* вежливый
gettarsi *rfl* бросаться
giacca *f* пиджак
giallo *agg* желтый
giallo *m* детектив
giardino *m* сад
giocare *vi* играть
~ **a bocce** играть в шары
~ **a calcio** играть в футбол
giornale *m* газета
giornalista *m, f* журналист, -ка
giorno *m* день
giovane *agg m, f* молодой, -ая; юноша, девушка
gioventù *f* молодежь
giro *m* круг; поездка, прогулка
giugno *m* июнь
giusto *agg* правильный, справедливый
gloria *f* слава
gobbo *m* горбун, горбатый человек
gondola *f* гондола
grande *agg* большой
grave *agg* серьезный, опасный
grazie спасибо
Grecia *f* Греция
greco *m* грек, греческий язык
greco *agg* греческий
gridare *vi* кричать
grido *m* крик
gru *f* подъемный кран, журавль
guardare *vt* смотреть
guardarsi *rfl зд.:* смотреть на себя
guarire *vi* выздоравливать
guida *f* гид, экскурсовод; путеводитель

H

hall *f* холл, вестибюль

I

idea *f* идея, мысль
impossible *agg* невозможный
improvviso *agg* неожиданный, внезапный
idillio *m* идиллия
in *prep* в
incontrare *vt* встречать
incontro *m* встреча
incredibile *agg* невероятный
inciampare *vi* (a,e) спотыкаться
indignato *agg* возмущенный
indignazione *f* возмущение
indirizzo *m* адрес
industriale *agg* промышленный
ingannare *vt* обманывать
inganno *m* обман
ingegnere *m* инженер
inglese *m* англичанин; английский язык

inglese *agg* английский
inizio *m* начало
in mezzo a в середине, посредине
innamorarsi *(di qd) rfl* влюбляться
innamorato *m* влюбленный
inno *m* гимн
insistere *vi* настаивать
interessante *agg* интересный
interprete *m, f* устный переводчик, (-ца)
invano *avv* напрасно
inventare *vt* изобретать, выдумывать
inventore *m* изобретатель
io *pron* я
Italia *f* Италия
italiano *m* итальянец; итальянский язык
italiano *agg* итальянский

J

jazz *m* джаз

K

Kiev Киев

L

laccio *m* лассо, аркан; шнурок
lago *m* озеро
lana *f* шерсть
lasciare *vt* оставлять
latta *f* жесть; жестяная банка
latte *m* молоко
lava *f* лава
lavagna *f* школьная доска
lavarsi *rfl* мыться, умываться
lavorare *vi* работать
lavoratore *m* трудящийся
lavoratrice *f* трудящаяся
lavoro *m* работа
Le *pron* Вам
leggere *vt* читать
leggero *agg* легкий
lei *pron* она
Lei *pron* Вы
lento *agg* медленный
lettera *f* письмо
lezione *f* лекция, занятие, урок
libro *m* книга
limonata *f* лимонад
lingua *f* язык
linguaggio *m* язык
lino *m* лен
Livorno Ливорно
Londra Лондон
lontano *agg* далекий
loro *pron* они
luglio *m* июль
lui *pron* он

M

ma *cong* но, а
maccheroni *m pl* макароны
macchina *f* машина, автомобиль
macigno *m* булыжник, камень
madre *f* мать
Madrid Мадрид
maestra *f* учительница
maestro *m* учитель
maggio *m* май
malato *agg, m* больной
male *avv* плохо
maledire *vt* проклинать
maledizione *f* проклятие
mali *m pl* беды
mamma *f* мама
mammina *f* мамочка
mancia *f* чаевые
mandare *vt* посылать

mandare via *vt* прогонять
mangiare *vt* есть, кушать
manna *f* манна (*небесная*)
mare *m* море
marito *m* муж
marzo *m* март
maschera *f* маска, персонаж
matrioska *f* матрешка
medico *m* врач
medico *agg* медицинский
mente *f* ум
metropolitana *f* метро
mettere *vt* ставить
mettersi *rfl* надевать на себя; приниматься
mettersi a tavola садиться за стол
miagolare *vi* мяукать
mi *pron* тебе, тебя
Milano Милан
milanese *m* миланец
milanese *agg* миланский
Mi displace. Я сожалею.
minaccia *f* угроза
Minsk Минск
moda *f* мода
moderno *agg* современный
moglie *f* жена
moltiplicare *vt* умножать
molto *agg, avv* много
momento *m* момент
monumento *m* памятник, монумент
Mosca Москва
moscovita *m, f* москвич, (-ка)
moscovita *agg* московский
Moscova *f* Москва-река
mostra *f* выставка
mostrare *vt* показывать
municipio *m* муниципалитет, мэрия
museo *m* музей
musica *f* музыка

N

nanna бай-бай, баиньки
Napoli Неаполь
napoletano *m* неаполитанец
napoletano *agg* неаполитанский
nascondere *vt* прятать
nero *agg* черный
nessuno *pron* никто
Nettuno *m* Нептун
neve *f* снег
niente *pron* ничто, ничего
nipote *m, f* племянник, (-ца); внук, (-чка)
no *avv* нет
noi *pron* мы
nolo *m* прокат
non *avv* не
nonna *f* бабушка
nonno *m* дедушка
nono *agg* девятый
Non c'è fretta. Не к спеху, успеется.
Non c'è niente da fare. Ничего не поделаешь.
nome *m* имя
notare *vt* замечать, отмечать
nove *num* девять
novembre *m* ноябрь
Novosibirsk Новосибирск
nozione *f* понятие
numero di telefono номер телефона
nuoto *m* плавание

O

occorrere *vi* (e) быть нужным, необходимым
offrire *vt* предлагать, угощать
oggi *avv* сегодня
ognuno *pron* каждый

onorario *agg* почетный
opera *f* произведение; опера; творчество
opera lirica опера
operaia *f* рабочая
operaio *m* рабочий
ora *avv* сейчас, теперь
ora *f* час
orchestra *f* оркестр
orologio *m* часы
ospite *m, f* гость, (-я); хозяин, (-ка)
osservare *vt* наблюдать
ottimista *m* оптимист
otto *num* восемь
ottobre *m* октябрь
ozio *m* праздность, безделие

P

pacco *m* сверток
pace *f* мир
padre *m* отец
padrone *m* **(di casa)** хозяин (дома)
paese *m* страна; деревня
pagare *vt* платить
pagliaccio *m* паяц
Palermo Палермо
palermitano *agg* палермский
panino *m* бутерброд
panno *m* материя, ткань; одежда, платье; белье
pantaloni *m pl* брюки
papà *m* папа, папочка
papa *m* папа *(римский)*
parco *m* парк
pareggio *m* ничья
parente *m, f* родственник, (-ца)
parete *f* стена
Parigi Париж
parlare *vi* говорить, разговаривать
Parma Парма
parmigiano *agg* пармский
parola *f* слово
partenza *f* отъезд
partire *vi vt* уезжать
passaporto *m* паспорт
passare *vi vt* проходить; проводить
passeggiare *vi* гулять
passeggiata *f* прогулка
passo *m* шаг
pasta *f зд.:* пирожное
Patti chiari, amici cari. Уговор дороже денег.
paura *f* страх
paziente *m* пациент
paziente *agg* терпеливый
pazienza *f* терпение
Pazienza! 1. Терпение! 2. Жаль! Ничего не поделаешь!
peggiore *agg* худший
penna *f* ручка
pensiero *m* мысль
pepe *m* перец
per *prep* для
pera *f* груша
perché *cong* почему; потому что
perdere *vt* терять
perdita *f* потеря
perfetto *agg* совершенный
persona *f* человек, персона
pesante *agg* тяжелый
pesare *vt* весить; взвешивать
pesce *m* рыба
pesce d'aprile первоапрельская шутка
pettinarsi *rfl* причесываться
piacere *vi* нравиться
piacere *m* удовольствие
picchiare *vt* бить
pianeta *m* планета

piangere *vi* плакать
piano *agg* тихий, медленный
piano *avv* тихо, медленно
piano *m* этаж
pianoforte *m* фортепьяно
pianterreno *m* первый этаж
pianto *m* плач
piatto *m* тарелка
piazza *f* площадь
pieno *agg* полный, наполненный
pioggia *f* дождь
piovere *vi* идти *(о дожде)*
Piove a dirotto. Льет как из ведра.
pittore *m* художник
pittrice *f* художница
pittura *f* живопись
pizza *f* пицца
poema *m* поэма
poesia *f* стихотворение, поэзия
poeta *m* поэт
poi *avv* затем, потом
politica *f* политика
polo *m* полюс; поло
Pompei Помпеи
pompeiano *m* житель Помпеи
ponte *m* мост
popoloso *agg* многолюдный, многочисленный
porta *f* дверь
portare *vt* нести
portico *m* портик
portiere *m* портье
porto *m* порт
portoghese *m* португалец; португальский язык
portoghese *agg* португальский
porzione *f* порция
posare *vt зд.:* ставить, класть
possibile *agg* возможный
possibilità *f* возможность
posta *f* почта
posto *m* место
praticare lo sport заниматься спортом
pregare *vt* просить
Prego! Пожалуйста!
premio *m* выигрыш, премия
prendere *vt* брать
prendere il (un) caffè выпить кофе
prendere il ricevitore снять трубку
presentare *vt* представлять, знакомить
presente *agg* настоящий, присутствующий
presto *avv* быстро, рано
prima *avv* сначала
primo *agg* первый
primavera *f* весна
problema *m* проблема, задача
professore *m* преподаватель, профессор
professoressa *f* преподавательница
programma *m* программа
Pronto! Алло!
proporre *vt* предлагать
proseguire *vt* продолжать
protesta *f* протест
protestare *vi* протестовать
proverbio *m* пословица
provocare *vt* провоцировать, вызывать
punteggio *m* счет
punto *m* очко

Q

qualcosa *pron* что-то, что-нибудь
quando *avv* когда
Quanti anni ha? Сколько ему, ей, Вам лет?
Quanti gradi fa? Сколько градусов?
Quanti ne abbiamo oggi? Какое сегодня число?

quattordici *num* четырнадцать
quattro *num* четыре
questa volta на этот раз
quindi *avv* поэтому, следовательно
quindici *num* пятнадцать
quiz *m* конкурс

R

rabbia *f* бешенство, ярость
raccontare *vt* рассказывать
radio *f* радио
ragazza *f* девушка
ragazzo *m* юноша
ragù *m* рагу
rana *f* лягушка
rapa *f* репа
raro *agg* редкий
Ravenna Равенна
regalare *vt* дарить
regalo *m* подарок
renna *f* олень *(северный)*
restare *vi* оставаться
ricco *agg* богатый
Ride bene chi ride l'ultimo. Хорошо смеется тот, кто смеется последним.
ridere *vi* смеяться
rifiutare *vt* отказываться
riga *f* линейка, полоска
rimettere *vt* положить на место
ringraziare *vt* благодарить
riparare *vt* исправлять *(ошибку)*, искупать *(вину)*; защищать
ripartire *vt* (-isco) распределять, делить на части
ripetere *vt* повторять
rischiare *vt* рисковать
rispondere *vi* отвечать
risposta *f* ответ
ritirare *vt зд.:* получать
rivista *f* журнал
Roma Рим
romano *m* римлянин
romano *agg* римский
romanesco *m* римский диалект
romantico *agg* романтический
romanza *f* романс
rompersi *rfl* ломаться, рваться
rosso *agg* красный
Rostov Ростов
rovinare *vt* портить, разрушать
ruga *f* морщина
Russia *f* Россия
russo *m* русский человек; русский язык
russo *agg* русский

S

sala *f* зал
salire *vi* подниматься
saltare fuori выскакивать
salto *m* прыжок
salutarsi *rfl* здороваться
salute *f* здоровье
sano *agg* здоровый
Sanremo Сан-Ремо
sbagliare *vi vt* ошибаться
sbaglio *m* ошибка
scacchi *m pl* шахматы
scambiare *vt* менять
scappare *vi* исчезать
scena *f* сцена *(из спектакля)*, декорация
sceneggiatura *f* сценарий
sciabola *f* сабля
sciopero *m* забастовка
scolara *f* школьница
scolaro *m* школьник
sconosciuto *m* незнакомец
scopo *m* цель
scrittore *m* писатель
scrittrice *f* писательница

scrivere *vt* писать
scultore *m* скульптор
scultrice *f* скульптор-женщина
scultura *f* скульптура
scuola *f* школа
scusa *f* извинение
scusare *vt* извинять
sedici *num* шестнадцать
segnare *vt* отмечать, забивать *(спорт.)*
segreto *m* секрет, тайна
sei *num* шесть
sentire *vt* слышать; чувствовать
senza *prep* без
sera *f* вечер
serata *f* вечер, вечеринка
serra *f* плотина, преграда; теплица
serrare *vt* запирать, затворять, преграждать
servirsi *rfl* пользоваться, угощаться
sete *f* жажда
sette *num* семь
settembre *m* сентябрь
sì да
si canta поется
signora *f* синьора, госпожа, женщина
signore *m* синьор, господин, мужчина
signorina *f* синьорина, девушка
silenzio *m* тишина
Silenzio! Тихо! Тишина!
Simbirsk Симбирск
simpatico *agg* приятный, симпатичный
slavo *m* славянин
slavo *agg* славянский
Smolensk Смоленск
solo *agg* один, одинокий
sonno *m* сон
sorella *f* сестра
sorpresa *f* сюрприз, неожиданность
sorriso *m* улыбка
souvenir *m* сувенир
spagnolo *m* испанец; испанский язык
spagnolo *agg* испанский
specchio *m* зеркало
specialista *m, f* специалист
spegnere *vt* гасить, тушить
spesso *agg* густой, плотный
spettacolo *m* спектакль
spiegare *vt* объяснять
spiegazione *f* объяснение
spiritoso *agg* остроумный
sport *m* спорт; вид спорта
sposa *f* супруга
sposare *vt* жениться
sposo *m* супруг
stadio *m* стадион
stanza *f* комната
statua *f* статуя
star bene (male) чувствовать себя хорошо (плохо)
starnutire *vi* чихать
stasera *avv* сегодня вечером
stesso *agg pron* тот же самый
storico *agg* исторический
strada *f* дорога, улица
straordinariamente *avv* чрезвычайно
strappare *vt* вырывать, рвать
studente *m* студент
studentessa *f* студентка
studentesco *agg* студенческий
studiare *vt* учить, учиться
studio *m* учеба
subito *avv* немедленно, тотчас, сразу
succo *m* сок
suggerire *vt* подсказывать
suo *agg pron* его
suonare *vt* (la **chitarra**, il **violino**) играть *(на гитаре, на скрипке)*

T

tacco *m* каблук
tatto *m* такт
tassì *m* такси
taxi *m* такси
tè *m* чай
teatro *m* театр
tedesco *m* немец; немецкий язык
tedesco *agg* немецкий
telefonare *vi* звонить по телефону
telegramma *m* телеграмма
tema *m* тема
temere *vt* бояться
test *m* тест, экзамен, испытание
tetto *m* крыша
ti *pron* тебе, тебя
tingere *vt* красить, окрашивать
tipico *agg* типичный
Tira il vento. Дует ветер.
tirare *vt* тянуть, тащить
tirar fuori доставать, извлекать
tirare l'orecchio дергать за ухо
Torino Турин
torinese *m* туринец; туринский диалект
torinese *agg* туринский
tornare *vi* возвращаться
torre *f* башня
torta *f* торт
tragedia *f* трагедия
tra minaccioso e ironico полуугрожая, полуиронизируя
tram *m* трамвай
trasmettere *vt* передавать
trasmissione *f* передача
trattato *m* трактат
tre *num* три
tredici *num* тринадцать
tremare *vi* дрожать
trionfante *agg* торжествующий
trionfare *vi* торжествовать
triste *agg* грустный, печальный
tristezza *f* грусть, печаль
troppo *avv* слишком
trovare *vt* находить
tu *pron* ты
turco *m* турок
turco *agg* турецкий
TV *f* телевидение

U

uguale (eguale) *agg* одинаковый, равный
ultimo *agg* последний
undici *num* одиннадцать
università *f* университет
uno, -a, *num* один, одна

V

valere *vi* стоить, иметь стоимость
valigia *f* чемодан
vaso *m* ваза; горшок
vecchio *m* старик
vecchio *agg* старый
vedere *vt* видеть, смотреть
vela *f* парус
vendere *vt* продавать
venditore *m* продавец
Venezia Венеция
venire *vi* приходить
venti *num* двадцать
verde *agg* зеленый
verità *f* правда, истина
vero *agg* истинный, настоящий
verso *prep* к, по направлению к
vestirsi *rfl* одеваться
vestito *m* платье; костюм *(мужской)*
vi *pron* вам, вас
via *f* улица

viaggiare *vi* путешествовать
vicino *agg* близкий, соседний; близко
vicina *f* соседка
vicino *m* сосед
video *m* видео
vigliacco *m* трус
villa *f* вилла, загородный дом
vincere *vt* побеждать
violino *m* скрипка
visino *m* личико
visita *f* визит, посещение
visitare *vt* посещать, наносить визит
viso *m* лицо
vita *f* жизнь
vittoria *f* победа
voi *pron* вы

Z

zanna *f* клык
zanzara *f* комар
zelo *m* усердие
zero *m* ноль
zia *f* тетя
zio *m* дядя
zoo *m* зоопарк
zucchero *m* сахар

Для заметок

Учебное издание

Петрова Людмила Александровна
Щекина Инга Александровна

Редактор *Е. А. Рыжак*
Технический редактор *Э. С. Соболевская*
Компьютерная верстка *Д. В. Полиновского*

ООО «Издательство Астрель»
143900, Московская область, г. Балашиха,
проспект Ленина, 81

ООО «Издательство АСТ»
368560, Республика Дагестан, Каякентский район,
сел. Новокаякент, ул. Новая, д. 20

Наши электронные адреса: www.ast.ru

E-mail: astpub@aha.ru

Отпечатано с готовых диапозитивов во ФГУП ИПК
«Ульяновский Дом печати». 432980, г. Ульяновск, ул. Гончарова, 14